ニューウェーブ昇任試験対策シリーズ

NWS

実務 SAに 強くなる!!

イラスト解説 刑法

【第2版】

ニューウェーブ昇任試験対策委員会　著

我々も知っておかなければ
ならない重要な犯罪
ですよ

あまりなじみは
ないなあ

ヤア
賄賂罪

ウリウリ

迫られてる〜

ホレ
ホレ

犯行に使った
模造刀2本確保
今から○を同行します

謝ったら許してくれる？

だめ！

行くぞ

事後強盗の
未遂だね

既遂です
全然分かって
ませんね

法

東京法令出版

はじめに

あなたが警らを、

あるいは捜査  をしています。

そして、なんらかの犯罪を、

あるいは被疑者を現認しました。

そんなときは、やっぱり、

窃盗で逮捕するとか、

事後強盗未遂だ と事件認定するなど、

ビシッと決めたいところです。

 きさまだな

犯罪の認定が捜査や擬律判断の

スタート  です。

本書でしっかり刑法を自分のものにして、  ヨシヨシ

くるならこい

 自信あふれる職務執行ができるようになりましょう。
第2版の発行に当たって、法改正を踏まえ、逃走罪、
性犯罪の解説を全面的に見直しました。

ちなみに、「イラスト解説

刑訴法」も御活用くださいね。

NWSは、これからもユニークで

実務にも昇任試験にも役に立つ教材をつくっていきます。御期待

ください。

令和6年3月

ニューウェーブ昇任試験対策委員会

目　　次

刑法　基本用語一覧

総　　論

各　　論

略称一覧

　本書で引用する主な法令・判例は、次のように略記します。

【法　令】

刑訴法　　　　　　刑事訴訟法

【判　例】

大判　　　　　　　大審院判決

最判（決）　　　　最高裁判所判決（決定）

高判（決）　　　　高等裁判所判決（決定）

地判（決）　　　　地方裁判所判決（決定）

刑法　基本用語一覧

　刑法を学ぶ上で基本となる用語をまとめました。用語の解説を参照しながら勉強をして、理解を深めましょう。

ア　行

一般予防主義
（いっぱんよぼうしゅぎ）

刑罰は一般人に対するみせしめとして科せられるという考え方のこと。これに対して、刑法の目的は犯罪者を処罰することにより、犯罪者を改善し、再び罪を犯すことを予防することであるとする考えを特別予防主義という。

違法性
（いほうせい）

命令・禁止に反する行為の性質のこと。

違法性阻却事由
（いほうせいそきゃくじゆう）

ある行為が違法でないとする理由のこと。正当防衛、緊急避難など法律上認められているものと、自救行為など社会通念上認め得るものがある。

横領罪
（おうりょうざい）

自己の占有する他人の財物を不法に領得する罪。

カ　行

科刑上一罪
（かけいじょういちざい）

数個の構成要件に該当するため、実質的に数罪でありながら刑を科する上で一罪として取り扱われるもの。

過失
（かしつ）

行為者が自己の行為を不注意によって正しく認識していなかったために行った違法行為のこと。

観念的競合
（かんねんてききょうごう）

一個の行為で数個の罪名に触れること。

間接正犯
（かんせつせいはん）

犯罪行為の全部又は一部を他人に行わせても、犯人自ら手を下した行為とみること。

期待可能性
（きたいかのうせい）

責任能力のある者の行為で故意か過失のいずれかの責任要素を備えているものは責任ある行為だと考えること。

恐喝罪（きょうかつざい）	人を脅かして畏怖させ又は不正に困惑させて財物又は財産上の利権を不法に領得する罪。
教唆犯（きょうさはん）	人に犯意を生じさせて一定の犯罪を実行させること。
共同正犯（きょうどうせいはん）	２人以上が共同して犯罪を実行すること。全員が正犯として処罰される。
脅迫罪（きょうはくざい）	相手方やその親族の生命・身体・自由・名誉又は財産に害を加える旨を告知して脅迫する罪。
共 犯（きょうはん）	犯罪の実現に２人以上の者が関与すること。
共 謀（きょうぼう）	あらかじめ共同して謀議すること。
業務妨害罪（ぎょうむぼうがいざい）	社会において自由かつ平穏に業務を行う権利を不法に妨害する罪。
緊急避難（きんきゅうひなん）	他人の不正でない行為や自然現象などによって利益侵害の状態が生じたときに、これを守るために、やむを得ず第三者の法益を侵害すること。守ろうとする利益の方が重要性が高い場合、罪にならない。
形式犯（けいしきはん）	一定の行為があればそれだけで犯罪の成立とすること。
継続犯（けいぞくはん）	監禁罪のように、法益の侵害により犯罪が成立した後もその侵害が続き、しかも法益が侵害されている間は引き続き犯罪が継続しているもの。
結果回避義務（けっかかいひぎむ）	結果を予見し、その発生を回避する注意義務のこと。
原因において自由な行為（げんいんにおいてじゆうこうい）	自ら責任無能力又は限定責任能力の状態に陥れて、犯罪を行うことを予想しつつ犯罪行為を行うこと。
限定責任能力者（げんていせきにんのうりょくしゃ）	心神耗弱など責任能力が一般人より劣る状態の者のこと。
牽連犯（けんれんはん）	数個の行為がそれぞれ各別の構成要件に該当するが、その相互間に、一方が他方の手段又は結果である関係が認められること。牽連とは、連なり続くこと。また、ある関係でつながっていること。
故 意（こい）	罪を犯す意思のこと。
公共危険罪（こうきょうきけんざい）	不特定多数の人の生命・身体・財産に対する危険を生じさせる罪の総称。

構成要件
こうせいようけん

刑罰法規に処罰すべきものとして規定された違法な行為の類型のこと。

公然わいせつ罪
こうぜん　　　　　ざい

不特定多数人の知り得べき状態においてわいせつな行為をする罪。

公務執行妨害罪
こう む しっこうぼうがいざい

公務員が職務を執行するのに対して暴行又は脅迫を加える罪。

個人的法益
こじんてきほうえき

生命・身体など法律で守られている国民一人ひとりの利益のこと。

国家的法益
こっ か てきほうえき

一定の領域と住民を統括する排他的統治の権限のこと。

さ　行

罪刑法定主義
ざいけいほうていしゅ ぎ

「法律なければ犯罪もなく刑罰もなし」の原則のこと。慣習法によって処罰を科することはできない。また、政令その他の命令は法律が罰則を設けることを委任しない限り罰則を設けることはできない。

財産刑
ざいさんけい

罰金、科料など一定金額の金銭を剥奪する刑のこと。没収も財産刑の一種で、規定のものが剥奪される。

詐欺罪
さ ぎざい

人を錯誤に陥れて財物を交付させる罪。また、財産上不法の利益を得たり、他人にその利益を得させたりする罪。

錯　誤
さく　　ご

行為者の認識した事実と実際に発生した結果とが異なっていること。

殺人罪
さつじんざい

故意に人の生命を害する罪。

事後強盗罪
じ ごごうとうざい

窃盗犯人が、財物を得てこれを取り返されることを防ぎ、又は逮捕を免れ、若しくは罪跡を隠滅するために暴行又は脅迫を加える罪。

自然人
し ぜんじん

法人と区別した生物としての人間のこと。

実行の着手
じっこう　　ちゃくしゅ

犯罪となる現実的な危険性のある行為が開始された時、又は未遂犯として処罰に値するだけの法益侵害の危険性が高まった時点を指す。

執行猶予
しっこうゆうよ

比較的軽い刑について裁判所がその執行を猶予し、猶予期間中に再び刑に処せられなければ刑罰権を消滅させる制度のこと。

実質犯
じっしつはん

犯罪成立のためには行為がなされただけでなく、さらにそれから一定の結果が生ずることを必要とすること。

社会的法益
しゃかいてきほうえき

国家を形成している国民全般の公共生活の利益のこと。

住居侵入等罪
じゅうきょしんにゅうとうざい

正当な理由がないのに人の住居や建造物、艦船に侵入し、又は要求を受けたにもかかわらずこれらの場所から退去しない罪。

自由刑
じゆうけい

受刑者の自由を奪って一定の場所に拘禁する刑のこと。懲役、禁錮、拘留がこれに該当する。

集団犯
しゅうだんはん

同じ方向に向かった2人以上の行為が必要な犯罪のこと。騒乱罪や凶器準備集合罪などがこれに該当する。

従犯（幇助犯）
じゅうはん　ほうじょはん

実行行為以外で正犯の実行行為を容易にした者。

主　刑
しゅ　けい

刑罰の中でそれだけを独立して言い渡すことのできる刑のこと。死刑・懲役・禁錮・罰金・拘留・科料がこれに該当する。

傷害罪
しょうがいざい

他人の身体を傷害する罪。傷害とは、生理的機能を害するか又は重要な外貌上の変更を与えることである。暴行による場合に限らず、栄養を与えないというような不作為によっても傷害罪は成立し得る。

障害未遂
しょうがいみすい

自己の意思によらないで犯罪が未遂となった場合を指す。

証拠隠滅罪
しょうこいんめつざい

他人の刑事事件に関する証拠を隠滅、偽造、若しくは変造する罪。また、偽造や変造の証拠を使用する罪。

状態犯
じょうたいはん

窃盗罪の財物侵害のように、結果発生と同時に犯罪は終了するが犯罪終了後も犯罪事実を構成しない法益侵害の状態が続くもの。

処断刑
しょだんけい

法定刑に加重、減軽という修正を施すことによって決められた刑のこと。

真正不作為犯
しんせいふさくいはん

構成要件が不作為を予定している罪のこと。

正当防衛
せいとうぼうえい

自力で不正侵害を排除しようとしたことによって侵害者に害を加えても、違法な行為でないとすること。

生命刑
せいめいけい

人の生命を奪うことを内容とする刑のこと。死刑がこれに該当する。

世界主義 <small>せ かい しゅ ぎ</small>	刑法各則に掲げる罪で、条約において国外犯処罰を要求されているものについては、国外でいかなる国籍の者が行っても、我が国の刑罰法規を適用する考え方のこと。
責任能力 <small>せきにんのうりょく</small>	自己の行為の是非を弁別し、それに従って行動する能力のこと。
責任無能力者 <small>せきにん む のうりょくしゃ</small>	心神喪失の者、満14歳未満の者のこと。
絶対的不定期刑の禁止 <small>ぜったいてき ふ てい き けい きん し</small>	法律に規定していない刑を科すことはできないこと。
窃盗罪 <small>せっとうざい</small>	他人の占有する財物をその占有者の意思によらずに占有を奪う罪。
相当因果関係説 <small>そうとういん が かんけいせつ</small>	因果関係を認めるには、条件関係のほかに、行為から結果が発生することが社会通念上相当であることが必要であるとする考え方のこと。
騒乱罪 <small>そうらんざい</small>	多衆で集合して暴行又は脅迫を行う罪。
遡及処罰の禁止 <small>そ きゅうしょばつ きん し</small>	行為時に適法であった行為、また、違法であるが罰則のなかった行為について、後に制定された刑罰法規によって遡って処罰されないこと。
属人主義 <small>ぞくじんしゅ ぎ</small>	日本国民が犯した一定の重要な罪について、その犯行場所が国外であったときでも、我が国の刑罰を適用する考え方のこと。
即成犯 <small>そくせいはん</small>	殺人罪のように結果発生と同時に犯罪が終了するもの。
属地主義 <small>ぞく ち しゅ ぎ</small>	領域内の全ての犯罪にその国の刑法を適用する考え方のこと。

 た　行

対向犯 <small>たいこうはん</small>	収賄罪やわいせつ文書頒布罪などのように、贈賄者、被頒布者という向かい合った他の者の行為又は存在が必要な犯罪のこと。
逮捕監禁罪 <small>たい ほ かんきんざい</small>	不法に人の身体を実力で拘束し、又は人を一定の場所から脱出することができないようにする罪。
単純一罪 <small>たんじゅんいちざい</small>	行為が1個の犯罪構成要件を1回充足する場合のこと。
注意義務違反 <small>ちゅう い ぎ む い はん</small>	意識を集中していれば結果が予見でき結果の発生を回避できたのに、集中を欠いたために結果予見義務を果たさず結果を回避できなかったこと。

中止未遂
（ちゅうし みすい）

犯罪の実行に着手したが、自己の意思により犯罪を中止すること。

逃走罪
（とうそうざい）

拘禁された者が、看守者の実力的支配を脱する罪。

行

背任罪
（はいにんざい）

他人のためにその事務を行う者が、自己や第三者の利益を図りその任務に背いた行為をし、又は本人に損害を与える目的でその任務に背いた行為をし、その結果、本人に財産上の損害を生じさせる罪。

必要的共犯
（ひつようてききょうはん）

共犯の中でも共同の行為であることが犯罪成立の要件又は法定刑加重の要件となっているものを指す。内乱罪、贈収賄罪など。

付加刑
（ふかけい）

主刑が言い渡されるときにこれに付随してのみ言い渡される刑のこと。没収がこれに該当する。

侮辱罪
（ぶじょくざい）

公然と人を侮辱する罪。事実の摘示は必要としない。

不真正不作為犯
（ふしんせいふさくいはん）

構成要件では、作為犯とされている犯罪を、不作為によって実現させること。

不同意性交等罪
（ふどうい せいこうとうざい）

16歳以上の者に対し、暴行や脅迫を用いるなどして同意しない意思の形成・表明が困難な状態にさせ、性交、肛門性交又は口腔性交（以下「性交等」という。）をする罪。また、理由のいかんを問わず16歳未満の者に対し、性交等をする罪。

不同意わいせつ罪
（ふどうい ざい）

16歳以上の者に対し、暴行や脅迫を用いるなどして同意しない意思の形成・表明が困難な状態にさせ、わいせつな行為をする罪。また、理由のいかんを問わず16歳未満の者にわいせつな行為をする罪。

不能犯
（ふのうはん）

行為自体に結果発生の危険性が認められず不可罰とされる行為。

文書偽造
（ぶんしょ ぎ ぞう）

文書に対する公共の信用を失わせる性質の行為のこと。

併合罪
（へいごうざい）

確定裁判前の2個以上の罪のこと。同一人が複数の犯罪を犯した場合、その罪ごとに刑を科すのが原則であるが、それらの罪を同時に裁判するとき等にこれらを一括して、合理的に刑を考察する。

放火 （ほうか）	故意に火力を解放すること。また、故意に火を消し止めないこと。
包括一罪 （ほうかついちざい）	法条競合には含まれないが、一罪と評価されるものの総称。
暴行罪 （ぼうこうざい）	人の身体に対する不法な力を行使する罪。
法条競合 （ほうじょうきょうごう）	ある行為が2個以上の構成要件の内容に重複する場合に、構成要件相互の関係で1個の構成要件だけを適用すること。
幇助犯（従犯） （ほうじょはん）（じゅうはん）	実行行為以外で正犯の実行行為を容易にした者。
法人 （ほうじん）	人ないし財産からなる組織体に、法律により人格（法人格）が与えられたもの。
法定刑 （ほうていけい）	それぞれの犯罪につき、どの程度の刑が科されるか規定したもの。
保護主義 （ほごしゅぎ）	一定の重要な罪については、国外でどの国籍の者が行っても、我が国の刑罰法規を適用すること。
本来的一罪 （ほんらいてきいちざい）	ある行為が一個の犯罪（一罪）で構成されているとすること。単純一罪、法条競合、包括一罪に分けられる。

ま行

未遂 （みすい）	犯罪行為に着手したものの結果が未発生で、犯罪の構成要件を完全に満たしていないもの。
未必の故意 （みひつのこい）	故意犯のうち、結果の発生そのものが確実ではないが、発生する蓋然性（その事柄が実際に起こるか否か、真であるか否かの、確実性の度合）を認識しているもの。
身分犯 （みぶんはん）	犯罪行為の主体を一定の身分を持った人に限ること。
名誉毀損罪 （めいよきそんざい）	公然と事実を摘示して（人の社会的評価を低下させる具体的事実を認識可能な状態にすること）、人の名誉を毀損する罪。

行

誘拐 _{ゆう かい}	欺罔や誘惑を手段として、人を自己又は第三者の実力的支配下に移すこと。
有責性 _{ゆうせきせい}	違法行為をしないことが期待される者がこれを行ったという犯罪成立に要する性質のこと。
予見可能性 _{よ けん か のうせい}	結果の発生を予見することができる可能性のこと。

 行

略取 _{りゃく しゅ}	暴行や脅迫を手段として、人を自己又は第三者の不法な実力的支配の下に移すこと。
類推解釈の禁止 _{るいすいかいしゃく きんし}	ある行為が処罰されるなら、それと類似した他の行為も処罰されるべきだと解釈することはできないこと。

 行

わいせつ物頒布等罪 _{ぶつはん ぷ とうざい}	わいせつ文書・図画・電磁的記録に係る記録媒体その他の物を頒布し、販売し、又は公然と陳列し、又は販売の目的でこれらの物を所持する罪。
賄賂罪 _{わい ろ ざい}	私人が公務員の職務に関する行為に対し不法な報酬を与える罪。

総　論

1 正当防衛

第36条（正当防衛）
1　急迫不正の侵害に対して、自己又は他人の権利を防衛するため、やむを得ずにした行為は、罰しない。
2　防衛の程度を超えた行為は、情状により、その刑を減軽し、又は免除することができる。

正当防衛の意義

① 急迫不正の侵害に対し、自己又は他人の権利を守るために、やむを得ず行った防衛行為を正当防衛（刑法36条）という。

② 仮に、防衛行為によって相手に傷害等を与えた場合であっても、当該防衛行為が刑法第36条の要件を充足している限り、正当防衛として違法性が阻却され、犯罪は成立しない。

正当防衛と緊急避難

正当防衛が、不正な侵害に対する防衛行為であることに対し、緊急避難は、危機に直面した場合において、自己又は第三者の法益を守るために、善良な第三者の財産等を犠牲にして避難することをいう。

正当防衛が「正対不正」であるのに対し、緊急避難は「正対正」となる。

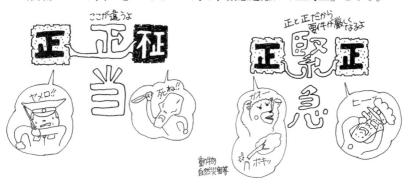

用語 「急迫不正の侵害」とは

① 急迫の意義

　ア　法益の侵害が現に存在しているか、又は直前に迫っていることをいう。したがって、過去の侵害に対する正当防衛は許されない。また、未来の侵害に対して反撃行為を行うことも正当防衛にならない。

　イ　ただし、威力のある防犯施設を設置する場合、同施設が、現に発生した不正な侵害に対して相当な効果を発揮するものであれば、未来の侵害に対して備えたものでも許される。

② 不正の意義

　ア　不正とは、違法であればよく、有責である必要はない。したがって、責任能力がない精神病者や触法少年による侵害行為に対しても、正当防衛が成立する。

　イ　なお、正当防衛は「不正な侵害」に対して成立するものであるから、人の行為でなければならない。動物の攻撃や天災等の自然現象に対する防御は正当防衛にならない（この場合には緊急避難となる。）。

判例

○　当事者相互が、初めから攻撃する意思をもって闘争した場合、あたかも正当防衛のような外観を有していても、正当防衛にはならない。　　　　　　　（最判昭23.7.7）

○　口論からけんかに発展した場合であっても、全般的に観察してやむを得ずにした防衛行為であれば、その防衛行為が正当防衛となる場合もある。　　　（最判昭32.1.22）

○　警察官の逮捕を免れようとして棒を振り上げ、襲いかかってきた窃盗犯人に対し、転倒した警察官が発砲した場合、正当防衛に当たる。　　　　　　（東京高判昭32.11.11）

○　相手から羽交い締めにされた上、顔面等を手拳で殴打するような執拗な暴行から自己の身体を防衛するため、相手の顔面を1回殴打し、その頭部を足で踏み付けた行為は、一連一体の反撃行為であり、防衛の程度を超えないため正当防衛に当たる。

（東京高判平27.7.15）

○　自転車に跨って前方に立ち塞がった相手方をどかせるために自転車前輪を蹴ったことを契機として、相手方が被告人に対して暴行に及んだことから、相手方を殴打し傷害を負わせた行為は、けんか闘争、自招侵害とはいえず、正当防衛が成立する。

（さいたま地判平29.1.11）

○　警察官が車両で逃走中の窃盗、公務執行妨害等被疑事件の被疑者2名を逮捕するなどの職務を行おうとしてけん銃を発砲し、被疑者1名を死亡、1名を負傷させた行為について、警察官に殺意は認められず、警職法7条の武器の使用の要件を充たし、居

合わせた一般車両の乗員の身体に対する急迫不正の侵害が認められることから、正当
防衛が成立する。　　　　　　　　　　　　　　　　　　　　　　　　（最決平26.12.2）

③　侵害の意義
　ア　侵害とは、生命・身体に危険を生じさ
　　せる違法な行為をいい、故意、過失を問
　　わない。
　イ　この場合の侵害行為は、作為、不作為
　　を問わないが、積極的な侵害行為でなけ
　　ればならない。

　ウ　不作為による積極的な侵害行為とは、他人の住居から正当な理由なく退去し
　　ない場合などである。
④　やむを得ずにした行為
　ア　急迫不正の侵害に対する防衛行為が、
　　自己又は他人の権利を守るために必要最
　　小限度であること。
　イ　ただし、反撃行為によって相手に重傷
　　を負わせた場合であっても、正当防衛は、
　　緊急避難と違って「補充の原則」「法益

　　の権衡の原則」は適用されないことから、正当防衛として違法性が阻却される。
　ウ　なお、防衛行為が相当な範囲を超えた場合は、過剰防衛（刑法36条2項）と
　　して刑の任意的減軽、免除の対象となるにすぎない。

判　例

　○　面識のない者が侵入してきたことから防ごうとして両肩を押した結果、相手が転倒
　　して負傷した場合でも、侵入を防ごうとした行為は正当防衛に当たるから、暴行罪を
　　構成しない。　　　　　　　　　　　　　　　　　　　　　　　　（東京高判昭62.1.20）
　○　いったん平穏に入室した場合でも、退去を求められてからは住居の平穏が害され、
　　急迫の不正の侵害があることから、これを退去させる行為は正当防衛に当たる。
　　　　　　　　　　　　　　　　　　　　　　　　　　　　　　　　（東京高判昭62.1.20）
　○　日頃から険悪な間柄であった相手から暴行を加えられることを十分予期していなが
　　ら、包丁を準備した上で相手からの呼び出しに応じ、相手がハンマーで攻撃してくる
　　や、包丁を示すなどの威嚇的行動を取ることなく殺意をもって相手を突き刺して殺害
　　した行為は、正当防衛及び過剰防衛が成立しない。　　　　　　　　（最決平29.4.26）

【参考法令】
盗犯等ノ防止及処分ニ関スル法律第1条〔盗犯に対する正当防衛〕
①　左ノ各号ノ場合ニ於テ自己又ハ他人ノ生命、身体又ハ貞操ニ対スル現在ノ危険ヲ排除スル為犯人ヲ殺傷シタルトキハ刑法第36条第1項ノ防衛行為アリタルモノトス
　(1)　盗犯ヲ防止シ又ハ盗贓ヲ取還セントスルトキ
　(2)　兇器ヲ携帯シテ又ハ門戸牆壁等ヲ踰越損壊シ若ハ鎖鑰ヲ開キテ人ノ住居又ハ人ノ看守スル邸宅、建造物若ハ船舶ニ侵入スル者ヲ防止セントスルトキ
　(3)　故ナク人ノ住居又ハ人ノ看守スル邸宅、建造物若ハ船舶ニ侵入シタル者又ハ要求ヲ受ケテ此等ノ場所ヨリ退去セザル者ヲ排斥セントスルトキ
②　前項各号ノ場合ニ於テ自己又ハ他人ノ生命、身体又ハ貞操ニ対スル現在ノ危険アルニ非ズト雖モ行為者恐怖、驚愕、興奮又ハ狼狽ニ因リ現場ニ於テ犯人ヲ殺傷スルニ至リタルトキハ之ヲ罰セズ

盗犯等防止法における正当防衛の特例

①　第1条第1項

　　　窃盗犯人や住居侵入犯人と鉢合わせし、自己又は他人の生命、身体又は貞操を守るために犯人を殺傷した場合は、刑法第36条第1項の防衛行為とみなされる。

②　第1条第2項

　ア　自己又は他人の生命、身体又は貞操に対する現在の危険がない場合であっても、恐怖等によって犯人を殺傷した場合には、これを罰しない。

　イ　ただし、この規定は、恐怖等によって行われた誤想防衛のみに適用され、現在の危険についての誤想がない場合には、適用されない。

2 緊急避難

第37条（緊急避難）

1　自己又は他人の生命、身体、自由又は財産に対する**現在**の**危難**を避ける
ため、やむを得ずにした行為は、これによって生じた害が避けようとした
害の程度を超えなかった場合に限り、罰しない。ただし、その程度を超え
た行為は、情状により、その刑を減軽し、又は免除することができる。

緊急避難の意義（刑法37条1項）

　自己又は他人の生命、身体、自由又は財産に対する現在の危難を避けるため、や
むを得ず行った行為であって、他にその危難を避ける方法がなく、またその行為か
ら生じた損害が、守ろうとした法益を超えなかった場合には、緊急避難として違法
性が阻却される（違法性阻却説・通説）。

用語 「現在」とは

　「現在」とは、正当防衛における「急迫」と
同じ意味である。危難が現在し、又は間近に迫っ
た状態をいう。

用語 「危難」とは

① 「危難」とは、法益に対する侵害又は侵害の危険性のある状態をいう。この場
合の侵害は、「不正な侵害」に限られないことから、動物の攻撃や自然現象であっ
ても緊急避難の対象となる。

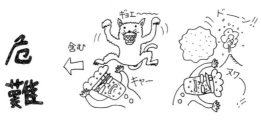

② また、人の行為による「急迫不正の侵害」も「現在の危難」に含まれる。したがって、「急迫不正の侵害」を受けた者が、侵害者に対して反撃を行えば正当防衛になり、第三者に対して避難行為を行えば緊急避難となる。

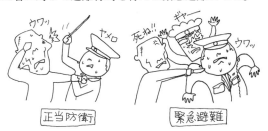

避難行為の相当性

緊急避難は、自己が直面した危難を避けるために、第三者の法益を犠牲にして避難行為を行うことから、厳格な相当性が要求される。

① 補充の原則

その避難行為が唯一無二の手段であって他に方法がなく、真にやむを得ない行為であったことをいう。

② 法益権衡の原則

小さな法益を守るために、大きな法益を侵害することは許されないことをいう。

判 例

○ 危難が自己の有責行為によって生じた場合、やむを得ないで行った行為には当たらないことから、緊急避難は成立しない。　　　　　　　　　　（大判大13.12.12）

○ 病気の夫が興奮したため、病気が悪化すると考えた妻が夫を逮捕・監禁した場合、それ以外に方法がなかったとはいえないから、緊急避難には当たらない。
　　　　　　　　　　　　　　　　　　　　　　　　　　　　　（東京高判昭29.1.13）

○ 病気で苦しむ友人を病院に搬送するために無免許運転をした場合、たとえタクシーが来なかった等の事情があったとしても、緊急避難にはならない。
　　　　　　　　　　　　　　　　　　　　　　　　　　　　　（東京高判昭46.5.24）

○ 車を蹴られる等の暴行を受け、避難するために交差点に進入して他車と衝突した場合、他車に対する安全運転義務を履行することができたのだから、補充の原則を充足しておらず、緊急避難には当たらない。　　　　　　　　　（大阪高判平7.12.22）

○ 覚せい剤密売人からけん銃を頭部に突き付けられて覚せい剤の使用を強要されたために覚せい剤を使用した行為は緊急避難に当たる。　　　　（東京高判平24.8.24）

第37条（緊急避難）

　2　前項の規定は、業務上特別の義務がある者には、適用しない。

業務上特別の義務のある者

①　業務上特別の義務のある者には、緊急避難の規定は適用されない（刑法37条2項）。

②　この場合の義務のある者とは、警察官、消防官、自衛隊員、船長等のことをいい、これらの職にある者は、業務そのものが危険を伴うものであることから、その危険を回避するために、他人の法益を侵害することは許されない。

③　ただし、警察官等であっても、自己の身体等を保護するために、他人の軽微な法益を侵害することは、当然に許される。

3 故 意

構成要件

　社会に存在する違法な行為の中から、可罰的価値のある行為を抽出し、犯罪として規定したものを構成要件という。構成要件は、「客観的構成要件」と「主観的構成要件」に分類される。

客観的構成要件（犯罪事実）

　客観的構成要件には、行為、主体、客体、結果、因果関係がある。

行 為

　構成要件に規定されている行為を構成要件的行為（犯罪行為）といい、作為犯と不作為犯に分類される。

① 作為犯

　ア 一定の行為を行うことを作為といい、作為によって構成される犯罪を作為犯という。

　イ 作為犯には、行為者自らが行う「直接正犯」と、他人を道具として利用し、犯罪を実行する「間接正犯」がある。

間接正犯のイメージ

② 不作為犯

　一定の行為をしないことを不作為といい、不作為によって構成されている犯罪を真正不作為犯、不作為によって作為犯を実行することを不真正不作為犯という。

真正不作為犯	不真正不作為犯
不退去罪、救護義務違反（道路交通法）等	放置行為による殺人等

主　体

　行為の主体は、原則として自然人をいうが、法人も行為の主体となることができる。

　また、原則として主体である自然人に制限はないが、例外的に、主体に一定の身分を必要とする場合がある。これを「身分犯」という。

業務に携わる者

業務上横領罪の主体
※主体＝行為者

　　ア　法人の処罰〜両罰規定（道路交通法等）

　　イ　身　分　犯〜常習賭博罪、業務上横領罪等

客　体

　客体とは、行為の対象となる人又は物のことをいい、殺人罪における人や、窃盗罪における財物などが客体となる。

※客体＝対象者（物）

結　果

① 結果発生の必要性からの分類

　　ア　結果犯

　　　　結果の発生を構成要件としている犯罪を結果犯という。

　　　　【例】　殺人罪、傷害罪、窃盗罪、詐欺罪等

　　イ　挙動犯

　　　　結果の発生を必要としない犯罪を挙動犯という。

　　　　【例】　住居侵入罪、偽証罪等

　　ウ　結果的加重犯

　　　　行為者が認識していた犯罪事実よりも重い結果が生じた場合に、その結果を処罰する犯罪を結果的加重犯という。

【例】　傷害致死罪、強盗致死
罪等

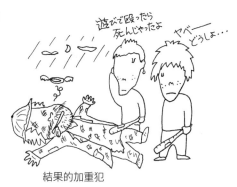

結果的加重犯

<table><tbody><tr><td>判 例</td></tr></tbody></table>

○　暴行をした結果、暴行の相手に傷害を与えた場合、基本的行為について認識がある限り、重い結果についてもその責任を負う。　　　　　　　　　　（最判昭23.5.8）

②　法益侵害の必要性からの分類

ア　実質犯

法益の侵害の発生を必要とする犯罪を実質犯という。

【例】　殺人罪、傷害罪等

イ　危険犯

法益侵害の危険を生じさせることが構成要件となっている犯罪を危険犯という。危険犯は、「具体的危険犯」と「抽象的危険犯」に分けられる。

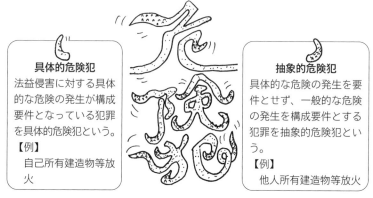

具体的危険犯
法益侵害に対する具体的な危険の発生が構成要件となっている犯罪を具体的危険犯という。
【例】
自己所有建造物等放火

抽象的危険犯
具体的な危険の発生を要件とせず、一般的な危険の発生を構成要件とする犯罪を抽象的危険犯という。
【例】
他人所有建造物等放火

ウ　形式犯

法益侵害の抽象的危険すらも必要としない犯罪を「形式犯」という。道路交通法などの行政犯罪に多く規定されている。

【例】　信号無視等の道路交通法違反等

③　法益侵害の態様による分類

　ア　即時犯

　　　結果の発生によって犯罪が既遂となり、その
　　後、犯罪者の行為に関係なく、法益侵害状態が
　　終了する犯罪を「即時犯」という。

　　　【例】　殺人、放火等

　イ　状態犯

　　　結果の発生によって既遂となるが、その後、
　　行為者の行為によって法益侵害状態が継続する
　　犯罪を「状態犯」という。この場合、その後の
　　法益侵害行為は、不可罰的事後行為として別に
　　犯罪を構成しない。

　　　【例】　窃盗、詐欺罪等

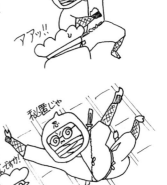

　ウ　継続犯

　　　犯罪が既遂となった後も犯罪行為
　　が継続する犯罪を「継続犯」という。

　　　【例】　逮捕監禁罪、住居侵入罪
　　　　　　等

因果関係

　因果関係とは、行為と結果との間にある関係のことをいう。

　結果犯においては、行為と結果との間に因果関係が必要とされる。

①　条件説

　　　「AがなかったならばBもなかったであろう。」という場合に因果関係を認め
　　るもので、行為と結果との間に条件関係があれば因果関係を認めるとする説。こ
　　れまでの判例は、おおむねこの条件説によって判断されている。

②　原因説

　　　結果の発生に関する諸条件の中で、最も重要な条件を原因として因果関係を認
　　めるとする説。この説は、最終条件説、必然条件説、優越条件説等があるが、ど

の条件を選択するのかが不明瞭である等の批判が多い。

③ 相当因果関係説（通説・近年の判例）

　単に行為と結果との間に条件関係があるだけでは足らず、社会生活上の経験に照らし、その行為からその結果が生じることが相当であると認められる場合に因果関係を認める説である。

　相当因果関係説は、従来の条件説では、条件の連鎖が無限に広がる可能性があることから、条件説に「相当性」の判断を入れることによって、因果関係の成立範囲に絞りをかけ、犯罪の成立に合理性を加味しようとするものである。したがって、因果関係の認められる範囲は、条件説よりも小さくなる。

　なお、近年の下級審や学説は、この相当因果関係説を支持している。

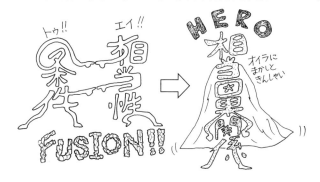

判 例

　○　被告人甲・乙が、被害者の女性を姦淫しようとして近づいたところ、同女は被告人らから逃れるため、海の方に向かって逃げて海中に入り、その結果、溺死した事案につき、被告人らは、被害者が海の方に向かって逃げ出すまで同女を強姦しようとしていたのであるから、同女の溺死は、被告人らの強姦の行為が原因となって生じたものと認めるのが相当である。　　　　　　　　　　　（福岡高那覇支判昭49.4.24）

　○　被告人が、被害者の頭部を殴打するなどの暴行（第一暴行）を加えた後、意識を失った同人を他の場所に放置したまま立ち去ったところ、同所において何者かが、被害者の頭頂部を角材で数回殴打する暴行（第二暴行）を加え、その結果、翌日に被害者が死亡した事案につき、被告人（第一暴行行為者）の暴行と死亡との間に因果関係を肯定し、傷害致死罪の成立を認めることが相当である。　　　　　　　　（最決平2.11.20）

　○　被告人らが、被害者に対し、マンション居室において激しい暴行を加えたため、被害者が靴下のまま逃走し、逃走を開始してから約10分後、被告人らによる追跡から逃れるため、約800メートル離れた高速道路に進入し、疾走してきた自動車に衝突されて死亡した事案につき、死亡原因は、被害者自身が惹起したものではなく、被告人らの暴行に起因するものと評価することが相当であることから、被告人らの暴行と被害者の死亡との間に因果関係を認めることができる。　　　　　　　　（最決平15.7.16）

> 第38条（故意）
> 1 罪を犯す意思がない行為は、罰しない。ただし、法律に特別の規定がある場合は、この限りでない。

主観的構成要件

主観的構成要件は、故意と過失がある。

全ての犯罪は、故意又は過失のいずれかを主観的構成要件としており、故意も過失もない犯罪は存在しない。

故 意

① 故意犯の意義

ア 犯罪事実を認識・認容することをいい、故意によって行われる犯罪を故意犯という。

イ 故意を認めるためには、原則として、行為者が犯罪事実全体を認識・認容する必要があるが、結果的加重犯については、基本となる犯罪事実に対する認識・認容があれば、重い結果に対する認識・認容は必要としない（通説・判例）。

判 例

　○ 犯罪構成事実の認識（認識説）を故意の本質とするべきである。（大判大11.5.6）
　○ 自然犯たると行政犯たるとを問わず、犯意の成立には、違法性の認識を必要としない。　（最判昭25.11.28）

② 認容説（通説・判例）

犯罪の実現を積極的に望んではいないが、「実現してもかまわない。」「実現し

たとしても仕方がない。」と犯罪の発生を認容する主観的な態度は、故意として
評価するべきである。

③　故意の種類
　ア　確定的故意
　　　行為者が、犯罪事実の実現を確定的に認識・認容している場合
　イ　不確定的故意
　　○　未必の故意
　　　　行為者が、犯罪事実の実現を可能なものとして認識・認容している場合
　　○　概括的故意
　　　　複数の客体のどれかに結果が発生することを認識しているが、どの客体に
　　　結果が発生するかを確定的に認識しておらず、概括的に認識・認容している
　　　場合
　　○　択一的故意
　　　　２個の客体のどちらかに結果が発生することを認識しているが、どちらに
　　　結果が発生するかを不確定に認識・認容している場合

判　例

　　○　贓物（盗品等）かもしれないと思いながら、あえてこれを買い受ける行為は、贓物
　　　故買罪（盗品等有償譲受け罪）を構成する。　　　　　　　　　　（最判昭23.3.16）
　　○　発砲すれば射殺するかもしれないが、それもやむをえないと考え発砲した結果、死
　　　亡させた場合は、殺人罪が成立する。　　　　　　　　　　　　　（最判昭24.2.24）
　　○　暴力団員である被告人が、対立する暴力団事務所内中央のソファーに組員が座って
　　　いることを確認した上で、事務所前路上の自動車内から事務所にけん銃を撃ち込んだ
　　　事案と、被告人の呼びかけに応じて暴力団事務所内から顔を出してきた組員に向け、
　　　階段下からけん銃を発射した事案につき、被告人の行為が「弾丸が直接又は跳弾となっ
　　　て、相手の身体に命中して死亡させるに至るかもしれない」と十分認識しながら、あ
　　　えてこれを認容してけん銃を発射したものであるから、少なくとも「未必の故意」が
　　　あったものと認定でき、殺人未遂罪の成立を妨げない。　　（名古屋高判平元.1.30）
　　○　修理等により金属性弾丸発射の機能を回復するけん銃を、そのように認識して所持
　　　した場合には、銃刀法上の「けん銃」に当たることについて正確に理解していなかっ
　　　たとしても確定的故意が認められる。　　　　　　　　　　　　　（東京高判平22.1.27）

> **第38条（故意）**
>
> 2　重い罪に当たるべき行為をしたのに、行為の時にその重い罪に当たることとなる事実を知らなかった者は、その重い罪によって処断することはできない。

錯誤理論の意義

①　犯罪行為者が予測しなかった結果が発生した場合、いわゆる「錯誤理論」によって「故意」が認定される。

②　錯誤には、「同一構成要件内の錯誤」と「異なる構成要件内の錯誤」があり、いずれも「法定的符合説」（通説・判例）が適用される。

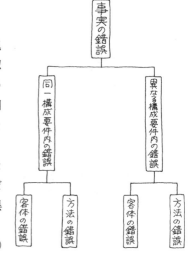

事実の錯誤の意義

　通常は、行為者が認識・認容したとおりに犯罪が実現するが、例外的に、行為者の認識・認容と違う犯罪事実が実現することがある。このように、行為者の認識・認容した犯罪事実の間に食い違いが生じた場合を、「事実の錯誤」という。

　事実の錯誤は、行為者が認識した犯罪事実と発生した犯罪事実が同じ構成要件内にあるかどうかにより、「同一構成要件内の錯誤」と「異なる構成要件内の錯誤」に分かれる。

①　同一構成要件内の錯誤（具体的事実の錯誤）

　　行為者の認識と発生した犯罪事実が、どちらも同じ構成要件内にある場合をいう。

②　異なる構成要件内の錯誤（抽象的事実の錯誤）

　　行為者の認識と発生した犯罪事実が、異なる構成要件にまたがる場合をいう。

客体の錯誤と方法の錯誤

　　「同一構成要件内の錯誤」と「異なる構成要件内の錯誤」のどちらの場合でも、「客体の錯誤」と「方法の錯誤」に区別することができる。

①　客体の錯誤

　　行為者が、客体を間違って、別の客体を攻撃した場合

②　方法の錯誤（打撃の錯誤）

　　客体は間違わなかったが、結果的に別の客体を攻撃してしまった場合

	事実の錯誤	
	同一構成要件内の錯誤	異なる構成要件内の錯誤
客体の錯誤	①　Aを殺すつもりだったが、BをAと勘違いしたため、Bに発砲してBを殺害した。	③　Aを殺すつもりだったが、飼い犬をAだと勘違いしたため、飼い犬に発砲して飼い犬を殺害した。
方法の錯誤	②　Aを殺すつもりでAに発砲したが、手元が狂ってBに当たり、Bを殺害した。	④　Aを殺すつもりでAに発砲したが、手元が狂って飼い犬に当たり、飼い犬を殺害した。

※　飼い犬を殺す行為は、器物損壊罪を構成する。

法定的符合説（通説・判例）

　　事実の錯誤の場合に、どこまで故意を認めるかについては、法定的符合説が支持されている（通説・判例）。

　　法定的符合説とは、行為者が認識した犯罪事実と発生した犯罪事実の構成要件が一致する範囲内において、故意の成立を認めるものである。

①　同一構成要件内の錯誤の場合

　ア　具体的事実の錯誤の場合、認識していた犯罪事実と発生した犯罪事実が同じ構成要件内にあることから、構成要件的故意が成立する。

　イ　したがって、前表の①、②の場合、Aに対する殺人未遂罪、Bに対する殺人罪が成立する。

判例

○　AをBと誤認して殺傷した場合、人を殺す意思をもってこれを殺傷した以上、たとえAをBと誤認したとしても、殺人の犯意は阻却されない。　　　　　（大判大11.2.4）

○　Aを殺害する目的でけん銃を撃った結果、予期しないBを負傷させた事案については、A及びBに対し、殺人未遂罪が成立する。　　　　　　　　　（最判昭53.7.28）

○　Aを突き飛ばして暴行を加えた結果、Bを負傷させた場合、Bに対する故意がなくても傷害罪が成立する。　　　　　　　　　　　　　　　　　　（高松高判昭31.2.21）

②　異なる構成要件内の錯誤の場合

ア　抽象的事実の錯誤の場合、認識していた犯罪事実と発生した犯罪事実が異なる構成要件にまたがることから、原則として故意の成立が否定される。

イ　しかし、行為者が認識していた犯罪事実（構成要件）と発生した犯罪事実（構成要件）の一部が重なり合う場合については、重なる構成要件の範囲内において、軽い方の犯罪事実（同じ重さの場合には発生した犯罪事実）の故意が成立する。

ウ　したがって、前表③、④の場合、殺人と器物損壊の構成要件は異なり、重なり合う部分がないことから、器物損壊罪は成立しない（器物損壊罪には過失犯はない。）。

　　なお、異なる構成要件内の錯誤の態様については次のとおりである。

㈠　認識していた犯罪事実より発生した犯罪事実の方が重い場合

　　発生した重い犯罪事実に対する認識がないから、重い事実について故意を認めることはできないが、認識していた軽い犯罪事実について故意が成立する。

※　刑法第38条第2項の規定は、こういった場合を想定した注意規定であると解されている。

暴行　　　　　　　　　　　傷害致死が成立し、
　　　　　　　　　　　　　殺人は成立しない

　(イ)　認識していた犯罪事実が、発生した犯罪事実よりも重い場合

　　　発生した軽い犯罪事実について故意が成立し、その罪が成立する。

　(ウ)　認識していた犯罪事実と発生した犯罪事実の法定刑が同じ場合

　　　発生した犯罪事実について故意が成立する。

判│例

　○　窃盗の共同正犯者として見張り役を行ったつもりでいたところ、実行者は最初から強盗を行う意思で強盗を行った場合、見張り者は軽い罪の窃盗既遂罪となる。

（最判昭23.5.1）

　○　Ａ宅への住居侵入窃盗を教唆したところ、被教唆者がＢ宅へ侵入して強盗を行った場合、窃盗の教唆犯の刑責を負う。

（最判昭25.7.11）

　○　傷害罪を幇助する意思であいくちを貸したところ、正犯者が殺人罪を行った場合、傷害致死罪の幇助犯となる。

（最判昭25.10.10）

　○　占有離脱物横領罪を犯す意思で、同質の構成要件であるが、占有離脱物横領罪よりも刑が重い窃盗罪を犯した場合、軽い罪の占有離脱物横領罪が成立する。

（東京高判昭35.7.15）

　○　殺人と傷害致死罪の違いは「殺意」の有無だけであり、基本的構成要件は同じであるから、構成要件が重なり合う範囲内において、軽い罪である傷害致死罪の共同正犯が成立する。

（最決昭54.4.13）

因果関係の錯誤

①　因果関係の錯誤の意義

　　行為者が犯罪を実行した場合に、予想した経過とは異なる経過をたどったが、結果的に行為者が実現しようとした結果が生じた場合をいう。

【例】　甲は殺害する意思でＡの首を絞め、死んだと思って海に投げたら、Ａは気絶しただけで死んではおらず、海中で目を覚ましましたが溺死した。

② 相当因果関係説

　ア　因果関係の錯誤の場合、結果に対する法的な責任を行為者に課すかどうかについては、条件説と相当因果関係説が有力であるところ、近年の判例は、相当因果関係説によって判断されている。

　イ　相当因果関係説とは、社会生活上の経験に照らし、その行為からその結果が生じることが相当であると認められる場合に、因果関係を認めるとする説である。

　ウ　なお、上記①の甲の行為は、条件説によっても、相当因果関係説によっても、殺人罪となる。

第38条（故意）

　3　法律を知らなかったとしても、そのことによって、罪を犯す意思がなかったとすることはできない。ただし、情状により、その刑を減軽することができる。

法律の錯誤の意義

① 刑法第38条第3項は、いわゆる法律の錯誤について規定している。

② 法律の錯誤には、次の2つの態様がある。

　ア　法令の不知

　　　罰則があるとは知らずに犯罪行為を行った場合

　　【例】法令に違反するとは知らずにビラ貼りを行った。

　イ　当てはめの錯誤

　　　法令は知っていたが、自分の行為が法令に違反するとは思わなかった場合

　　【例】ビラ貼り違反についての認識はあるが、カード状のビラは貼ってもよいと思った。

③ 違法性の認識は故意の要件ではないから、自己が行う犯罪事実についての認識があれば故意が認められるとして、上記いずれの場合においても、故意は阻却しないとするのが判例の立場である。

判　例

○　たとえ「メチルアルコール」が法律上その所持又は譲渡等を禁じられている「メタノール」と同一のものであることを知らなかったとしても、それは法律の不知にすぎないから、故意がないとはいえない。　　　　　　　　　　　　（最判昭23.7.14）

○　事実の不知は故意を阻却するが、法令の不知は故意を阻却しないから、具体的にどのような法令によって禁止されているのかを知らなくても、故意が成立する。
　　　　　　　　　　　　　　　　　　　　　　　　　　　　　　　　（最判昭24.4.9）

○　犯意があるとするためには、犯罪構成要素である事実を認識すれば足り、その行為の違法を認識することを要しない。したがって、法律の不知ないし法律の錯誤は犯意を阻却しない。　　　　　　　　　　　　　　　　　　　　　　　（最判昭25.12.26）

○　故意に違法性の認識は必要としないから、仮に、法令の公布と同時に法が施行されたため、行為の違法性について認識することができなくても、故意は成立する。
　　　　　　　　　　　　　　　　　　　　　　　　　　　　　　　（最判昭26.1.30）

○　自然犯と行政犯とを問わず、故意の成立に違法の認識を必要としないが、被告人が進駐軍物資を運搬することが法律上許された行為であると誤信したとしても、そのような事情は故意を阻却する事由とはならない。　　　　　　　（東京高判昭39.4.23）

○　警察官に紙幣と紛らわしい外観を有するサービス券を渡した際に注意をされなかったとしても、違法性の認識を欠いたことについて、相当な理由があったことにはならない。　　　　　　　（最決昭62.7.16～認識可能性説に立ったとされる判例～）

○　被告人の認識と異なり、被害者が第2行為に密接する第1行為により死亡していたとしても殺人の故意に欠けるところはなく、第1行為着手時点で殺人罪の実行の着手がある。　　　　　　　　　　　　　　　　　　　　　　　　　　（最決平16.3.22）

第38条（故意）

1　罪を犯す意思がない行為は、罰しない。ただし、法律に特別の規定がある場合は、この限りでない。

【参考条文】
第209条（過失傷害）
1　過失により人を傷害した者は、30万円以下の罰金又は科料に処する。
2　前項の罪は、告訴がなければ公訴を提起することができない。

過失犯とは

　不注意により犯罪事実の認識・認容を欠き、その状態で一定の作為・不作為を行って犯罪事実を実現した場合を過失犯という。

　なお、刑法は、第38条第1項において、原則として故意犯を処罰する旨を規定し、過失犯については、特別の規定がある場合に限り刑を科する旨を規定している。

　これは、過失犯が故意犯よりも悪質性が軽いと考えられているからであり、過失犯のうち、比較的重大なものが例外的に処罰の対象とされ、その法定刑も故意犯よりも軽いものとなっている。

過失犯の要件（消極的要件）

　過失犯は、

　ア　行為者が、注意義務に違反して法益侵害の結果を認識・予見しなかった。

　あるいは、

　イ　認識・予見はしたが、結果発生を回避するための必要な手段を講じなかった。

　という注意義務違反を行い、その結果、実害が発生したときに違法性を帯びる。

認識ある過失

　犯罪事実の認識はあるが、その認容を欠いている場合をいう。

未必の故意と過失犯の区別

　未必の故意は、故意の一形態であり、過失犯とは区別される。

　交通事故を例にすると、次のものが挙げられる。

　ア　未必の故意

　　　「このまま進行すれば歩行者をひくかもしれないが、それでもかまわない。」と、結果の発生を認識・認容した状態で交通事故を惹起すること。

　イ　認識ある過失

　　　「このまま進行しても、歩行者をひくことはないだろう。」と、客体を認識しているが、結果を認識・認容していない状態で交通事故を惹起すること。

　ウ　認識なき過失

　　　完全な脇見により歩行者の存在を全く認識がない状態で、交通事故を惹起すること。

判 例

○ 乳児に授乳しながら添い寝していた母親がそのまま睡眠したため、乳房で乳児の鼻口を圧迫して窒息死させた場合は、過失致死罪が成立する。 （大判昭 2 .10.16）

注意義務の意義

① 普通人を行為者と同じ状況に置いた場合に、結果を認識・予見することができたかどうか（客観的予見可能性）及び結果の発生を回避することができたかどうか（客観的回避可能性）によって決定される。

② よって、注意義務は、以下の2点が構成要件となる。

ア 結果予見義務

結果の発生を予見すべき義務

イ 結果回避義務

予見に基づいて、結果の発生を回避するための適切な行為（作為・不作為）を行う義務

業務上過失とは

① 業務上過失は、危険を伴う仕事をする者が、業務上の注意義務に違反したため、他の者の法益を侵害したときに成立する。

② 業務上過失犯が通常の過失犯よりも重く処罰される理由

ア 業務者には特別に高度な注意義務が課せられているから

イ 客観的な法益侵害が大きく、違法性が大きいから

ウ 業務者は、通常人よりも広く結果を予見する能力を有するから

などの説があるが、判例はアの立場をとっている。

【参考条文】

第211条（業務上過失致死傷等）

業務上必要な注意を怠り、よって人を死傷させた者は、5年以下の懲役若しくは禁錮又は100万円以下の罰金に処する。重大な過失により人を死傷させた者も、同様とする。

> 判　例
>
> ○　一定の業務に従事する者は、通常人に比べて特別な注意義務がある。
>
> （最判昭26.6.7）

重過失とは

業務上の過失以外で、注意義務を怠った程度が著しい場合をいい、わずかの注意を払うことによって、結果の発生を容易に予見してこれを回避できたのに、漫然とこれをしなかった場合に成立する。

> 判　例
>
> ○　重過失とは、わずかな注意を払えば、結果の発生を回避できた場合をいう。
>
> （東京高判昭39.3.18）

4 自 首

第42条（自首等）

1 罪を犯した者が捜査機関に発覚する前に**自首**したときは、その刑を減軽することができる。

2 告訴がなければ公訴を提起することができない罪について、告訴をすることができる者に対して自己の犯罪事実を告げ、その措置にゆだねたときも、前項と同様とする。

用語 「自首」とは

① 自首とは、犯人が捜査機関に対し、自発的に自己の犯罪事実を申告し、その訴追を含む処分を求めることをいう。ただし、単なる自白は自首ではない。

また、犯人自ら自己の犯罪事実を申告する点において、告訴・告発とは異なる。

② なお、自首は、刑訴法上は捜査の端緒にすぎないが、刑法上では、刑の任意的な減軽事由となる。

道路交通法第72条第1項との関係

道路交通法第72条第1項の規定を履行し、交通事故の発生及び被害の状況等について警察官に申告した場合であっても、当該申告は自首に当たらず、それを超えて自己の過失を認め、処分を容認したときに初めて自首したといえる。

判例

○ 自動車の運転者が、発生した交通事故の内容を警察に届け出るだけでは自首には当たらず、事故原因である犯罪事実を告げなければ、自首にはならない。

（高松高判昭30.7.29）

○　道路交通法に定める報告義務は、発生した日時、場所、死傷者数等、交通事故の客観的な事実の報告を義務付けたものであるから、憲法第38条第1項（不利益な供述を強要されない）の規定には反しない。　　　　　　　　　　　　（最判昭37.5.2）

自首制度の趣旨

　自首の制度を制定した趣旨は、
①　犯罪捜査を容易にすること。
②　犯人の反省に対する刑の減軽措置をとるため。
の2点にあると考えられている。

自首の要件

①　犯罪事実を自発的に申告すること
　ア　自発的に自己の犯罪事実を申告することである。捜査機関の取調べに対して犯行を認めて供述するのは、自首には当たらない。

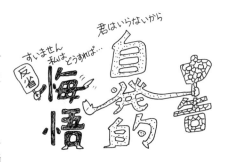

　イ　また、警察官の職務質問に対して、犯行を自供した場合には自首には当たらないが、警察官が犯罪の嫌疑をもっていないのに、職務質問を受けた直後に自発的に犯罪事実を申告した場合は、自首したといえる。
　ウ　なお、自首が成立するためには真摯な悔悟によることを要しないから、交通監視中の警察官を見て自己の犯行が発覚したと勘違いし、自ら犯罪事実を申告した場合であっても自首となる。

判　例

○　犯罪事実が全く捜査機関に発覚していない場合はもちろん、犯罪事実は発覚していても、その犯人がだれであるか判明していない場合も、「捜査機関に発覚する前」に当たるが、犯罪事実及び犯人が判明しており、単に所在が不明である場合は、自首には当たらない。　　　　　　　　　　　　　　　　　　　　　（最判昭24.5.14）
○　自首は、必ずしも後悔や反省から行ったものでなくともよく、警察官から職務質問をされたために、逃げられないと観念して自ら自己の犯罪事実を告知した場合であっても、それが自発的申告であるかぎり、自首に当たる。　　　（東京高判昭42.2.28）
○　被疑者の氏名が分からない状態で「犯人が発覚している。」といえるためには、通常逮捕状を請求できる程度に特定がされている必要があるが、現実に逮捕状請求の準

備をしている必要はない。 （大阪高判昭48.7.12）

○ 強盗犯人が、強盗の被害者と関係のある暴力団員から監禁、暴行を受け、生命の危険を感じて警察に出頭した場合、たとえ出頭の動機が反省からでなくても、法的な要件を充足していれば、自首が成立する。 （最決平5.11.30）

○ 実際は共犯者のいる傷害致死事件について、積極的に自己の単独犯行である旨警察官に申告して意図的に共犯者の存在を隠した自首行為は、自己の犯罪事実の重要部分を偽り犯人隠避の実行行為にも該当する場合であるから、「自己の犯罪事実」の申告には当たらない。 （東京高判平22.7.5）

② 捜査機関に発覚する前に犯罪事実を申告すること

ア この場合の捜査機関とは、捜査機関全体を指すから、犯罪事実を申告した捜査官が知らなくても、他の捜査官の誰かが知っていれば自首には当たらない（司法巡査であると司法警察員であるとを問わない。）。しかし、捜査機関に発覚していなければ、被害者や目撃者に発覚していても自首に当たる。

イ なお、犯人が警察に出頭しなくても、直ちに捜査機関の支配下に入る状態で電話や第三者を介する方法で申告しても、自首となる場合がある。

自首に当たらない

判 例

○ 事故を起こして同乗者が負傷し、臨場した警察官に同乗者はいなかった旨の虚偽の申告をした場合であっても、犯罪が捜査機関に発覚する前に真実を申告したときは、業務上過失傷害罪、道路交通法違反（報告義務）の自首となる。 （最決昭60.2.8）

5 未　遂

第43条（未遂減免）
　犯罪の実行に着手してこれを遂げなかった者は、その刑を減軽することができる。ただし、自己の意思により犯罪を中止したときは、その刑を減軽し、又は免除する。

第44条（未遂罪）
　未遂を罰する場合は、各本条で定める。

未遂犯の意義

　刑法の規定は、原則として既遂の犯罪を処罰するものである。しかし、刑法は、犯罪によっては既遂に達していなくても罰する必要性があるため、未完成の犯罪（「陰謀」「予備」「未遂」）から処罰の必要性がある犯罪を特定し、罰則を科している。

未遂犯の種類

　未遂犯は、「着手未遂」と「実行未遂」に区別される。
　着手未遂は、着手後、既遂までに犯罪行為を中止すれば未遂犯となるが、実行未遂は、犯罪行為を中止するだけでは足らず、積極的に結果発生を防止する行為が必要とされる。

① 着手未遂

犯罪の実行行為に着手したが、犯罪行為が終了しなかった場合

② 実行未遂

犯罪の実行行為に着手し、犯罪行為が終了したが結果が発生しなかった場合

未遂犯の成立要件

① 着手未遂

　ア　犯罪の実行に着手したこと。

　イ　実行行為が終了せず、結果が発生しなかったこと。

② 実行未遂

　ア　犯罪の実行に着手したこと。

　イ　実行行為が終了したものの、結果が発生しなかったこと。

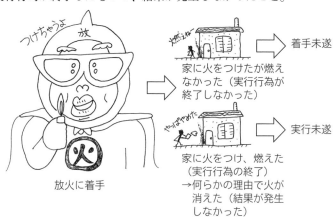

放火に着手

家に火をつけたが燃えなかった（実行行為が終了しなかった）→着手未遂

家に火をつけ、燃えた（実行行為の終了）→何らかの理由で火が消えた（結果が発生しなかった）→実行未遂

実行の着手

① 実行の着手の意義

実行の着手とは、実行行為の一部を開始することをいい、

ア 故意があること

イ 犯罪行為が開始されたと客観的に認め
られること

が必要である。

② 着手時期

ア 逃走罪

逃走罪は国家の拘禁作用を害する犯罪
である。

(ア) 単純逃走罪

看守者の実力的支配を脱する行為を開始したとき。

(イ) 加重逃走罪

二人以上通謀等して、逃走行為に着手したとき。

イ 放火罪

客体の燃焼を惹起する行為を開始したとき。具体的には、直接に客体に点火
する場合はもとより、媒介物に点火して目的物に導火する場合も放火罪の着手
に当たる。

ウ 不同意性交等罪

不同意性交等を目的として暴行・脅迫を開始したとき。暴行・脅迫を手段と
しないときは、不同意性交等の行為が開始されたとき。

エ 殺人罪

行為者が、殺意をもって、他人を死亡させる現実的な危険性のある行為を開
始したとき。

オ 窃盗罪

財物についての他人の占有を侵害する行為を開始したとき、又は、これに密
着した行為を開始したとき。

判 例

○ 毒入りまんじゅうを相手に交付したときを殺人の着手時期とする。

(大判昭 7 .12.12)

○ 毒物を郵送したときは、相手が受領したときを毒殺行為の着手時期とする。

(大判大 7 .11.16)

○ 侵入盗の犯人が室内で物色を始めた場合、窃盗罪の着手を認める。

(大判昭 9 .10.19)

○ 窃盗目的で倉庫や土蔵の出入口のかぎを破壊しようとした行為は窃盗罪の着手行為である。 (高松高判昭28.1.31、大阪高判昭62.12.16)
○ 車上荒らしをするために、自動車のドアにかね尺を差し込む行為を窃盗罪の着手時点とする。 (山口簡判平2.10.1、東京高判昭45.9.8)
○ すりをするために手でズボンのポケットの外側に触れる行為は窃盗の着手行為である。 (最決昭29.5.6)
○ 税関長に申告しないうなぎの稚魚在中のスーツケースを、機内持込手荷物と偽って保安検査を回避してチェックインカウンターエリア内に持ち込み、不正入手した検査済シールを貼付した時点で、無許可輸出罪の実行の着手があった。 (最判平26.11.7)

障害未遂の意義 （刑法43条）

　自己の意思によらない外部的な障害によって犯罪が既遂に達しなかった場合をいう。

判 例

○ 放火したが、夜が明けたため犯罪発覚を恐れて火を消した場合、障害未遂である。 (大判昭12.9.21)
○ 放火をしたが、他人に発見されたため、一緒に火を消した場合、障害未遂である。 (大判昭6.12.5)
○ 放火をした後に、消火を他人に頼み、火が消火されても、中止未遂にはならない。 (大判昭12.6.25)
○ 陰部の血を見て驚愕して強姦を中止した場合は、障害未遂である。 (最判昭24.7.9)
○ 女性の鳥肌を見て嫌悪し、性欲を失って姦淫を中止した場合は、障害未遂である。 (東京高判昭39.8.5)
○ 女性が生理中のために嫌悪し、性欲を失って強姦を中止した場合は、障害未遂である。 (仙台高判昭26.9.26)
○ 2か所に放火し、一方が障害未遂の場合、もう一方を中止しても障害未遂である。 (大判昭7.6.29)

① 中止犯の意義

中止未遂（中止犯）とは、犯罪の実行に着手したが、自己の意思により犯罪を既遂にしなかった場合をいう。

中止犯にならないパターン

② 中止未遂の成立要件

ア　実行の着手

犯罪の実行に着手していること。

イ　中止の任意性

自発的な意思のもとに中止することが必要であり、あくまでも任意に行われた中止でなければならないが、この任意性の基準については、以下の各説がある。

(ア) 主観説

外部的な障害を認識して犯行を中止した場合には障害未遂となり、外部的な障害を認識しないで、自発的に犯行を中止した場合には中止未遂となる。

(イ) 限定的主観説

悔悟、同情、憐憫（れんびん）などの内心的な後悔に基づいて犯行を自ら中止した場合に中止未遂となる。

(ウ) 客観説

犯罪行為者の心理状態や犯罪行為を一般人の視点から客観的にみて、犯罪の既遂を妨げるだけの外部的な障害があったと認められる場合には障害未遂となり、ない場合には中止未遂になる。

(エ) 折衷説（通説）

主観説と客観説の両方を考慮して、

「外部的な障害により中止を決意した場合は障害未遂である。」

「外部的な障害があったが、任意の意思によって中止したと客観的に認められる場合は中止未遂である。」

以上のとおり学説は分かれているところ、現在では、主観説を考慮した上で

客観的な判断を行う折衷説が最も有力であるとされている。
ウ　障害未遂と中止未遂の区分の意義

障害未遂は、任意に刑が減軽されること
に対し、中止未遂は、必ず刑が減軽又は免
除されることから、両者の区分は、科刑上
重要な意味をもつこととなる。

判　例

○　泣き始めた被害者の子どもを見て哀れに思い、殺人をやめたのは、中止未遂である。
（福岡高判昭29.5.29）

○　被害者の涙を見てかわいそうになり、強盗をやめたのは、中止未遂である。
（福岡高判昭35.7.20）

○　中止犯の処分が軽くなっているのは、実害を防止するための政策的な理由があることから、中止犯が成立するためには、結果が現実に防止されることが必要であり、実行後に犯行を中止した場合であっても、結果が防止されなければ中止犯にはならない。
（大判昭4.9.17）

不能犯の意義

犯罪を実現するために特定の行為をしたが、犯罪実現の可能性がないため、犯罪実行の着手も認められず、未遂犯すら成立しない場合を不能犯といい、態様として、

①　客体の不能

人だと勘違いして人形を刃物で刺すなど、犯罪の対象となる客体が存在しない場合

②　方法の不能

人を殺そうと思って栄養剤を飲ませるなど、その方法では犯罪が成立しない場合に分かれる。

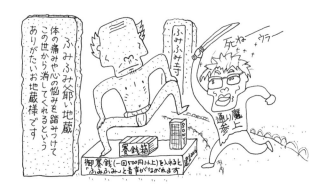

不能犯と未遂犯の区別

　不能犯と未遂犯の区別については、

①　主観的危険説

　　行為者が、故意をもって犯罪事実を実行した場合には全て未遂犯となるが、例外的に、明らかな迷信犯（丑の刻参りによる殺人など）については不能犯となる。

②　絶対的不能、相対的不能説（古い客観説）

　　行為の客体、方法の性質を客観的にみて、結果の発生があり得ない場合と、特別の事情からたまたま結果が発生しなかった場合とに区分し、前者を絶対的不能として不能犯を認め、後者を相対的不能として未遂犯とする。

③　具体的危険説（新しい客観説）（通説）

　　行為者が犯行当時に認識した事情を客観的にみて、結果発生の危険性が認められる場合は未遂犯となり、結果発生の危険性が認められない場合は不能犯である。

などがあるが、具体的危険説が通説である。

判 例

○ 特定の事情によって自動車のエンジンがかからない状態にあったとしても、自動車窃取の危険性がある以上、不能犯ではない。 （広島高判昭45.2.16）

窃盗罪の既遂時期

① 通説・判例

　取得説

② 取得説の意義

　財物を安全な場所に運ばなくても、事実上、自己の支配内に移したときに既遂となる。

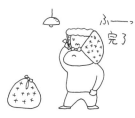

判 例

○ 侵入盗の犯人が、衣類を袋につめて、出入口まで運んだとき窃盗罪既遂が成立する。 （東京高判昭27.12.11）

○ 万引き犯人が、商品（靴下）を懐にしまったとき、窃盗罪既遂が成立する。 （大判大12.4.9）

○ 万引き犯人が、商品をレジ外側のカウンターで袋に入れようとしたとき窃盗罪既遂が成立する。 （東京高判平4.10.28）

○ 自転車のランプを盗む目的で、自転車を200～300メートル移動し、自転車全体を自己の支配内に入れた場合、自転車全体に対する窃盗罪既遂が成立する。 （東京高判昭27.5.31）

○ 他人の自転車を民家の軒下から道路上に持ち出した場合、窃盗既遂となる。 （名古屋高判昭25.3.1）

○ 自転車のかぎを外して方向転換し、直ちに発車できる状態にした場合、窃盗罪の既遂である。 （大阪高判昭25.4.5）

○ かぎのかかったままの自転車を、約3メートル先の道路上に持ち出した場合、窃盗罪の既遂である。 （仙台高判昭28.11.30）

○ 陳列していた服地を着用していたコートの内側に隠した場合窃盗罪の既遂である。 （東京高判昭29.5.11）

○ 店頭の本をわきの下に挟んで持ち出そうとしたとき窃盗罪の既遂である。 （広島高岡山支判昭28.2.12）

○ 大型店舗内で相当に大きな形状の複数のプラモデル等をトイレの個室に持ち込みバッグ等に詰めて携帯し持ち去ることが可能な状態に置いた行為につき、窃盗罪の既遂が認められた。 （東京高判平24.2.16）

6 罪　数

第54条（1個の行為が2個以上の罪名に触れる場合等の処理）
1　1個の行為が2個以上の罪名に触れ、又は犯罪の手段若しくは結果である行為が他の罪名に触れるときは、その最も重い刑により処断する。
2　第49条第2項の規定は、前項の場合にも、適用する。

罪数決定の基準

罪数の決定については、構成要件標準説（通説・判例）によって決定される。この構成要件標準説とは、行われた犯罪の構成要件が、1回の評価を受けるときは一罪であり、2回の評価を受けるときは二罪とする説で、犯意、行為、法益の侵害状況等を総合的に検討して決定される。

法条競合

1個の行為が、いくつかの構成要件に該当するように見えるが、そのうちの一つの構成要件を適用することによって、他の構成要件の適用が排除される場合をいう。
【例】　傷害罪が成立する場合、傷害に至るまでに行った暴行罪は原則として成立しないなど

傷害を負った　　　暴行行為

包括一罪

数個の同種の行為があって、それぞれ独立した犯罪事実が実行されているが、一罪として包括的に評価する場合をいう。
【例】　同一の犯意によって同一の場所

繰り返した

　から連続して行われた窃盗罪は一罪となるなど

包括一罪の要件
① 数個の行為が同一の罪名に触れること。
② 被害法益が単一であること。
③ 犯意が単一であること。

科刑上一罪
　一人の行為者が複数の犯罪を行うことを犯罪の競合という。犯罪が競合する場合には、原則として併合罪となるが、例外的に、複数の犯罪が一罪として扱われる場合があり、これが科刑上一罪である。
　科刑上一罪には、観念的競合と、牽連犯がある。

観念的競合（刑法54条 1 項前段）
① 観念的競合の意義
　　1 個の行為が数個の罪名に触れる場合を、観念的競合という。
② 観念的競合の科刑方法
　　観念的競合の場合、刑を科する上で一罪として扱われ、その数個の罪のうち、最も重い罪の法定刑によって処断される。

傷害　　　　　公務執行妨害
両罪が成立する
※法定刑が重い傷害罪で処断

牽連犯（刑法54条 1 項後段）
① 牽連犯の意義
　　牽連犯とは、数個の犯罪が、手段と目的の関係にある場合をいう。
② 手段と目的の関係の意義
　　「手段と目的の関係にある」とは、犯罪の性質からして当然に手段と目的の関係（住居侵入罪と窃盗罪などの関係）にあると認められる場合をいう。

　したがって、目的を達成するための手段としてたまたま別の犯罪を行った場合（刃物を盗んで殺人を行う等）は、牽連犯とはならない。

③　牽連犯の科刑方法

　　牽連犯も、観念的競合と同じく刑を科する上で一罪として扱われ、その数個の罪のうち、最も重い罪の法定刑によって処断される（刑法54条1項後段）。

適正な罪数認定の重要性について

①　科刑上一罪（牽連犯あるいは観念的競合）を構成する行為の一罪について確定判決があった場合、その判決の既判力は他の犯罪に及ぶ。

②　例えば、人の住居に侵入して不同意わいせつをした場合、住居侵入罪と不同意わいせつ罪は牽連犯になるが、仮に、不同意わいせつ罪が送致される前に住居侵入の確定判決があった場合、確定判決の既判力が不同意わいせつの事実にも及ぶため、不同意わいせつについては起訴できなくなる。

③　したがって、拙速に送致したため、重要犯罪が訴追できない等の事態にならないよう、罪数に関する擬律判断を適正に行った上で、慎重な送致手続を行う必要がある。

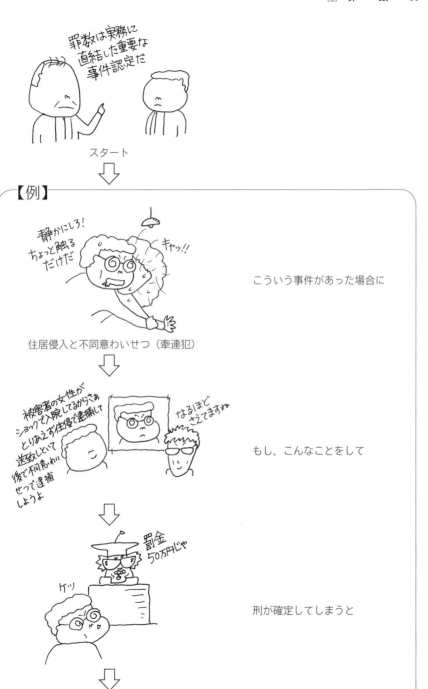

罪数は実務に
直結した重要な
事件認定だ

スタート

【例】

静かにしろ！
ちょっと触る
だけだ

キャッ!!

こういう事件があった場合に

住居侵入と不同意わいせつ（牽連犯）

被害者の女性が
ショックで入院してるからさあ
とりあえず住侵で逮捕して
送致しといて
後で不同意わい
せつで逮捕
しようよ

なるほど
さえてますね

もし、こんなことをして

罰金
50万円じゃ

ケッ

刑が確定してしまうと

被害者が不同意わいせつで
送致しようとしても

不同意わいせつ罪はもう
訴追できなくなる

判│例

○　パトカーに向かって石を投げつけ、パトカーを破損した場合、公務執行妨害罪と器物損壊罪は、観念的競合となる。　　　　　　　　　　　（東京地判昭41.3.25）

○　住居内にある器物を損壊をするために住居侵入をした場合は牽連犯となる。
　　　　　　　　　　　　　　　　　　　　　　　　　　　　（東京高判昭63.10.5）

○　2回にわたって覚せい剤を密輸した正犯を、1個の幇助行為により幇助した場合、幇助行為は1個であるから、2個の幇助罪の罪は観念的競合になる。
　　　　　　　　　　　　　　　　　　　　　　　　　　　　　（最決昭57.2.17）

○　強姦目的で住居侵入し、窃盗を行った場合は、住居侵入罪と窃盗罪は牽連犯となる。
　　　　　　　　　　　　　　　　　　　　　　　　　　　　（大判大6.2.26）

○　脅迫目的で住居侵入し、偶発的に殺人をした場合、住居侵入罪と殺人罪は牽連犯となる。　　　　　　　　　　　　　　　　　　　　　　　（大判昭5.1.27）

○　殺人を行うために凶器となる刃物を窃取した場合のように、犯人が行った二罪が、たまたま手段と結果の関係になった場合は、牽連犯とはならず、併合罪となる。
　　　　　　　　　　　　　　　　　　　　　　　　　　　　（大判昭10.10.21）

○　公務執行妨害罪と共に傷害罪が成立する場合、その行為が別個の動機、方法によるとき以外、通常は観念的競合になる。　　　　　　　　　（東京高判昭31.6.21）

○　他人の住居をのぞく目的で、その住居に侵入した場合、住居侵入罪と軽犯罪法違反は牽連犯となる。　　　　　　　　　　　　　　　　　　　（最判昭57.3.16）

○　1個の脅迫行為によって数人から所持金を奪った場合、被害者の数だけの強盗罪が成立し、観念的競合となる。　　　　　　　　　　　　　　（最判昭22.11.29）

○　窃盗犯人が逮捕を免れるために、警察官に暴行する行為は、事後強盗罪と公務執行妨害罪の両罪に触れ、観念的競合となる。　　　　　　　（大判明43.2.15）

○　警察官に暴行を加えて公務の執行を妨害し、その結果傷害を負わせた場合、傷害罪と公務執行妨害罪は、観念的競合となる。　　　　　　　（大判昭8.6.17）

○　1個の住居侵入行為と3個の殺人行為とが牽連犯の関係にある場合、全体を一罪としてその最も重い罪の刑に従い処断すべきである。　　　（最決昭29.5.27）

○　数罪が科刑上一罪の関係にある場合において、その最も重い罪の刑は懲役刑のみであるがその他の罪に罰金刑の任意的併科の定めがあるときには、最も重い罪の懲役刑にその他の罪の罰金刑を併科することができる。　　　　　　（最決平19.12.3）

> **第45条（併合罪）**
> 　確定裁判を経ていない2個以上の罪を併合罪とする。ある罪について禁錮以上の刑に処する確定裁判があったときは、その罪とその裁判が確定する前に犯した罪とに限り、併合罪とする。

併合罪の意義

　確定裁判を経ていない2個以上の罪を併合罪とする（刑法45条）。

判　例

○　監禁して傷害を負わせた場合、通常、手段と結果の関係にはなく、密接な因果関係もないから、牽連犯ではなく併合罪となる。　　　　　　　　（最決昭43.9.17）
○　軽犯罪法違反（凶器携帯）と恐喝行為は、通常、手段と結果の関係にあるとはいえないから、牽連犯ではなく併合罪となる。　　　　　　　（神戸地判昭61.8.27）
○　風俗営業等の規制及び業務の適正化等に関する法律2条1項8号の定める風俗営業を無許可で営む罪と賭博場開張図利罪は、同じ期間に同じ施設・設備を利用した場合であっても併合罪として処断されるとした原判決の判断を是認した。
　　　　　　　　　　　　　　　　　　　　　　　　　　　（名古屋高判平27.7.17）

強盗罪の性格

○　他人の財産を犯す財産罪としての性格
○　暴行・脅迫を手段とする身体犯としての性格

観念的競合

強盗罪の罪数

　強盗罪の罪数を決める基準は、財産権の侵害の個数によって決まる。

併合罪

強盗致傷罪の罪数

　人の身体が傷害を負った場合は、強盗の行為が1つであっても、強盗致傷罪が被害者ごとに成立する。

判｜例

○　屋内において、家族数人に暴行を加え、複数の財物が奪われた場合、強盗一罪が成立する。
　　　　　　　　　　　　　　　　　　　　　　　　　　　　　　（最判昭23.10.26）
○　1個の脅迫行為で、同時に数人の者（他人の集まり）から個別に財物を強取した場合、被害者ごとに強盗罪が成立し、各罪は観念的競合となる。　　　（最判昭22.11.29）
○　強盗致傷罪は人の身体を侵害する犯罪であるから、強盗の行為が1個であっても、強盗致傷罪は被害者ごとに成立する。　　　　　　　　　　　（東京高判平2.12.12）

共犯（教唆犯、従犯等）の罪数

① 　正犯基準説

ア　共犯の罪数は、正犯の罪数に従うとする説

イ　教唆、帮助者の教唆、帮助行為が1個であっても、正犯者の犯罪行為が併合罪になる場合には、教唆犯、従犯の罪数も併合罪となる。

教唆罪の観念的競合

② 　共犯基準説（通説・判例）

ア　教唆、帮助の行為を基準として共犯の罪数を決めるとする説

イ　教唆、帮助された正犯者の罪が併合罪となっても、教唆、帮助行為が1個であれば、教唆犯、従犯の行為が観念的競合になる。

判｜例

○　同一の相手に、順次接続した機会に犯された恐喝と強盗傷人について、当初の暴行が発展して強盗に発展した場合は、強盗傷人一罪となる。　　（東京高判昭34.8.27）
○　6か月間に十数回、同じ店から衣類等を窃取した場合、行為が同一罪名で、犯意、結果に同一性があるから、包括一罪となる。　　　　　　（東京高判昭27.1.29）
○　2か月間に13回にわたり材料置き場から銅板を盗んだ場合、同一手口、同一場所、同一犯意であるから、包括一罪となる。　　　　　　　　（名古屋高判昭28.6.25）
○　2年間に50回行った横領事件で、犯行時期が離れており、共犯者も異なっている場合は、各行為が併合罪となる。　　　　　　　　　　　　　（最判昭30.10.14）

7 共　犯

―共同正犯―

> **第60条（共同正犯）**
> 　二人以上共同して犯罪を実行した者は、すべて正犯とする。

共犯の意義

　刑法は、共犯の種類として、二人以上の犯行を構成要件とする「必要的共犯」と、犯罪が複数人によって行われた場合の「任意的共犯」の2種類を規定している。

必要的共犯

　構成要件の性質上、二人以上の行為者によって行われる犯罪をいう。

- ○　集団犯　【例】　内乱罪、騒乱罪
- ○　対向犯　【例】　収賄罪、贈賄罪

両方必要だぜ

必要的共犯

任意的共犯

　通常、単独犯で行われる犯罪を、二人以上の者で行った場合をいう。

　任意的共犯には、共同正犯（刑法60条）、教唆犯（刑法61条）、幇助犯（刑法62条）の3つの態様がある。

ええっ!!
どうしようかな

君はどっちでもいいよ

任意的共犯

「必要的共犯」とは

① 　騒乱罪（刑法106条）、賭博罪（刑法185条）など、刑法等の法律で、構成要件上、二人以上の行為者の共同行為を規定しているものをいう。

② 　必要的共犯は、独立した共犯類型として規定されたものであるから、任意的共犯に関する刑法総則の共犯規定は適用されない。

さあ勝負だよりカちゃん
丁か半か　どっち？

賭博罪は成立しない

共同正犯の意義

　共同正犯とは、二人以上の者が共同して犯罪を実行した場合、全員が正犯として処断されることをいうが、ここで問題となるのは、共同正犯の成立範囲である。

　すなわち、

　○　共同正犯は、共犯者全員が実行行為を行った場合のみ成立する。

として実行共同正犯に限定するか、それとも、

　○　共謀に加われば、実行行為を行わなくても共同正犯となる。

として共謀共同正犯を認めるかについてであるが、判例は、「共謀共同正犯は共同正犯の一態様である」旨を判示している。

共謀　共同正犯になる

共同正犯の成立要件

　共同正犯（共謀共同正犯を含む。）が成立するためには、

①　共謀が行われたこと。

②　共謀に基づいて実行行為が行われたこと。

　の2つの要件が必要である。

「共謀が行われたこと」の意義

①　共謀とは

　　二人以上の者が、特定の犯罪を行うために謀議をすることをいう。

②　共謀の成立要件

　　共謀があったといえるためには、次の2つの要件が必要である。

　ア　共同実行の意思

　　　共犯者が特定の犯罪を、共同で実行する意思をもつこと。

　イ　意思の連絡の意義

判　例

○　強盗を共謀した者が、他の共謀者が実行に出た当夜、自宅で就寝中であったとして
　　も、共同正犯として強盗罪の刑責を負う。　　　　　　　　　　　　（最判昭24.11.15）
○　窃盗行為の見張りが正犯か従犯であるかは、自己の犯罪を共同して実現する意思か、
　　幇助だけの意思かによって決まる。　　　　　　　　　　　　　　　（東京高判昭24.2.22）
○　二人が意思を通じて二人の女性に強姦をした場合であっても、各人が別個に実行し
　　た場合は、単独犯となる。　　　　　　　　　　　　　　　　　　（広島地判昭42.12.18）
○　他人が強盗目的で暴行を加えて傷害を負わせた後に、他の者がその後に共同して強
　　盗を行った場合、共犯者全員が先に行われた傷害についても責任を負うから、強盗致
　　傷罪の共同正犯となる。　　　　　　　　　　　　　　　　　　　（札幌高判昭28.6.30）
○　強盗犯人が家屋内において殺人を行い、その後に合流した者が強盗の幇助をした場
　　合、幇助者は、強盗殺人罪の幇助犯となる。　　　　　　　　　　　（大判昭13.11.18）
○　先行者が強姦の目的で暴行・脅迫を加え、抗拒不能になったことを知って先行者と
　　意思を連絡し姦淫した場合は、後行者が暴行を加えなくても、強姦罪の共同正犯とな
　　る。　　　　　　　　　　　　　　　　　　　　　　　　　　　（名古屋高判昭38.12.5）
○　先行者の暴行により相手が傷害を負い、その後の暴行に参加した場合、傷害の原因
　　が後行者が加担する以前の暴行によるものであっても、傷害罪の共同正犯となる。
　　　　　　　　　　　　　　　　　　　　　　　　　　　　　　　（名古屋高判昭50.7.1）
○　犯罪の実行について相互に意思の連絡があれば、犯行の手段、方法等に具体的な謀
　　議がなくても、共謀があったことになる。　　　　　　　　　　　（東京高判昭35.9.19）
○　共同実行の意思の連絡は、共犯者が直接行う必要はなく、順次、間接的に意思の連
　　絡をとってもよい。　　　　　　　　　　　　　　　　　　　　　　（大判大7.10.11）
○　強盗を共謀した共犯者のうち、一人が強盗の機会において被害者に傷害を与えた場
　　合、共犯者全員につき結果的加重犯である強盗致傷罪が成立する。（最判昭22.11.5）
○　共謀共同正犯が成立するには、二人以上の者が、特定の犯罪を行うため、共同意思
　　の下に一体となって互いに他人の行為を利用し、各自の意思を実行に移すことを内容
　　とする謀議をなし、よって犯罪を実行した事実が認められなければならない。
　　　　　　　　　　　　　　　　　　　　　　　　　　　　　　　　（最判昭33.5.28）
○　花火大会が実施された公園と最寄り駅とを結ぶ歩道橋で多数の参集者が折り重なっ
　　て転倒して死傷者が発生した事故について、警察署副署長に同署地域官との業務上過
　　失致死傷罪の共同正犯は成立しない。　　　　　　　　　　　　　　（最決平28.7.12）

(ア)　片面的共同正犯の成否

　　共同実行の意思を、共犯者が相互に連絡することをいうから、甲が犯罪を
実行しているときに、乙が甲と意思の連絡をとらないで一方的に加担する片
面的な共同正犯は共同正犯にはならず、甲、乙の単独犯か、乙の片面的幇助
犯が成立するにとどまる。

㈶　意思の連絡の時期

　　意思の連絡は、必ずしも事前に行われる必要はなく、実行行為の現場で行われたものであってもよい。

㈸　意思の連絡の方法

　　意思の連絡を行う場合に、共犯者が一度に集まる必要はなく、A→B→C→Dと順番に意思の連絡を行った場合であっても共同正犯が成立する。

　　その場合の連絡の手段に

このあと３人に暴行を受けた　　順番に意思の連絡

制限はないから、必ずしも明示の方法に限られず黙示的な方法であってもよい。

判｜例

　　○　共同正犯が成立するには、数人の犯行者相互間に意思の連絡があることを要する。

　　　　　　　　　　　　　　　　　　　　　　　　　　　　　　（大判大11.2.25）

共謀に基づいて実行行為を行ったこと

① 共謀に基づいて実行行為が行われた場合に共同正犯が成立するのであるから、共謀が行われても実行行為が行われなければ犯罪は成立しない。

② また、仮に、実行行為が行われたとしても、その内容が共謀の内容に基づかない場合には、共同正犯は成立しない。

暴行が実行された段階で
共同正犯が成立する

判│例

○ 犯罪の実行に当たらない共謀者は、実行行為者の具体的な内容を細かく認識する必要はない。　　　　　　　　　　　　　　　　　　　　　　　　　（最判昭26.9.28）

○ 犯罪の実行について相互に意思の連絡があれば、犯行の手段、方法等に具体的な謀議がなくても、共謀があったことになる。　　　　　　　　　　（東京高判昭35.9.19）

○ 共謀者の認識と、実行した事実が一致しなくても、法定の犯罪類型内で一致する場合は、共同正犯の刑責を負う。　　　　　　　　　　　　　　（仙台高判昭31.9.29）

○ 甲、乙、丙が殺人の共謀を行い、乙と丙が現場に赴いたところ、丁が現場共謀をして殺人を行った場合、甲も共同正犯となる。　　　　　　　　（東京地判昭41.7.21）

○ 覚せい剤の営利目的輸入の事案において、現実に実行された犯罪の具体的態様が共謀時に想定されていたものと異なり、あるいは実行者の思わくが他の共犯者の意に反するものであったとしても、共謀共同正犯の成否に影響を与えるものではない。　　　　　　　　　　　　　　　　　　　　　　　　　（東京高判平24.2.28）

着手前の共犯関係からの離脱

離脱希望者が、実行の着手前に共謀者に離脱の意思を表明し、共謀者がこれを了承すれば、共犯関係から離脱したと認められ、離脱者は刑事責任を問われない。

共同正犯にならない

着手後の共犯関係からの離脱

離脱希望者が、実行の着手後に離脱する場合には、共謀者に離脱の意思を表明して了承されるだけでは離脱にならず、

共同正犯になる

他の共謀者が現に行っている実行行為を止めて結果の発生を防止した場合に限り、共犯関係から離脱したことになる。

承継的共同正犯

① 意 義

先行者が犯罪行為に着手したが、まだ既遂に達しない段階において、後行者が先行者と犯罪の意思の連絡をとり、実行行為に参加することをいう。

② 後行者が負う刑責の範囲

ア 消極説

参加した以後の行為について、共同正犯としての刑責を負う。

イ 積極説（判例）

強盗の共同正犯になる

参加した以後だけでなく、犯罪全体について共同正犯としての刑責を負う。

共犯の錯誤

① 適用される錯誤理論

異なる構成要件の錯誤（抽象的事実の錯誤）

② 通説・判例

法定的符合説

③ 意 義

原則として共犯者の故意は阻却されるが、構成要件が重なる範囲内において、軽い罪の共同正犯となる。

認識した事実よりも発生した事実の方が重い場合

① 事　例

　窃盗を共謀したら共犯者が強盗を実行した。

② 共同正犯の範囲

　窃盗の共同正犯となる。

窃盗の共同正犯となる

認識した事実よりも発生した行為の方が軽い場合

① 事　例

　強盗を共謀したら窃盗を実行した。

② 共同正犯の範囲

　窃盗の共同正犯となる。

窃盗の共同正犯となる

結果的加重犯の場合

① 事　例

　暴行を共謀したら共犯者が傷害を実行した。

② 共同正犯の範囲

　基本となる行為を共謀した結果、重い結果が発生した場合、重い罪の共同正犯となる。

傷害の共同正犯となる

判　例

○　窃盗の意思で家屋に侵入したところ、共犯者が強盗を行った場合、窃盗の意思しかなかった者については、窃盗罪の刑責を負う。　　　　　　　　　（最判昭23.5.1）

中止未遂と共同正犯の関係

　共犯者の一部の者が犯行を中止しても、他の共犯者によって犯行が継続されて犯罪が既遂に達した場合は、中止未遂規定は適用されない。

中止未遂にはならない

判 例

○ 共同正犯中の一人が自己の意思によって犯行を中止した場合であっても、共犯者の
犯行を阻止しなかったため、犯罪が続行されて既遂に達した場合は、中止犯にはなら
ない。 　　　　　　　　　　　　　　　　　　　　　　　　　　　（最判昭24.12.17）

―共犯の錯誤―

共犯の錯誤の意義

　正犯者が実行した犯罪事実と、共犯者（共同正犯者、教唆者、幇助者）の認識し
ていた事実が一致しない場合を「共犯の錯誤」という。

共同正犯の錯誤

　共同正犯の錯誤とは、共謀した内容と、実行された犯罪行為が異なる場合をいい、
法定的符合説によって判断される。

① 具体的事実の錯誤

　　Aを殺害することを共謀したにもかかわらず、共犯者がBを殺害した場合、共
　犯者全員が殺人の共同正犯となる。

② 抽象的事実の錯誤

　甲、乙、丙がAに対して暴行を共謀したが、丙が殺意をもってAを殺害してしまった場合、共謀に係る犯罪の構成要件と、発生した犯罪の構成要件が重なり合う範囲で共同正犯が成立するから、甲、乙には傷害致死罪が成立する。

判例

　○　甲が乙に丙方での住居侵入窃盗を教唆したところ、乙が丁方で住居侵入強盗を行った場合、犯罪の故意があるとするには、犯人の認識事実と現に発生した事実とが具体的に符合することを要せず、両者が犯罪類型として規定している範囲において符合していれば足りるから、乙の所為が甲の教唆に基づいてなされたと認められる限り、甲は住居侵入窃盗教唆犯の罪責を負う。　　　　　　　　　　（最判昭25.7.11）
　○　甲と乙とが丙に対する虚偽公文書作成罪の教唆を共謀したところ、乙は丁を教唆して公文書を偽造させた場合でも、この両罪は罪質を同じくするものであり、法定刑も同一であるから、甲についても右公文書偽造教唆が成立する。　　（最判昭23.10.23）
　○　傷害を行うかもしれないと思ってあいくちを貸したところ、実行者が殺人を行った場合、軽い罪の傷害致死罪の幇助犯となる。　　　　　　　　（最判昭25.10.10）
　○　暴行・傷害を共謀した共犯者のうちの1人が殺人罪を犯した場合、殺意のなかった他の共犯者については、傷害致死罪の共同正犯が成立する。　　（最決昭54.4.13）

教唆の錯誤

① 教唆の錯誤とは、教唆した犯罪事実と異なる犯罪を正犯が実行した場合のことをいう。

　この場合も、共同正犯の錯誤と同じであるから、窃盗を教唆したところ正犯が強盗を行った場合、教唆者は窃盗の教唆犯の刑責を負うこととなる。

幇助犯

② また、既に犯罪の実行を決意していることを知らずに、教唆行為を行った場合は、刑が軽い幇助犯が成立する。

幇助犯の錯誤

　幇助犯の錯誤とは、幇助者の認識の内容と被幇助者である正犯の事実との間の不一致をいう。

① 同一構成要件内の錯誤

　　幇助犯の故意を阻却しない。

② 異なる構成要件間の錯誤

　　構成要件が実質的に重なり合う限度で軽い罪の幇助犯が成立する（部分的犯罪共同説）。

判 例

　　○ 窃盗の意思で見張りをした者は、他の共同正犯者は最初から強盗の意思で強盗の結果を実現した場合でも、窃盗罪の責任を負うにとどまる。　　　（最判昭23.5.1）

―教　唆　犯―

> **第61条（教唆）**
> 　1　人を教唆して犯罪を実行させた者には、正犯の刑を科する。
> 　2　教唆者を教唆した者についても、前項と同様とする。

教唆犯の意義

　犯罪の意思がない者を 唆 （そそのか）し、犯罪を実行することを決意させて実行させた者を
教唆犯といい、正犯に準じて処断される。

教唆犯の成立要件

① 　教唆行為があること
　ア　教唆の方法
　　　教唆の方法に制限はなく、明示的な方法に限られず、黙示的な方法であって
　　もよい。
　イ　教唆の内容
　　　単に「犯罪をしてこい」では教唆にならないが、犯罪内容を詳細に特定する
　　必要はない。
　ウ　教唆の故意
　　　被教唆者が犯罪を実行することを、認識・認容することをいう。
　エ　いわゆる「未遂の教唆」の成否
　　　未遂犯を教唆した場合であっても、教唆の故意がある以上、教唆犯が成立す
　　る。

判　例

　　○　教唆犯の成立には、ただ漠然と特定しない犯罪を惹起させるにすぎないような行為
　　では足りないが、いやしくも一定の犯罪を実行する決意を生じさせるものであれば足

り、その方法を問わない。 （最判昭26.12.6）
○　教唆犯の成立には、なすべき個々の行為につき具体的に指示することまでは要しない。 （大判大5.9.13）
○　甲の刑事事件に関する具体的な証拠偽造を乙が考案して積極的に甲に提案していたという事情があっても甲が当該証拠偽造を乙に依頼した行為が証拠偽造教唆罪に当たる。 （最決平18.11.21）

②　教唆に基づいて正犯が実行行為を行うこと

ア　実行行為の違法性

　　被教唆者が、教唆犯の教唆に基づいて犯罪の実行行為を決意し、実行することによって教唆犯が成立するが、この場合の実行行為は違法なものであればよく、正犯に有責性がなく（13歳以下の少年等）てもよい。

13歳未満

イ　教唆と実行行為の因果関係

　　教唆と正犯の行為に因果関係が必要であるから、仮に、正犯が犯罪行為に着手する前に犯意を放棄し、その後に新たな犯意（教唆が及んでいない自らの意思）で同種の犯罪を行った場合、教唆と実行行為の間に因果関係がないから、教唆犯は成立しない。

判例

○ 教唆犯を処罰するには、被教唆者が教唆された犯罪を実行すれば足り、処罰される
ことまでを要しない。　　　　　　　　　　　　　　　　　　　　（大判明44.12.18）

○ 教唆内容たる侵入窃盗をいったん断念した被教唆者が、新たな決意に基づき別の店
舗で強盗を遂げた場合において、教唆犯が被教唆者の所為について責めを負うために
は、教唆と右所為の間に因果関係が認められなければならない。　（最判昭25.7.11）

教唆犯の処罰

　教唆犯は、正犯の法定刑の範囲内で処罰され、仮に、正犯が未遂であった場合には、未遂犯の教唆犯として、未遂罪の法定刑の範囲内で処罰される。

　なお、正犯の処罰が教唆犯の処罰の要件ではないから、正犯が処罰されずに教唆犯だけが処罰される場合もある。また、正犯よりも重い刑を教唆犯が宣告される場合もある。

間接教唆と再間接教唆

　教唆犯を教唆することを間接教唆といい、間接教唆も教唆犯として処罰される（刑法61条2項）。また、判例上、間接教唆を教唆する、再間接教唆も教唆犯として処罰される。

共犯従属性説

　共犯従属性説（通説・判例）によると、

①　他人を教唆して一定の犯罪を実行する決意を生じさせること

②　教唆された者が、その決意に基づいて犯罪を実行した事実

という2つの要件が必要である。

教唆した内容と実行した行為が異なる場合

①　適用される錯誤理論

　　異なる構成要件の錯誤（抽象的事実の錯誤）

②　通説・判例

　　法定的符合説

③　意　義

　　原則として教唆者の故意は阻却されるが、構成要件が重なる範囲内において軽い罪の教唆犯が成立する。

刑法第38条第2項

　軽い犯罪事実を犯す意思で、重い犯罪事実を実現したときは、重い罪の刑を科することができない。

　本条は、異なる構成要件の錯誤を想定して設けられた注意規定である。

教唆した事実よりも被教唆者の行為が重い場合

① 事　例

　窃盗を教唆したところ強盗を実行した。

② 教唆の範囲

　教唆者の認識の範囲内で教唆犯となる。

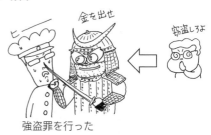

強盗罪を行った

教唆した事実よりも被教唆者の行為が軽い場合

① 事　例

　強盗を教唆したところ窃盗を実行した。

② 教唆の範囲

　窃盗の教唆犯となる。

窃盗罪を行った

判　例

　○　窃盗を教唆したところ、被教唆者が強盗をした場合、窃盗の教唆犯となる。

（最判昭25.7.11）

　○　他人に暴行を加えることを教唆した以上、たとえ傷害の結果を認識しなかったとしても、被教唆者の暴行によって生じた傷害の結果につき責任を負う。

（大判大11.12.16）

　○　教唆とは他人に犯罪を実行する決意を生ぜしめる意識的行為をいう。すでにその決意をもっている者に対しては単に犯罪の決意を強める意味で従犯が成立する。

（大判大6.5.25）

結果的加重犯の場合

① 事　例

　暴行を教唆したところ傷害を実行した。

② 教唆の範囲

　傷害の教唆犯となる。

傷害罪を行った

善悪を判断できる13歳以下の少年を教唆した場合

① 間接正犯説（極端従属説）

被教唆者（正犯）の行為が、

ア 構成要件該当性

イ 違法性

ウ 有責性

などの、犯罪成立要件を全て充足する犯罪行為でなければならない。

② 教唆犯説（制限従属説）

被教唆者（正犯）の実行行為が、

ア 構成要件該当性

イ 違法性

を充足すれば、

ウ 有責性

がなくとも、教唆犯が成立する（通説）。

善悪を判断できる

善悪を判断できない者を教唆した場合

善悪を判断できない者を教唆し、犯罪を実行させた場合、間接正犯となる。

善悪を判断できない

判 例

○ 被教唆者が13歳であっても、善悪を判断できる能力が認められる以上、教唆犯が成立する。

（最決昭58.9.21）

再間接教唆犯の成否

① 消極説

　ア　教唆犯に対する教唆犯は成立しない。
　イ　再間接教唆犯に対する教唆（連鎖的教唆犯）も成立しない。
②　積極説（通説）
　ア　幇助犯に対する教唆犯も成立するから、再教唆犯も成立する。
　イ　間接教唆や再間接教唆（連鎖的教唆犯）も成立する。

判　例

○　間接教唆を更に教唆した場合を再間接教唆というが、間接教唆と同様、教唆犯として処罰される。
（大判大11.3.1）

教唆犯の中止行為

　被教唆者が犯罪を実行したが、犯罪実行前に教唆犯が犯罪をやめるように申入れをしていた場合であっても、実行行為と教唆行為の間の心理的な因果関係が切断されていなければ、教唆犯となる。

判　例

○　犯罪を教唆した後に教唆を撤回して、被教唆者の犯行を防止しようとしたとしても、結果的に被教唆者が犯罪を実行した場合は、教唆犯が成立する。
（朝鮮高院昭9.12.6）

―幇　助　犯―

第62条（幇助）
　1　正犯を幇助した者は、従犯とする。
　2　従犯を教唆した者には、従犯の刑を科する。

幇助犯の意義

　幇助犯とは、正犯の犯罪行為を助けることにより成立し、正犯の刑に照らして減

軽された刑により処断される。

幇助犯の成立要件

① 幇助行為があること

　幇助行為とは、

　ア　物質的な援助（金銭の支援、凶器の提供、現場への案内等）

　イ　精神的な援助（声援、助言等）

　等正犯の犯罪行為を助けるものであればよく、特に制限はない。

② 被幇助者（正犯者）の実行行為

　幇助犯が成立するためには、被幇助者が犯罪の実行に着手することを要する。

　また、教唆の場合と同じく、幇助の場合も、幇助行為によって正犯の実行が容易になったという因果関係が必要である。

判 例

　〇　共同して正犯の実行行為を幇助することを謀議し、そのうちの一人が幇助行為を行った場合、自ら幇助行為を行わなかったとしても、幇助犯の共謀共同正犯として処罰される。　　　　　　　　　　　　　　　　　　　　　　　（大判昭10.10.24）

教唆犯との差異

① 教唆犯は、教唆によって犯罪を決意することに対し、幇助犯は、既に犯行を決意している者に対して、その犯行の意思を強固にするものをいう。

②　幇助者と被幇助者の間に意思の連絡は必要とせず、正犯が幇助行為を認識して
いなくても、幇助者が正犯の犯行を幇助した事実があれば、幇助犯（片面的幇助
犯）が成立する。

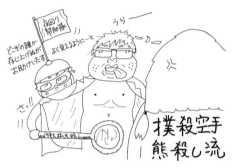

幇助犯の処分

　幇助犯は、正犯の法定刑を減軽した刑によって処断される（必要的減免事由）。

　なお、拘留、科料のみを法定刑とする軽い罪の幇助犯については、特別の規定
（軽犯罪法3条等）がなければ処罰されない。

判 例

　○　幇助者と被幇助者の間に意思の連絡は必要ないことから、幇助者が一方的に幇助行
　　為を行った場合で、実行者が幇助されていることの認識がなくても片面的従犯が成立
　　する。　　　　　　　　　　　　　　　　　　　　　　　　　　（大判昭 8 .12. 9 ）

間接幇助

　幇助犯を教唆した者も、幇助犯に準じて処罰される（刑法62条2項）。

　判例上、幇助犯を幇助する間接幇助も処罰される。

幇助犯の意義

① 犯罪の実行行為以外の行為で、正犯者の実行行為を助けるものでなければならないが、必ずしも必要不可欠でなくてもよい。

② 幇助には、凶器の貸与等の有形的・物質的方法や、激励する等の無形的・精神的な方法があるが、必ずしも作為的な行為でなく、不作為によるものでもよい。

判 例

○ 被告人が、甲又はその得意先が公然陳列するであろうと知りながらわいせつ映画フィルムを甲に貸与したところ、甲の得意先である乙が甲から右フィルムの貸与を受けて、上映によりこれを公然陳列したときは、被告人には、乙の犯行を間接に幇助したものとして従犯が成立する。　　　　　　　　　　　　　　　　　　　　（最決昭44.7.17）

○ 被告人を侵入窃盗の共謀共同正犯と認めた原判決を破棄し、実行犯と被告人の間に侵入窃盗の共謀は成立しておらず、その罪責は幇助にとどまる。

　　　　　　　　　　　　　　　　　　　　　　　　　　　　　　　（東京高判平22.12.8）

不作為の幇助犯の成立要件

　不作為の幇助犯が成立するために、結果発生を防止する法律上の作為義務が存在することが必要となる。

判 例

○ 会社の倉庫係員が、同僚の窃盗行為を黙認した場合、幇助犯が成立する。

　　　　　　　　　　　　　　　　　　　　　　　　　　　　　　　（高松高判昭28.4.4）

○ 内縁の夫の幼児虐待を抑止しなかった行為は、傷害致死罪の不作為による幇助に該当する。　　　　　　　　　　　　　　　　　　　　　　　　　　（札幌高判平12.3.16）

第63条（従犯減軽）
　従犯の刑は、正犯の刑を減軽する。

第64条（教唆及び幇助の処罰の制限）
　拘留又は科料のみに処すべき罪の教唆者及び従犯は、特別の規定がなけれ
ば、罰しない。

教唆及び幇助犯の制限

　「拘留又は科料」が罰則である犯罪の教唆者及び幇助者については、特別の規定
がなければ処罰されない（刑法64条）。

8
財産犯における刑法上の占有

差　異　事　項	民法上の占有	刑法上の占有
自己のために占有する意思	必要とする（民法180条）	必要としない
他人による占有の取得	認められる（民法181条）	認められない
相続による移転	移転する	移転しない

刑法上の「占有」の意義

① 「占有」という言葉は、

ア　横領（刑法252条）、業務上横領（刑法253条）、遺失物等横領（刑法254条）

イ　他人の占有等に係る自己の財物（刑法242条）

の４つの条文に用いられているが、これに限らず、占有という概念は、財産犯全般に関係するものである。

② 例えば、

ア　他人の占有する財物について成立する奪取罪（窃盗、強盗、詐欺、恐喝）と、他人の占有する財物については成立しない横領罪を区分する場合

イ　奪取罪の既遂・未遂を判断する場合

ウ　被害者を認定する場合

に「占有」の概念によって判断される。

次はオイラを勉強するんだよ

③ 「占有」については、一般的に「財物に対する事実上の支配」を意味するとされている。

④ しかし、支配の態様は必ずしも一様でないため、その財物の占有がどこにあるかを認定する場合には、事案ごとに判断される。

刑法上の「占有」の客観的な要件

① 占有者の「財物に対する事実上の支配関係」が客観的に認められることをいう。

② 典型的な例としては、現実に物を握持又は監視しているという、物理的な支配

がある場合である。

③　ただし、物に対する現実的な握持・監視は、その物に対する支配関係を示す一例であるから、握持・監視があるからといって必ずしも占有があることにはならない。

ボクんだからね

占有の一例

判│例

　○　刑法上の占有は、必ずしも物の現実の所持又は監視を必要とするものではなく、物が占有者の支配力の及ぶ場所に存在することで足りる。　　　　　　（最判昭32.11.8）

「占有の意思」の主観的要件

①　自己のために占有するという意思までは必要としないが、財物に対する支配の意思（財物に対して支配を行おうとする意思）を必要とする。

②　この支配の意思は、客観的要件としての「事実上の支配関係」を補充するものである。

ボクんだもんね

支配意思の一例

判│例

　○　倉庫保管の責任者は、多くの場合、倉庫内の物品の存在やその数量を知らないのが普通であろうが、倉庫内に納められた以上は、これに対する保管の意思を有していたものとすべきこと当然で、その存在を知らなかったからといって、保管の意思がなかったとはいえない。　　　　　　　　　　　　　　　　　　　（東京高判昭31.5.29）

「占有」の有無の認定について

①　財物に対する占有の有無の判断は、主として、その財物に対する事実上の支配関係の存在の有無の判断によるが、どのような場合に事実上その物を支配しているかについては、一律に決めることはできない。

②　現実に財物を握持している者や、眼前において監視している者は、通常、占有があると認めてよい。

カワイイ…

事実上の支配の一例

③　しかし、握持又は監視は、財物に対する事実上の支配関係の一形態にすぎないことから、握持又は監視があるからといって、直ちにその者に財物の占有があるとも限らない。

> 判例
>
> ○　その物がなお占有者の支配内にあるといい得るか否かは、通常人ならば何人も首肯するであろうというところの社会通念によって決する外はない。　（最判昭32.11.8）

住居における「占有」について

①　住居自体が居住者により排他的に占有されている以上、その住居内に存在する個々の財物の全てについて認識していなくても、住居主の包括的支配意思がある。

②　したがって、住居主の住居内における占有権については、積極的に支配の意思を放棄しない限り、個々の財物に対する占有が認められる。

③　旅行・外出等によって自宅に不在中であっても、以前から住居内にある物はもちろん

住居内に包括的支配が及んでいる一例

のこと、不在の間に郵便箱に配達された郵便物等についても、住居主の占有があるといえる。

④　自宅等で自己が排他的に管理・支配する以外の場所であっても、自己の支配が及ぶと認められる場所にある財物については、刑法上の占有が認められる。

> 判例
>
> ○　住居主が自宅の屋内において財物を見失い、事実上監視できない場合であっても占有を有する。　　　　　　　　　　　　　　　　　　　　　（大判大15.10.8）

住居外における「占有」について

①　自己が排他的に管理・支配する場所（住居等）ではないが、自己の実力的支配が及ぶと認められる場所に物を置き忘れた場合にも、その者に占有が認められる。

②　犯人以外の第三者が排他的に管理・支配する場所内に財物を置き忘れ、その者

の実力的支配から離れたときは、その財物に対する刑法上の占有は、その場所の管理者に移る。

③　したがって、財物を遺失したことによって、財物が所有者等の実力的支配から離れてしまった場合は占有離脱物となるが、置き忘れた場所が、第三者が管理・支配する場所であれば、その占有はその場所の管理者に移る。

④　その場合、積極的に支配の意思を放棄していない以上、管理者が財物の存在を認識しているか否かに関係なく占有は移転していることから、当該財物を窃取すれば、占有離脱物横領罪ではなく、窃盗罪が成立する。

窃盗罪になる　　　　　　　　　　管理者

⑤　物を置き忘れても、それに気付くまでの時間が極めて短く、距離的にも近い場合は、占有が認められることが多い。

窃盗罪になる

⑥　また、本人が意識して一定の場所に置き、そこの近くにいる場合のように、物に対する支配の意思が強く認められるときは、外見上、財物に対する支配関係が希薄であっても、占有が認められる。

⑦　しかし、酩酊して財物を放置し、その所在も分からないような場合には、占有を離れたものと解すべきである。

⑧　他人の管理・支配下にある場所内に物を忘れた場合は、その物の占有は管理者（旅館主、ゴルフ場管理者等）にある。

⑨　ただし、占有権の所在は一律ではなく、他人が管理・支配している場所であっても、立入りが自由で管理者の支配が完全でない場所（市役所等の事務室内、電車・汽車内）に置き忘れた物は、直ちに管理者が占有するわけではないから、この場合には、占有離脱物となる。

占有離脱物になる

判　例

○　バスに乗るために行列していた者が、カメラをその場に置き、行列の移動につれて改札口近くに進んだ後にカメラを忘れたことに気付いたが、その間が、時間にして約5分、距離にして約20メートルにすぎなかった場合は、占有がある。

（最判昭32.11.8）

○　被害者が、駅の改札口の台の上にカメラを置き、切符を買った後、カメラを置いたままその場を離れ、5分を超えない短時間内に10メートルくらい行った場所で気付き、すぐに引き返した場合は、占有がある。　　（東京高判昭35.7.15）

○　夜間、自転車を屋内に取り入れることを忘れ、店の北側角から1.55メートルの地点にある隣家の公道上の看板柱のそばに立て掛けたままにしておいた場合は、占有がある。

（福岡高判昭30.4.25）

○　他人が商いをするために敷いた筵の近くに被害者が手提げかばんを置き忘れ、その場から約300メートル歩いたところでそれに気付いたとしても、置き忘れた場所が犯人以外の支配力の及ぶ場所で、しかも、その置いた場所がはっきりしている場合は、その占有を失うものではない。　　（福岡高宮崎支判昭29.4.23）

○　人専用の陸橋上に自転車が放置されていた場合であっても、隣接する市場に来る客の事実上の自転車置場となっており、その自転車は1年くらいしかたっていない新品で、後輪泥よけ部分にはペンキで名前が鮮明に記入されていたこと、右自転車の前輪のかごの中には被害者の持ち物が入れられていたこと、右自転車は通行の邪魔になら

ないように欄干に沿って置かれていたことなどの事実が認められるときは、右自転車が午前3時半ごろまで無施錠のまま約14時間も放置されていた点を考慮しても、社会通念上、右自転車はなお被害者の占有下にあったものといえる。

(福岡高判昭58.2.28)

○ 駅構内のバス待合室が閑散としていたことに安心し、同所にかばんを置いたまま約203メートル離れた同駅構内の食堂へ行った場合、そのかばんは、いまだ被害者の占有を離れたものとはいえない。 (名古屋高判昭52.5.10)

○ 乗客が電車内にバッグを置き忘れ、それに気付いて取りに戻ろうとしたところ、電車が発車したため駅員に申し出て探してもらっており、また、被告人も置き忘れたことを目撃していたときは、右バッグは右乗客の占有に属していたものというべきである。 (東京高判平元.7.18)

○ 宿泊客が旅館内の便所に財布を遺失した場合、旅館主に占有権がある。 (大判大8.4.4)

○ 銀行事務室内で銀行員が執務の際、机上から金銭を落とし気付かなかった場合、銀行に占有権がある。 (大判大11.9.15)

○ ゴルファーが誤ってゴルフ場内の人工池に打ち込み放置した、いわゆるロストボールの場合、ゴルフ場の管理者に占有がある。 (最決昭62.4.10)

○ 一般人の立入りが自由で、排他的な構造となっていない村役場の事務室に遺失された物の占有は、直ちに管理者に移るとはいえない。 (大判大2.8.19)

○ 鉄道列車内に客が置き忘れ、客の占有が離脱した物は、車掌等が発見するまでの間は、占有離脱物である。 (大判大15.11.2)

○ 自転車等の放置禁止区域内である歩道上の植え込み部分に置かれた自転車については、被害者の占有が失われていたとして、占有離脱物横領罪の成立が認められる。 (東京高判平24.4.11)

公道上における「占有」について

① 特別な事情があって公道上等へ置いた財物の場合、所有者等が財物を公道上等に置いたままその場を立ち去っていても、所有者等に刑法上の占有が認められる。

② 例えば、震災・火災・水害等の際に家財の焼失・流失を免れるために公道等に財物が置かれた場合、たとえその場に所有者等がいなくても、火災・水害等が治まればその財物が再び回収されるべきものであるから、現実的支配は失われていない。

運び出された家財道具

動物における「占有」について

① 飼い主の元へ帰る習性を有する禽獣（きんじゅう）は、飼い主の手元を離れても、なお飼い主の占有に属する。

② 本来、動物については、おり、かご等に収容することによってその占有を保持するのであるが、犬や鳩などのように帰巣本能を有する禽獣は、所有者が自由な状態に放任しても、特に逃走して野性に復するなどしない限り、飼い主に占有があると解されている。

> 判例
>
> ○　飼いならされた犬が、時に所有者の事実上の支配地域外に出遊することがあっても、その習性として飼育者のもとに帰来するのを常としているものは、飼育者の占有に属する。
> （最判昭32.7.16）

「占有」が及ばないものについて

① 事実上の支配を行うことが不可能な財物に対しては、刑法上の占有は認められない。

② ただし、自然物であっても、海中に仕掛けられた定置網にかかった魚のように、事実上の支配が及ぶものについては、網をかけた者に占有が認められる。

③ また、無人の神社に設置されているさい銭箱のように、常時放置され、全く管理されていないような外観を有していても、社会通念によって占有権が認められるから、さい銭箱内のお金は、神社の管理者が占有することになる。

> 判例
>
> ○　漁業協同組合の区画漁場内のあさり貝は、人が管理、支配しているとは言えない。
> （広島高岡山支判昭29.5.27）

○　専用漁場区域内の岩石に付着した海草類は、自然発生的に生ずる物であることから、何人の占有も否定すべきである。　　　　　　　　　　　　　　（大判大11.11.3）

「共同占有」とは

① 数人が相互平等の関係で財物を占有する場合をいう。

② 共同占有の形態が紛らわしい場合には、まず、その共有物が共同占有下にあるのか、あるいは委託による単独占有下にあるのかを検討すべきである。

私のです　ボクんだぞ

判　例

○　共同占有の場合、各人に占有が認められるので、そのうち1名が他の者の占有を侵害すれば窃盗罪となる。　　　　　　　　　　　　　　　　　　　　（大判大8.4.5）
○　共有物であっても、共有者の1名が他の共有者から委託を受けてその物を占有している場合がある。この場合は、委託された受託者が単独で占有を有することになるので、受託者が、その物を自己の意のままに処分しても窃盗罪にはならず、横領罪となる。　　　　　　　　　　　　　　　　　　　　　　　　　　　　（大判昭6.12.10）

上下・主従者間の「占有」について

① 下位の者が上位の者からの命令・指導・監督の下に、従属的地位における機械的補助者として現実に握持又は監視するにすぎないときは、上位者が主たる占有者とされる。

② その場合、下位の者は、単なる占有補助者であるにすぎないから、現実に財物を把持・監視していても、下位の者に占有権はない。

③ 例えば、一般に、

ア　店員

イ　倉庫番

ウ　雇われ運転者

エ　機械的作業に従事する郵便局員

等の者には、占有権がないとされる。

判例

○ 雇人が、雇主の居宅において雇主の物品を販売する場合には、その物品は、雇主の占有に属する。 （大判大7.2.6）

○ 倉庫番として、他人のために倉庫の看守及び物品の出入りに関する事実上の事務を補助する者が、在庫品を不正に領得するときは、窃盗罪を構成する。 （大判大12.11.9）

○ 調理人として雇われ勤務中の者が、調理場の棚から調理材料を取り出して持ち帰った場合、調理材料はすべて雇主又は管理者の占有にかかることから、窃盗罪を構成する。 （大阪高判昭24.12.14）

○ ぱちんこ店の機械係として雇われている者が、ぱちんこ玉を領得した場合は、雇主に占有があるから、窃盗罪となる。 （東京高判昭28.8.3）

○ 郵便物集配人が配達中に携行している郵便物については、集配人は機械的労務に服する者ではないから、同集配人に占有権がある。 （大判大7.11.19）

雇用関係に高度の信頼関係がある場合の「占有」について

① 雇主とその使用者の間（上位者と下位者）に高度の信頼関係が存在し、財物を現実に支配している下位者に、ある程度の処分権が委ねられている場合には、下位者に占有を認めるべきである。

② 例えば、

ア 支配人や番頭等に商店の管理が委ねられている場合

イ 雇主の命によって商品を遠方に配達する場合

ウ 得意先から集金をする場合

等は、雇人（下位者）に占有が認められる。

判例

○ 郵便局長の監督の下に郵便物を整理中の局員が、その郵便物を領得した場合、局員は機械的従事者にすぎず郵便物に対する占有権は局長にあるから、局員の行為は、窃盗罪を構成する。 (大判昭15.11.27)

法令上職務権限がある者の「占有」について

法令上、物品を管理する職務権限を有する者は、当該物品に対する刑法上の占有を有する。

裁判所の占有になる

判例

○ 麻薬管理者又は麻薬施用者としての免許を有していない医師が所長となっている診療所における麻薬の占有権は、法令上免許を受けた麻薬取扱者に管理権があるから、麻薬が診療所の所有に属していても、その麻薬に対する占有権は診療所長にはなく、免許を受けた麻薬取扱者たる医師にある。 (東京高判昭32.7.15)

法人の「占有」について

刑法上の占有は、人が支配の意思に基づいて財物を事実上支配している状態をいうから、占有者は、支配する意思と支配する能力を有する自然人に限られる。

委託物の「占有」について

① 判例は、大審院以来、委託者が施錠・封緘・梱包することは、在中物に対する占有の意思を明示しているとし、包装物全体の占有と内容物の占有を区別して、

　ア　包装物全体については受託者（配送先への配送者）

　イ　内容物については委託者（配送物の依頼者）

委託物の占有については問題点があります よく読んでね

に、それぞれ占有があるとしている。

「委託物に対する窃取行為」の実務上の措置

①　委託された包装物の占有については、判例が、その包装物全体に対する占有は
　受託者、内容物に対する占有は委託者にあるという立場に立っていることから、
　　ア　内容物だけを抜き取れば、窃盗罪（法定刑は、10年以下の懲役又は50万円以
　　　下の罰金）
　　イ　包装物全体を取得すれば、横領罪（法定刑は、5年以下の懲役）が成立する
　　　ことになる。
②　しかし、この判例に従うと、横領行為が業務上横領罪を構成しない限り、科刑
　上の不合理を生ずるという批判が多い。
③　実務上は、上記の判例を踏まえつつ、在中物を抜き取る目的で包装物全体を領
　得した以上、その場で開封したか否かにかかわらず、窃盗罪が成立すると解する
　べきである。

> 判｜例
>
> ○　郵便集配人が、配達中の他人の信書を開披して、その中に封入してあった為替証書
> 　を抜き取る行為は、窃盗罪を構成する。　　　　　　　　　　　　　（大判明45.4.26）
> ○　運送業者が、運送のため委託された封印付きの荷物の在中物を抜き取る行為は、窃
> 　盗罪である。　　　　　　　　　　　　　　　　　　　　　　　　　（大判大2.3.17）
> ○　船長が、荷主によって封印が施されて船積みされた銑鉄を抜き取る行為は、窃盗行
> 　為となる。　　　　　　　　　　　　　　　　　　　　　　　　　（大判大5.11.10）
> ○　たとえ封印がなくても、ロープを掛けた船の積荷の在中品を抜き取る行為は、他人
> 　の占有を侵害する窃盗である。　　　　　　　　　　　　　　　（東京高判昭29.4.19）
> ○　預かり保管中の縄掛け梱包した箱から在中の衣類を取り出す行為は、窃盗罪が成立
> 　する。　　　　　　　　　　　　　　　　　　　　　　　　　　　（最決昭32.4.25）
> ○　他人から預かっていた集金かばんの施錠がされていなくても、上蓋の止め金が掛け
> 　られており、受託者が、その在中物を取り出すことを許していない場合に在中現金を
> 　抜き取る行為は、窃盗行為となる。　　　　　　　　　　　　　（東京高判昭59.10.30）
> ○　郵便集配人が、配達中の現金等在中の郵便物全体を領得する行為については、郵便
> 　物全体に対する占有権は集配人にあるから、窃盗罪ではなく業務上横領罪が成立する。
> 　　　　　　　　　　　　　　　　　　　　　　　　　　　　　　　（大判大7.11.19）

死者の「占有」について

①　死者は、占有の意思をもつことも、財物に対して事実上の支配を及ぼすことも
　できないので、通常、死者には占有権がない。

② ただし、通説・判例は、被害者が生前占有していた財物を侵害したと認めるべき状況がある場合には、死者の占有権を認め、窃盗罪が成立するとしている。

③ したがって、屋外で人を殺害した直後に被害者の財物を領得した場合は、被害者が生前有していた財物の所持はその死亡直後においてもなお継続して保護するべきであるとして、窃盗罪の成立が認められる。

④ 例えば、空き巣に入った者が、その家で家人が死亡しているのを発見した後、生前家人が所持していた財物を領得した場合は、死者に占有がある。

判　例

○　被害者が生前有していた占有を、殺害、奪取という一連の行為によって侵害し、これを自己の占有に移した場合、強盗殺人罪の成立を認める。　　（大判大2.10.21）

○　屋外での殺害で、しかも死体から財物を領得するまで約8時間30分経過している場合でも、窃盗罪が成立する。　　（福岡高判昭50.2.26）

○　被害者の居宅で殺害後、バーで飲酒し、旅館に宿泊して金員を費消したため、その約9時間後に再び現場へ立ち戻ってその財物を持ち去った場合、新たな意思により死亡と全く別個の機会に持ち去ったと解され、死者の占有は否定されるべきである。　　（東京地判昭37.12.3）

○　他人の強盗致死行為を傍観していた者が、被害者の死亡直後、その強盗致死犯人と共同して被害者の財物を奪った行為は、窃盗罪に該当する。　　（名古屋高判昭29.10.28）

不動産に対する「占有」

① 不動産については、登記制度があるため、動産に対する占有とは異なる。

② 原則として、登記簿上その不動産の所有名義人となっている者が刑法上の占有を有する。

③ 所有権登記名義人以外の者が占有者といえるためには、法律上の権限（委任等）に基づいて、事実上他人の不動産を管理・支配するときに、その不動産の占有者となる。

④ 登記簿上他人の名義となっている不動産を賃借している者のように、単に事実上その不動産を管理しているにすぎない者は、その不動産について法律上処分する権限を有していないから、占有者にはならない。

登記簿上の名義人に占有権がある

判 例

○ 不動産の仮装売買（虚偽表示）により登記簿上その所有名義を有するに至った者は、第三者に対して有効に当該不動産を処分し得る状態にあるから、その不動産の占有者である。　　　　　　　　　　　　　　　　　　　　　（大判昭 7 . 2 . 1 ）

○ 未成年者の親権者や後見人は、被後見人たる未成年者が所有する不動産の占有者である。　　　　　　　　　　　　　　　　　　　　　　　　　　（大判大 6 . 6 .25）

○ 法人の代表理事が法人の不動産を管理する場合は、代表理事がその不動産の占有者である。　　　　　　　　　　　　　　　　　　　　　　　　　　（大判昭 7 . 4 .21）

○ 不動産の所有者から、その処分を依頼され、所有権移転登記に必要な書類、すなわち、登記義務者の権利に関する登記済証（権利証）、委任状などを交付されている者は、いつでもこの書類によって当該不動産を有効に処分できる地位にあるから、その不動産の占有者である。　　　　　　　　　　　　　　　（福岡高判昭53. 4 .24）

各　論

9

公務執行妨害罪

第95条（公務執行妨害及び職務強要）

1　公務員が職務を執行するに当たり、これに対して**暴行又は脅迫**を加えた
者は、3年以下の懲役若しくは禁錮又は50万円以下の罰金に処する。

2　〔略〕

公務執行妨害罪とは

公務執行妨害罪は、公務員が職務を執行するに当た
り、その公務員に対して暴行・脅迫を加えることによ
り成立する犯罪である。

公務員

保護法益

公務の公正かつ円滑な遂行であって、公務員の身体
の安全や意思決定の自由ではない。

公務執行妨害罪の特徴

刑法第95条は、公務員を保護するための規定ではなく、公務員によって執行され
る公務を保護するための規定であり、保護法益と客体が一致しない点に本罪の特徴
がある。

用語 「公務員」とは

① 本条にいう公務員とは、ある程度、精神的、知能的な公務に従事する者をいう。

② したがって、用務員等として雑役に従事する者は、公務員法上の公務員であっ
ても、本条にいう公務員には当たらない。

いわゆる「みなす公務員」について

本来、公務員ではないが、「刑法その他の罰則の適用については、法令により公
務に従事する職員とみなす」とか、「法令により公務に従事する職員とみなす」な
どと法律に規定され、特別に公務員になるとされているから、本罪の客体となり得る。

外国の公務員について

外国の公務員は、本罪の客体とはならない。

当たらない

判例

○ 刑法第95条にいう公務員とは、刑法第7条第1項に定められている「公務員」つまり「国又は地方公共団体の職員その他法令により公務に従事する議員、委員その他の職員」と同じであって、国家または公共団体の機関として公務に従事し、その公務従事の関係は任命・嘱託・選挙等その方法を問わないが、その公務に従事することが法令に根拠を有するものをいう。　　　　　　　　　　　　　（最判昭25.10.20）

○ 刑法第7条にいう公務員とは、公務に従事する職員で、その公務に従事することが法令の根拠に基づくものを意味し、単純な機械的・肉体的労務に従事するものはこれに含まれない。　　　　　　　　　　　　　　　　　　　　　　　　（最決昭30.12.3）

用語 「職務」とは

令状に基づく逮捕や捜索・差押え等の捜査活動はもとより、いわゆるデスクワークも公務員の職務に含まれる。

えっ?!

職務中

判例

○ 刑法第95条第1項にいう「職務」には、広く公務員が取り扱う各種各様の事務のすべてが含まれる。　　　　　　　　　　　　　　　　　　　　　　　　　（最判昭53.6.29）

○ 職務を執行するとは、その職務を行うことが人を強制するに至るべき場合のみに限らない。　　　　　　　　　　　　　　　　　　　　　　　　　　　　　　（大判明44.4.17）

○ 会計書類の点検・決裁あるいは報告書類作成等も公務員の職務である。　　　　　　　　　　　　　　　　　　　　　　　　　　　　　　　　　　　　（最判昭53.6.29）

○ 融資申込みの受付事務は公務員の職務である。　　　　（最判平元.3.9）

「公務執行」の適法性

① 本罪で保護の対象となる公務は、適法なものでなければならない。

② その場合の適法とは、公務員の職務執行が法規と完全に一致することをいうの

ではなく、刑法によって保護されるべきものかどうかによって判断される。

③ したがって、公務員の職務執行による国家的利益と、その職務執行によって生ずる権利の侵害を比較し、国家的利益を優先して保護すべき場合は、たとえその職務執行が法規に適合しないものであっても、刑法上は適法なものとして本条により保護される。

④ しかし、根拠法令に全く適合しない職務執行は、刑法上においても違法な職務執行であるから、これを行う公務員に対し暴行・脅迫を加えても、本罪は成立しない。

⑤ 一般的には、人権を保護するための規定に違反する職務執行は適法性の要件を欠くが、形式的な手続を定める規定等に多少違反しても、刑法上の適法性が認められる。

判 例

○ 公務執行妨害罪の条文中には、公務員の職務執行が適法なものでなければならないことを示す文言はないが、解釈上当然の理として公務員の職務執行は適法なものでなければならない。 （大判昭7.3.24）

○ 受刑者が刑務官（看守）に暴行を加えかねない態度を示した場合に、刑務官が刑務所長の命令を待たずに革手錠を使用しても、それが突発的な場合におけるやむを得ない行為であり、かつ、事後に管理部長の決裁を受けたものであるときには、適法な公務である。 （大阪高判昭36.6.13）

○ 現に行っていた他の者からの遺失届の受理手続の妨げになるとして交番内から一時的に退去を求められたのにパイプ椅子に居座ろうとしていた被告人から同椅子を取り上げようとした交番勤務の警察官の行為は、遺失届の受理等の法令上の職務に付随する適法な職務であるとして、その行為の際に被告人から同警察官に加えられた暴行について公務執行妨害罪の成立が認められた。 （東京高判平21.9.29）

「公務執行」の適法性の一般的な要件

① 抽象的（一般的）職務権限があること。

② 具体的（個別的）職務権限があること。

③ 公務員の職務行為の要件である重要な手続を行っていること。

抽象的（一般的）職務権限

① 抽象的（一般的）職務権限とは、公務員がその行為を行う抽象的（一般的）な権限を有することをいう。

② 一般的に、公務員は行うことができる職務権限の範囲が限定されているから、その範囲を超えて行った行為は、適法な職務行為とは認められない。

③ 例えば、警察官が税金を取り立てたり、市役所職員が通常逮捕するなどは、いずれも違法となる。

④ 逆に、公務員の行為が当該公務員の抽象的（一般的）職務権限に属するものであれば、その職務行為が法令に明示されていなくてもよい。

⑤ この場合、本来の職務に限られず、上司の下命を受けて行う特別な事務であっても、公務員の職務となる。

公務執行妨害罪の対象にならない

判例

抽象的職務権限内とされた事例
○ 巡査が法令違反者を説論すること。 （大判大13.6.10）
○ 内勤の巡査が外務の巡査の職務を行うこと。 （大判大5.6.8）
○ 同一警察署管内で、A交番の巡査が、B交番の受持区を警らすること。
（大判昭8.6.17）

具体的（個別的）職務権限

① 具体的（個別的）職務権限とは、公務員がその行為をなし得る具体的職務権限を有することをいう。

② この要件は、個々の具体的事案について、職務行為をすることができる権限があることを意味する。

③ この場合、その行為が、当該公務員の職務執行の有効要件として定められている重要な手続の形式を正しく履行していることも、具体的職務権限の要件となる。

④ 職務が適法であったというためには、抽象的職務権限があるというだけでは足りず、この具体的職務権限が必要となる。

判 例

○ 公務員の職務執行には、その有効条件として法律上一定の条件、方式が定められて いることが多く、これらの条件、方式を踏んでいない行為は違法となる。
しかし、これらの場合のすべてが違法となるものではなく、わずかな方式違反が直 ちに適法性を失わせるものではないから、警察官が記載に些細な欠点のある捜索差押 許可状を執行しても、その職務執行自体は適法である。 (最決昭30.11.22)

警察官の逮捕権の行使

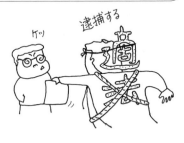

① 警察官には、被疑者を逮捕できる抽象的職 務権限があるが、それだけでは逮捕権を行使 することはできず、さらに、刑訴法に定めら れた逮捕要件（具体的職務権限）を充足する ことにより、逮捕権を、適法に行使すること ができるのである。

② 警察官の職務行為は、被疑者等の人権と深く関わるものであり、職務の適法性 が問題とされた事例の多くは、警察官の具体的職務権限をめぐるものである。

③ 警察官が通常逮捕するときには逮捕状を被疑者に示し（刑訴法201条1項）、ま た、逮捕状がなくいわゆる緊急執行をするときには、被疑事実の要旨及び逮捕状 が発せられている旨を告げなければならない（刑訴法201条2項、73条3項）等 の手続が刑訴法に規定されており、こういった重要な法律上の条件や手続を行わ ない職務の執行は、不適法な職務となる。

④ ただし、不適法な行為の全てが違法な職務執行となるわけではなく、たとえ法 令上の条件や手続に適合しない不適法な行為であっても、その瑕疵が重大なもの でなく、軽微なものであるときには、刑法上、適法な職務執行として認められる。

職務の適法性の判断基準

① 重要な法令の条件や手続であれば、それを行っていない職務 執行は違法なものとして刑法上の保護を受けず、その職務執行 に抵抗しても公務執行妨害罪は成立しない。

② しかし、当該行為が刑法上の保護に値する重要な条件や手続 であるかどうかについて、画一的な判断基準を設けることはで きない。

③ したがって、その判断については条件や手続が定められた趣 旨と、警察官の職務の緊急性・必要性等から、具体的、個別的 に判断するべきである。

④　公務員による行為が適法性の要件を充足しているかどうかについては、主観説、客観説、折衷説に分かれているが、客観説が判例の立場である。

⑤　客観説とは、裁判所が、適法性の有無を客観的に判断すべきであるとするものである。

判 例

○　被疑者に対する逮捕行為は、相手方の人権に重大な制約を加える職務執行であるから、その適法性の要件は厳格に解釈されるべきであり、単に罪名及び逮捕状が発付されている旨を告げたのみで被疑事実の要旨を被疑者に告知しないまま行われた逮捕行為（逮捕状の緊急執行）は、重要な方式を履践しない違法な職務執行である。
（東京高判昭34.4.30）

○　生活保護業務を担当する公務員に対する受給者からの暴言に対し、謝罪をさせようとした行為の公務性及びその適法性を肯定した。　　　（東京高判平27.7.7）

用 語 「職務を執行するに当たり」とは

①　「現実に職務を執行中」というよりも広く、「執行に際して」という意味であるから、現に職務を執行中はもちろん、いまだ現実に公務員が職務執行に着手していなくても、執行に着手しようとしている場合や終了直後も含まれる。

②　したがって、継続性を有する職務に公務員が従事している場合には、その公務員が特に職務を解除されて休憩を行ったという状況がない限り、一時的に職務執行が停止されているとみえる状況であっても、職務執行中である。

判 例

○　待機することを要する性質の職務にあっては、待機している状態自体が職務執行中に当たる。　　　　　　　　　　　　　　　　　（最判昭24.4.26）

○　警ら勤務中の地域警察官がたまたま市民と雑談を行っているとしても、その間公務の執行から離脱したものとはいえない。　　　　　（東京高判昭30.8.18）

○　外観上では、当該公務所の長等が決裁とか書類点検とかいう特定の個別的業務を、一時的に中断又は停止しているような外観を呈している場合であっても、その長等は、上記のような一体性・継続性を有する統轄的職務を現に執行しているのであって、その長等の職務が停止・中断していると解すべきではない。　　　　（最判昭53.6.29）

用 語 公務執行妨害罪の「暴行」とは

①　暴行とは、本来、不法な有形力の行使をいい、脅迫とは、恐怖心を起こさせる

目的で他人に害悪を通知することを意味する。

②　刑法上、暴行・脅迫の概念は、暴行・脅迫を構成要件とする各犯罪の保護法益や性質の違いによって異なり、多義的に用いられている。

③　公務執行妨害罪の暴行は広い意味に理解されており、暴行罪（刑法208条）のそれより広く、直接的に相手方の身体に向けられた殴打・足蹴り・押倒し・凶器の使用・爆発物の使用などの有形力の行使に限られない。

④　したがって、本罪の暴行には、いわゆる間接暴行も含まれる。

> **判 例**
>
> ○　派出所事務室において取調中の被疑者の手をとらえて室外に引き出そうとし、警察官の取調べを中止させた場合は、公務執行妨害罪が成立する。　　（大判明42.6.10）

間接暴行の態様

①　間接暴行には次の2つの態様がある。

○　相手方公務員以外の第三者に向けられた有形力の行使が、その公務員に対する暴行と認められる場合

○　物に加えられた有形力の行使が、公務員の身体に物理的に感応を与えることによって、公務員に対する暴行と認められる場合

②　押収された証拠物を公務員の目前で故意に破壊するような行為は、公務員の身体に対して加えられたものではないが、このような行為は公務員の公務を妨害するおそれがあるので、公務員に対して向けられた不法な有形力の行使に当たる。

押収された注射器

判 例

○ 公務員に対する直接的な暴行に限らず、直接人の身体に加えられたものではない有形力の行使（間接暴行）も、ここでいう暴行となる。　　　　　　　（最判昭26.3.20）

用 語　公務執行妨害罪の「脅迫」とは

① 本罪における脅迫は、最広義のものであって、恐怖心を起こさせる目的で他人に害悪を加える旨を通知することの全てをいい、その害悪の内容、性質、通知の方法のいかんを問わないし、相手が現実に畏怖したことも要しない。

② 仮に、第三者が害を加えるという害悪の告知であっても、本人がその第三者の決意に対して影響を与える地位にあることを告知すれば、その告知行為は脅迫に当たる。

③ 例えば、取調べ中の警察官に対し「子分の甲・乙が、お前を殺すと言っている。」などと申し向ける行為は、本罪が成立する。

「暴行」、「脅迫」の程度

① 公務員に対する暴行は、積極的なものでなければならず、警察官に逮捕されようとする者が、警察官の手を振り切って逃走するだけでは、本罪の暴行に当たらない。

② 暴行・脅迫は、公務員の職務の執行を妨害し得る程度のものでなければならず、公務員が全く気にしないような暴行・脅迫は、本罪の暴行・脅迫に当たらない。

③ なお、本罪は、暴行・脅迫が加えられることによって直ちに完成し、公務員の職務執行が現実に妨害されたことを要しない。

判　例

○　暴行と同様に、脅迫が必ずしも直接公務員に対して行われることを要せず、公務員の補助者に対する脅迫であっても、それが公務員の職務の執行を妨害し得るものであれば足りるから、執行官の命を受け、その指示に従って家財道具を屋外に搬出中の補助者に対し、執行官の面前で暴行を加えるような場合は、執行官に対する暴行となる。
（最判昭41. 3 .24）

○　覚せい剤取締法違反の被疑者が、適法に差し押さえられた覚せい剤注射液入りアンプルを足で踏みつぶして損壊する有形力の行使も、本罪の間接暴行に当たる。
（最決昭34. 8 .27）

○　暴行により職務執行が妨害されたという結果の発生は必要としないが、当該暴行は職務執行を妨害するに足りるものであることを必要とする。　（最判昭25.10.20）

○　警備中の警察官に投石を行ったが、その投石が命中しなかった場合でも、本罪が成立する。　（最判昭33. 9 .30）

○　座っているイスをゆさぶり、イスから立ちあがるのを手首を握って阻止する行為は、本罪における暴行となる。　（最判平元. 3 . 9 ）

○　警察官が被告人の承諾を得ることなく、その胸に触れて所持品検査に及んだことは違法であるといわざるを得ず、被告人の同警察官に対する有形力の行使は、適法な職務執行行為に対するものではないから、公務執行妨害罪は成立しないが、その手段としての暴行が暴行罪としての評価を当然に受けなくなるものではない。
（東京高判平26. 5 .21）

公務執行妨害罪の故意

①　本罪の故意については、

　ア　相手方が公務員である事実

　イ　公務員が職務を行っている事実、あるいは行おうとしている事実

　ウ　その公務員に暴行・脅迫を加えること

　の認識・認容があれば足りる。

②　本罪の「故意」に基づいて暴行・脅迫を加えた場合には、公務員の職務執行を

妨害しようとする意思がなくても、本罪が成立する。

③　行為者において、例えば、「警察官が職務上の書類を書いている。」という程度の認識があれば足り、どのような書類であるかということまで認識する必要はなく、実際には他の者の書類を作成中であったのに、自己に関する書類を作成中であると誤信して犯行に及んだとしても、その錯誤は故意の成立に影響を及ぼさない。

④　暴行・脅迫を加えて公務執行妨害に至った原因が、公務員の職務執行に直接関係のない私的な事実から生じた場合でも、本罪の故意に影響はない。

⑤　公務員の職務行為の適法性に関する錯誤には、事実の錯誤に属するものと法律の錯誤に属するものとがあり、その適法性に関する錯誤の性格は、具体的な事実に応じて異なると考えられている。

⑥　例えば、逮捕状により被疑者を逮捕するに当たり、警察官が既に逮捕状を提示しているのに気付かず、まだ逮捕状を提示していないと誤信して警察官に暴行を加えた場合には、事実の錯誤であるから故意が阻却される。

⑦　行為者が逮捕状を示されたことを認識しておきながら、「自分が逮捕状に記載されている犯罪事実を犯していないから警察官の逮捕に抵抗できる。」と誤信して暴行を加えたというような場合には、法律の錯誤であるから故意は阻却されない。

判 例

○　職務執行中であることの認識については、公務員が職務行為の執行に当たっていることの認識があれば足り、具体的にいかなる内容の職務の執行中であるかまでも認識することを要しない。　　　　　　　　　　　　　　　　　　　　　　　（最判昭53.6.29）

○　本罪は目的犯ではないので、公務の執行を妨害する目的は不要であり、その動機も問わない。　　　　　　　　　　　　　　　　　　　　　　　　　　　（大判大6.12.20）

○　地方議会の議長による議事運営が適法でないため、自己の行為が公務の妨害に当たらないという判断は、「法律の錯誤」にすぎず、犯意を左右するものではない。

（大判昭7.3.24）

○　A巡査に対する自己の個人的恨みを晴らすため、A巡査が他人の暴行行為を制止している機に乗じて同巡査に暴行を加えた場合でも、本罪の故意が行為者にあることとなる。　　　　　　　　　　　　　　　　　　　　　　　　　　　（大判昭15.10.10）

罪数について

① 本罪の罪数は、公務員の数ではなく、公務の数を標準として決まる。

② 暴行罪・脅迫罪は本罪に吸収されると解されるから、本罪における暴行・脅迫が単なる暴行・脅迫にとどまる限り、それは、独立の別罪を構成するものではない。

傷害

③ しかし、暴行・脅迫が他の犯罪に当たるときは、本罪とその罪との観念的競合となる。

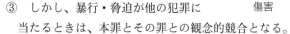

判例

包括一罪とされた事例

○ 一個の公務を数名の公務員が共同して執行するに当たり、これに暴行・脅迫を加えた場合には、本罪の包括一罪を認め得る。 （大判昭2.7.11）

観念的競合とされた事例

○ 公務員ごとに別々の公務があるとみられるときに暴行・脅迫を加えれば、公務員の数だけ本罪が成立し、観念的競合となる。 （最判昭31.7.20）

○ 本罪を犯して、公務員を殺害した場合には、本罪と殺人罪との観念的競合である。 （大津地判37.5.17）

○ 公務員が職務を執行するに当たり、これに暴行を加えて傷害したときは、本罪と傷害罪の観念的競合である。 （大判明42.7.1）

○ 公務員が職務を執行するに当たり、これに暴行・脅迫を加え、その反抗を抑圧して所持品を強取したときは、公務執行妨害罪と強盗罪が成立し、両罪は観念的競合になる。 （大判大6.4.2）

数人共同して行われた場合

○ 公務員の職務を執行するに当たり、数人共同して暴行又は脅迫を加えても、暴力行為等処罰ニ関スル法律第1条第1項違反の罪は成立せず、公務執行妨害罪のみが成立する。 （大判昭2.2.17）

10
逃　走　罪

逃走罪とは

逃走罪は、

○　単純逃走罪（刑法97条）

○　加重逃走罪（刑法98条）

○　被拘禁者奪取罪（刑法99条）

○　逃走援助罪（刑法100条）

○　看守者逃走援助罪（刑法101条）

に分かれる。

単純逃走罪と加重逃走罪は、拘禁されている者が逃走する行為であり、他の三罪は第三者が拘禁されている者を逃走させる行為である。

刑法第102条により、未遂罪も全て処罰の対象となる。

第三者

保護法益

逃走罪は、国の司法作用のうち、拘禁作用を保護するための規定である。

―単純逃走罪―

> 第97条（逃走）
>   法令により拘禁された者が逃走したときは、3年以下の懲役に処する。

単純逃走罪の主体
　「法令により拘禁された者」に限られる真正身分犯である。

真正身分犯とは
　特定の身分があって初めて成立する犯罪をいう。

不真正身分犯とは
　特定の身分がなくても成立する犯罪をいう。

用 語 「拘禁」とは
　身体の自由を拘束すること。

　○　主体の範囲拡大
　　今回、逃走罪の改正が行われました。改正の目的は「主体の範囲拡大」です。
　　逃走罪の主体は、
　　「裁判の執行により拘禁された既決又は未決の者」
　であったところ、今回の改正により、
　　「法令により拘禁された者」
　となりました。
　　これまで逃走罪の主体は、「裁判の執行により拘禁された既決又は未決の者」に限定され、
　【例】
　　○　保釈中の者

○ 刑の執行停止中の者
○ 勾引状により拘禁された者
○ 逮捕状により逮捕されて拘禁された者
○ 緊急逮捕により逮捕されて拘禁された者
○ 現行犯逮捕により逮捕されて拘禁された者
○ 勾留の執行が停止されて鑑定留置により病院等に収容された者が、収容された状態が勾留によって拘禁されたときと同等の拘禁状態にない場合
○ 逮捕、勾留をされないで、直接に鑑定留置された者

は、逃走罪の主体となりませんでした。

　しかし、法令によって拘束された者が逃走したにもかかわらず、逃走罪の主体とならないのは不合理であるとの批判を受け、拘束の根拠規定を区別することなく、一律に処罰の対象とすることになりました。

　よって、上記【例】は全て97条（逃走罪）の主体となるため、今後は、

・　現行犯逮捕された者（私人による現行犯人も含む。）
・　緊急逮捕された者で、逮捕状が発付される前の者
・　保護処分により少年院に収容された者
・　少年法17条1項2号により家庭裁判所の調査、審判のため少年鑑別所に収容された者

なども本罪の主体となります。

　なお、第97条（逃走）の主体の範囲が拡大されたことにより、98条（加重規定）の主体も拡大されることになります。

○　法定刑の引き上げ
　逃走罪の法定刑が3年以下の懲役に引き上げられました。

用 語 「逃走した」とは

本罪は状態犯である。逃走して看守者の支配から脱した段階で既遂に達する。

したがって、逃走後（既遂後）に逃走者を発見しても現行犯逮捕はできない。

【例】

○　逃走したが、看守者が直ちに追跡し、発見した身柄を確保した場合には未遂である。

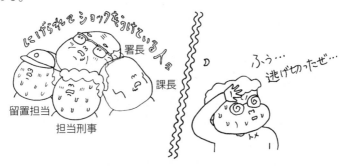

判 例

○　鑑定留置に付された者が「未決の者」（現在の「法令により拘禁された者」）にあたるといえるためには、あくまでも勾留中に鑑定留置状の執行を受けた者で、しかも、その者に対する身柄の拘束が勾留に準ずる程度の拘禁状態にある場合に限る。

（仙台高判昭33. 9 .24）

○　逃走罪が既遂となるためには拘禁を離脱したことが必要であり、拘禁を離脱するとは、看守者の実力的支配を完全に脱することが必要である。この場合、どのような場合に看守者の実力的支配を脱したかについては、具体的事情に即して社会通念に従って決するほかない。

（東京高判昭29. 7 .26）

○　留置場から署外に逃げ出して、いったんその姿をくらましたときは、たとえ30分後に逮捕されても、逃走罪は既遂である。

（東京高判昭29. 7 .26）

○　収容施設の外壁を越えていない場合は未遂である。　　（広島高判昭25.10.27）

○　外壁を越えても、越える以前に発見され、あるいは越える際に発見されて追跡され、逮捕された場合は未遂である。

（福岡高判昭29. 1 .12）

○　勾留中の者が逃走したのを看守者が直ちに発見、追跡し、途中で一時的に逃走者の姿を見失っても、通行人等の指示により逃走経路を辿って逮捕した場合は未遂である。

（福岡高判昭29. 1 .12）

○　列車で護送中の囚人が、看守のすきをうかがい手錠と補縄を外し、手錠を車外に投げ捨てて列車窓から逃走した場合、戒具に実質的な物理的損壊を加えていないから、逃走を遂げても加重逃走罪にはならず、単純逃走罪が成立する。

（広島高判昭31.12.25）

―加重逃走罪―

> **第98条（加重逃走）**
> 　前条に規定する者が**拘禁場**若しくは拘束のための器具を損壊し、暴行若しくは**脅迫**をし、又は**2人以上通謀**して、逃走したときは、3月以上5年以下の懲役に処する。

加重逃走罪の主体

　逃走罪の主体と同一である。なお、「勾引状の執行を受けた者」も本罪の主体となる。

　単純逃走罪と同様、令和5年の刑法改正により、「裁判の執行」との要件がなくなったことから、現行犯逮捕、緊急逮捕された者も、本罪の客体として追加された。

加重逃走罪の要件

　加重逃走罪の実行行為は、本罪の身分がある者が逃走する際に、

　　○　拘禁場又は拘束器具の損壊
　　○　暴行又は脅迫
　　○　2人以上の通謀

のうち、一つ以上の行為を行って逃走することによって成立する。

（用語）「拘禁場」とは

　刑事施設、留置施設等、拘禁のための施設をいう。

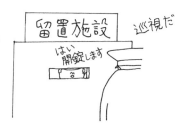

用 語 「拘束のための器具」とは

手錠、結束用ロープ等をいう。

用 語 「損壊」とは

破壊、切断等、物理的損壊をいう。単に手錠などを外しただけでは、損壊には当たらない。

◆ポイント◆

損壊による本罪の着手時期は、逃走する目的で損壊を行ったときである。

用 語 「暴行若しくは脅迫」とは

逃走の手段として看守者に対して行うことをいう。

◆ポイント◆

○ 本罪の暴行は、公務執行妨害罪の暴行と同じで、いわゆる「広義の暴行」である。

○ 本罪が成立した場合には、公務執行妨害罪は本罪に吸収される。

○ 暴行又は脅迫による本罪の着手時期は、逃走する目的で暴行又は脅迫を行ったときである。

用 語 「2人以上通謀して」とは

2人以上の者が逃走の時期や方法について意思疎通することをいう。

加重逃走罪の着手時期

2人以上の通謀による本罪の着手は、2人が通謀しただけでは着手があったとは言えず、逃走実行の着手があったときに本罪の着手となる。

判 例

○ 加重逃走罪は、その規定の趣旨、構成要件的内容、法定刑等からすると、既決、未決の囚人が公務員である看守に対して暴行、脅迫を加え、その公務の執行を妨害して逃走を図る場合をその構成要件的類型として評価の対象としていると解されることから、暴行、脅迫を手段としても加重逃走罪が成立するにとどまり、公務執行妨害罪は成立しないと解される。 (宮崎地判昭52.10.18)

○ 加重逃走罪が国家の拘禁作用を保護法益としていることから、逮捕状の執行を受けた者についても「法令により拘禁された者」に含まれると解するのが相当である。 (東京高判昭33.7.19)

○ 拘置所房内の便所の房壁に設置されている換気扇周辺のモルタル部分3か所を、最大幅約5センチ、最長約13センチにわたって削りとった場合、逃走行為に至らなくても加重逃走罪の実行の着手となる。 (最判昭54.12.25)

―被拘禁者奪取罪―

第99条（被拘禁者奪取）

　法令により拘禁された者を奪取した者は、3月以上5年以下の懲役に処する。

被拘禁者奪取罪の主体

本罪の主体に制限はない。

用 語 「法令により拘禁された者」とは

法令の根拠により身体の自由を拘束された者である。

【例】

○ 現行犯逮捕された者も含む。

○ 私人によって現行犯逮捕された者も含む。

○ 緊急逮捕され、逮捕状を提示されていない者も含む。

○ 少年院に保護処分として収容された者も含む。

○ 少年鑑別所に収容された者も含む。

○　児童福祉施設に入所した者は含まれない。

○　警察に保護された者は含まれない。

○　一時的に保護された精神障害者は含まれない。

○　麻薬取締法によって麻薬中毒医療施設に強制入院させられた者は含まれる。

○　法廷において騒いだため、法廷等の秩序維持に関する法律によって拘束された者も含む。

○　本罪の「奪取」には、詐言を用いて被拘禁者を連れ去る行為も含む。

○　本罪を実行した際に、警察官等に暴行・脅迫を加えた場合、本罪のほかに公務執行妨害罪も成立し、両罪は観念的競合となる。

用 語 「奪取」とは

　被拘禁者を看守者の実力的支配から離脱させて、これを自己又は第三者の実力的支配下におくことをいう。

―逃走援助罪―

> **第100条（逃走援助）**
> 1 　法令により拘禁された者を逃走させる目的で、器具を提供し、その他**逃走を容易にすべき行為**をした者は、3年以下の懲役に処する。
> 2 　前項の目的で、**暴行又は脅迫**をした者は、3月以上5年以下の懲役に処する。

逃走援助罪の既遂時期

　逃走援助罪は、逃走の援助をすることによって直ちに既遂に達し、援助した者（法令により拘禁された者）が逃走の実行行為に着手しなくても成立する。

用 語 「逃走を容易にすべき行為」とは

　逃走の機会、逃走の方法を教示したり、戒具を解除する等、言語であると行為であるとを問わず、その行為を行うことによって直ちに既遂に達する。

用 語 「暴行又は脅迫」とは

　公務執行妨害罪の暴行又は脅迫と同じである。

逃走援助罪の未遂時期

　「逃走を容易にすべき行為」又は「暴行又は脅迫」が未遂に終わった場合をいう。

◆ポイント◆

○　本罪は、不真正身分犯である。
○　逃走援助罪を実行する際に、公務員である看守者等に暴行又は脅迫を加えた場合、公務執行妨害罪は本罪に吸収される。

判 例

○ 逃走の方法を指示した以上は、囚人が逃走に着手したと、又は逃走の意思を中止したとを問わず、逃走幇助罪が成立する。　　　　　　　　　　　　（大判明28.2.21）

―看守者逃走援助罪―

第101条（看守者等による逃走援助）
　法令により拘禁された者を看守し又は護送する者がその拘禁された者を逃走させたときは、1年以上10年以下の懲役に処する。

用 語 「法令により拘禁された者を看守し又は護送する者」とは

　刑務官や留置担当の警察官等、拘禁された者を現に拘束する担当の公務員である。

◆ポイント◆
○　本罪は、真正身分犯である。
○　本罪は故意犯である。
○　逃走しようとする者を放置して逃走させる不作為も本罪が成立する。
○　逃走を援助すれば、逃走した時期が退庁後など看守任務が解除された後でも本罪が成立する。

看守者逃走援助罪の既遂時期

　本罪の既遂時期は、法令により拘禁された者の逃走が既遂に達したときである。したがって、逃走の援助をしたが、逃走が未遂に終わった場合には、本罪も未遂となる。

設 問

■単純逃走罪■

設問 1

勾留中の被告人である甲が、警察署から護送中に逃走したが、後日、捜査員が、自宅に戻った甲の身柄を確保した。この場合、甲を逃走罪の現行犯逮捕できるか。

【結　論】できない。

【争　点】逃走罪は継続犯か即時犯か。

【理　由】逃走罪が継続犯であれば現行犯逮捕できるが、即時犯であれば犯罪行為は終了しているため現行犯逮捕できない。本罪は、即時犯であり、逃走をして身柄拘束から脱したときに既遂となっていることから、甲を自宅で発見しても逃走罪として現行犯逮捕できない。

設問 2

心神喪失状態にある被疑者甲が、鑑定のため裁判所の許可状（鑑定留置状）により鑑定留置されて病院に収容されていたが、甲は看守者の隙をみて逃走した。甲は逃走罪（単純逃走罪、加重逃走罪）の刑責を負うか。

【結　論】負う。

【争　点】鑑定留置中の被疑者（被告人）は本罪の主体となるか。

【関係判例】名古屋高金沢支判昭46.9 .30

【理　由】鑑定留置によって病院に収容された者が、刑法第97条にいう「法令により拘禁された者」に当たるかについては、勾留中に鑑定留置状の執行を受けた者で、その者が拘禁状態にある場合であれば、「法令により拘禁された者」に該当

し、本罪の主体となる。

Point　鑑定留置に関する問題点

　鑑定のために病院等に収容された者が、鑑定留置による収容者が逃走罪の主体となるかについては、下表のとおりである。

罪　名	問	答	定　義
単純逃走罪 （刑法97条）	勾留中の被疑者・被告人が、鑑定留置状により鑑定留置されて病院等に収容された場合、本罪の主体となるか。 （名古屋高金沢支判昭46.9.30）	なる。	勾留中の被疑者・被告人が鑑定留置状によって収容施設を出て病院等に収容された場合、その者の身柄拘束状態が勾留に準ずる程度の拘禁状態に置かれている限り、その者は刑法第97条の「法令により拘禁された者」に該当し、逃走すれば本罪が成立する。
	身柄拘束されていない被疑者・被告人が、鑑定留置状により鑑定留置されて病院等に収容された場合、本罪の主体となるか。 （仙台高判33.9.24）	ならない。	鑑定留置された者が「法令により拘禁された者」に当たるとするためには、あくまでも勾留中に鑑定留置状の執行を受け、しかも勾留に準ずる程度の拘禁状態にある必要がある。したがって、逮捕、勾留をされないで直接鑑定留置された者は、たとえ鑑定留置中に勾留に準ずる程度の拘束状態にあったとしても、本罪の主体である「法令により拘禁された者」には該当しない。
	勾留中の被疑者・被告人が、勾留中に鑑定留置状により鑑定留置されて病院等に収容された場合、本罪の主体となるか。 （名古屋高金沢支判昭46.9.30）	なる。	同上

刑法第97条の単純逃走罪の場合、勾留されている被疑者・被告人に対する鑑定留置状の執行に限る理由

鑑定留置は長期間かかる性質があります。そのため、限られた勾留期間中に鑑定留置を行うと、捜査や審理のための勾留期間（原則として20日間）が鑑定留置によって消滅してしまうことになります。

そういった捜査上の弊害をなくすため、勾留期間中に鑑定留置をする場合には、勾留執行停止（刑訴法167条の２）を行い、鑑定留置状によって鑑定留置を実施し、鑑定留置が終了した後、必要により勾留状の執行によって新たに勾留を行うという手続がとられています。

よって、勾留中における鑑定留置については、実質的には鑑定のための留置と捜査や審理のための身柄拘束が併存して継続されていると認められることから、鑑定留置により病院等に収容された者が、勾留のときと同じように逃走防止の監視等が行われている場合には、刑法第97条の単純逃走罪の主体（被疑者）となるとされているのです。

加重逃走罪 （刑法98条）	身柄拘束されていない被疑者・被告人が、鑑定留置状により鑑定留置されて病院等に収容された場合、本罪の主体となるか。 （東京高判昭33. 7 .19）	なる。	「逃走罪は公権力による拘禁作用を侵害する犯罪行為であるから、その主体（被疑者、被告人）は、法令によって自由を拘束されている全ての者を含むと解するべきである。」という判例から、鑑定留置状によって病院等に収容された者が収容施設を損壊して逃走した場合には、加重逃走罪が成立すると解されている。

設問3

　勾留中の被疑者である甲が、警察署の留置施設に勾留中、取調べの際に逃走したが、捜査員に直ちに追跡され、警察署から数百メートルのところで身柄を確保された。甲の刑責は何か。

署から数百メートルで確保
待て!!
ヒ〜

【結　論】単純逃走未遂罪の刑責を負う。

【争　点】未遂か既遂か。

【関係判例】東京高判昭29. 7 .26

【理　由】逃走罪が既遂となるためには、看守者の実力支配を完全に脱することが必要となるところ、捜査員に直ちに追跡され、数百メートルのところで身柄を確保された場合は未遂となる。

　なお、事例の場合は本罪の現行性があるため、現行犯逮捕できるものと解される。

> **設問 4**
>
> 傷害で現行犯逮捕されて勾留状が執行された被疑者甲が、実況見分の時、手錠をひそかに外し、捜査員の隙をついて手錠を投げ捨てて逃走したが、後日、潜伏中に捜査員に発見された。この場合の甲が負う刑責と甲に対する措置について述べよ。

逃走

犯行場所はここだな

【結　論】

○　甲の刑責

　　単純逃走罪の刑責を負う。

○　措置

　　通常逮捕

　　勾留状の効果により身柄拘束

　　代用施設の権限により身柄収容

　のいずれかの措置をとる。

【争　点】身柄拘束の方法は何か。

【関係判例】広島高判昭31.12.25

【理　由】

○　手錠を物理的に損壊していないことから加重逃走罪は成立せず、単純逃走罪が成立する。

○　逃走後、時間が経過しているから現行犯逮捕はできない。逃走罪により逮捕状をとって通常逮捕するべきである（単純逃走罪は緊急逮捕できない。）。

　　逮捕状が発布される前に甲を発見した場合は、

　①　勾留期間中であれば勾留の効果により留置施設に再収容する。

　②　代用施設の管理権に基づいて収容する。

　の方法によって身柄を確保し、その後に逮捕状による通常逮捕をすることが相当である。

■加重逃走罪■

設問 5

　窃盗で通常逮捕された甲が、警察署に同行される途中、捜査員を突き飛ばして逃走しようとしたが、その場で取り押さえられた。甲の刑責は何か。

この後取り押さえられた

【結　論】加重逃走未遂罪の刑責を負う。

【争　点】

○　逮捕状により逮捕された者は「法令により拘禁された者」に当たるか。

○　公務執行妨害罪も成立するか。

【関係判例】

○　東京高判昭33.7.19

○　宮崎地判昭52.10.18

【理　由】

○　刑訴法により逮捕状の執行を受けた者は、刑法第98条の「法令により拘禁された者」に当たる。

○　警察官に暴行又は脅迫を行った被疑者の加重逃走罪が成立した場合には、別に公務執行妨害罪は成立しない。

■被拘禁者奪取罪■

設問 6

　万引き犯人を現行犯逮捕した警備員（一般人）に対し、犯人の友人である甲が警備員に対し、「私が警察に連れて行きます」とうそを言って腕をとって一緒に逃走した。甲の刑責は何か。

【結　論】被拘禁者奪取罪を負う。

【争　点】一般人から奪取しても本罪は成立するか。

【理　由】法令により拘禁された者とは、国家機関だけでなく、法令（刑訴法）によって拘束（現行犯逮捕）された者も含むので、これを奪取すれば被拘禁者奪取罪が成立する。

■逃走援助罪■

設問 7

　甲の友人乙がひったくりを行ったが、通行人のＡに現行犯逮捕された。これを見た甲は乙を逃がそうとしてＡに体当たりをしたが、逆にＡに取り押さえられて乙を逃がすことができなかった。甲の刑責は何か。

【結　論】逃走援助罪（刑法100条 2 項）の刑責を負う。

【争　点】逃走が未遂に終わっても本罪は既遂になるか。

【関係判例】大判明28. 2 .21

【理　由】暴行や逃走の指示等の幇助行為を行った時点で既遂となることから、逃走援助罪が成立する。

Point 逃走罪をもう一度整理

	罪　名	主　体	客　体	行　為	結　果	主観的要件	法定刑
被拘禁者自身の逃走行為	単純逃走罪（97条）	法令により拘禁された者		逃走	拘禁の離脱	故意	3年以下の懲役（令和5年改正で、緊急逮捕可となった。）
被拘禁者自身の逃走行為	加重逃走罪（98条）	法令により拘禁された者		①拘禁場・拘束のための器具の損壊②暴行・脅迫③2人以上通謀して、逃走	拘禁の離脱	故意	3月以上5年以下の懲役
他者が被拘禁者を逃走させる行為	被拘禁者奪取罪（99条）	制限なし	法令により拘禁された者	奪取	自己又は第三者の実力支配下においたこと	故意	3月以上5年以下の懲役
他者が被拘禁者を逃走させる行為	逃走援助罪（100条）	制限なし	法令により拘禁された者	①器具を提供し、その他逃走を容易にすべき行為②暴行・脅迫（2項）		①故意②法令により拘禁された者を逃走させる目的	3年以下の懲役（2項：3月以上5年以下の懲役）
他者が被拘禁者を逃走させる行為	看守者逃走援助罪（101条）	法令により拘禁された者を看守又は護送する者	法令により拘禁された者	逃走させること	拘禁の離脱	故意	1年以上10年以下の懲役

※　未遂は全て罰する（102条）。

11

犯人蔵匿及び証拠隠滅に関する罪

―犯人蔵匿罪―

第103条（犯人蔵匿等）

　罰金以上の刑に当たる罪を犯した者又は拘禁中に逃走した者を蔵匿し、又は隠避させた者は、３年以下の懲役又は30万円以下の罰金に処する。

用語 「蔵匿」とは

　犯人の検挙が妨害されることを認識した上で、罰金以上の刑に当たる罪を犯した者、又は拘禁中逃走した者に、検挙を免れるような場所を供給する行為をいう。

判例

　○　蔵匿とは、捜査権の行使を侵害して犯人の発見又は逮捕を妨害することを認識し、犯人に発見又は逮捕を免れる場所を供給すること及び場所を提供して犯人をかくまうことをいう。　　　　　　　　　　　　　　　　　　　　　　　　　（大判大４.12.16）

　○　「蔵匿」とは、官憲の発見・逮捕を免れるべき隠匿場を供給することをいい、「隠避」とは、蔵匿以外の方法により官憲の発見・逮捕を免れさせる一切の方法を包含する。　　　　　　　　　　　　　　　　　　　　　　　　　　　　　（大判昭５.９.18）

用 語 「隠避」とは

「蔵匿」以外の方法によって、捜査機関の発見又は逮捕を免れさせる一切の行為をいう。

犯人蔵匿罪の主体

本罪の「主体」については、制限がない。

犯人蔵匿罪の客体

本罪の客体は、「罰金以上の刑に当たる罪を犯した者又は拘禁中に逃走した者」である。

用 語 「罪」とは

法定刑として罰金刑又はそれ以上の刑罰が規定された犯罪をいう。

「罪を犯した者」の意義

① 正犯者のほか、教唆者、幇助者を含む。また、予備・陰謀をした者でも、その法定刑が罰金以上の刑であればこれに当たる。

② 傷害事件を犯して罰金の判決が確定したが、罰金を納めなかったことから収容状が発せられている者は、本罪の客体に当たる。

③ 無罪や免訴の確定判決があった場合は、その者が真犯人であったとしても処罰の可能性はなく、この者を蔵匿・隠避しても司法作用を害するおそれはないことから、本罪の客体には当たらない。

④ 親告罪を犯した告訴前の犯人については、告訴の有無にかかわらず捜査を行うことがで

きるから、本罪の客体に当たる。

⑤　公訴時効の完成、告訴権の消滅及び刑の廃止、又は恩赦によって公訴権の消滅した後の犯人については、本罪の客体に当たらない。

判 例

○　隠避とは、蔵匿以外の方法で犯人の発見・逮捕を妨げる一切の行為をいうが、その手段・方法に制限なく、例えば、犯人に金員を供与する行為も含まれる。
（東京高判昭37.4.18）

○　逃避者に対して留守宅の状況、家族の安否、官憲の捜査の形勢等を通報し、逃避者に逃避の便宜を与える行為は隠避である。　（大判昭5.9.18）

○　犯人に隠避することを勧告する行為は隠避である。　（大判明44.4.25）

○　他人の犯罪を自己の犯罪であるかのように虚構の申立てをして、その他人の犯罪の発見を妨げる行為は隠避行為に当たる。　（大判昭5.2.7）

○　罰金以上の刑に当たる罪を犯した者であればよく、裁判の確定を必要としない。
（大判大4.12.16）

○　犯人がすでに死亡していた場合であっても、捜査機関に誰が犯人か分かっていない段階で、自己が犯人である旨虚偽の事実を警察官に述べる行為は、犯人隠避罪を構成する。　（札幌高判平17.8.18）

○　地方検察庁の幹部検察官2人が、共謀の上、職務に関して証拠を隠滅した犯人である部下の検察官を隠避した。　（大阪高判平25.9.25）

○　罪を犯した時期については、公訴提起の前後、逮捕着手の前後を問わない。
（大判大8.4.22）

○　罪を犯した者の罪が捜査機関に発覚して捜査が開始されているかどうかは、本罪成立とは関係がない。　（最判昭28.10.2）

○　たとえ不起訴処分を受けた者であっても、同処分には確定力がないことから本罪の客体に当たる。また、親告罪の犯人を蔵匿・隠避した後に、告訴権の消滅等の事由が発生した場合についても、本罪の成否に影響はない。　（東京高判昭37.4.18）

○　参考人として警察官に対して犯人との間の口裏合わせに基づいた虚偽の供述をする行為は、刑法103条にいう「隠避させた」に当たる。　（最決平29.3.27）

○　犯人が逮捕勾留された後であっても、他の者を教唆して身代り犯人として警察署に出頭させ、自己が犯人である旨の虚偽の陳述をさせた行為は、犯人隠避教唆罪を構成する。　（最決平元.5.1）

用 語　「拘禁中に逃走した者」とは

　法令に基づき国家の権力により拘禁を受けた者が、不法に拘禁から脱した場合を指し、刑法第99条（被拘禁者奪取罪）、第100条（逃走援助罪）にいう「法令により拘禁された者」と同じである。

「拘禁中」の者とは

ア　裁判の執行により拘禁された
　　既決・未決の者
イ　勾引状の執行を受けた者
ウ　現行犯逮捕・緊急逮捕・通常
　　逮捕された被疑者
エ　少年院・少年鑑別所に収容さ
　　れた者等

勾留中　勾引状執行　現行犯逮捕　少年院に収容

犯人蔵匿罪の故意

① 蔵匿・隠避の客体が罰金以上の刑に当たる
罪を犯した者又は拘禁中に逃走した者である
ことを認識し、その者を蔵匿し又は隠避する
ことである。

② 単に、
　「何らかの犯罪の嫌疑者であると思った。」
　「拘禁中逃走した者であることを知らなかっ
た。」
というような場合は、本罪の故意は阻却される。

> 判　例
>
> ○　その罪の法定刑が罰金以上の刑に当たることの認識がなくても、犯人蔵匿罪が成立
> する。　　　　　　　　　　　　　　　　　　　　　　　　　　　　（最決昭29.9.30）
> ○　犯人隠避罪の成立には、その犯人がいかなる罪を犯した者であるか、また、犯人の
> 氏名を知ることも要しない。　　　　　　　　　　　　　　　　　　（大判大4.3.4）

自己を隠匿する行為

犯人が、自らを蔵匿等しても、本罪は成立しない。

> 判　例
>
> ○　犯人又は逃走者が自らを蔵匿・隠避しても罪にならないと解する。その理由は、犯
> 人自らが官憲の拘束から逃れようとしてそうした行為に出るのは、人間として自然の

情と解されるからである。 (大判昭 8 .10.18)

―証拠隠滅罪―

第104条（証拠隠滅等）

　他人の刑事事件に関する証拠を隠滅し、偽造し、若しくは**変造**し、又は偽造若しくは変造の証拠を**使用**した者は、 3 年以下の懲役又は30万円以下の罰金に処する。

証拠隠滅罪とは

① 　本罪は、犯人蔵匿等罪と同様、国家の刑事司法作用を侵害する行為を罰するものである。

② 　本罪は、公訴事実の判断の妨げとなる一切の行為を処罰の対象とし、正確な刑罰の認定を誤らせないことを目的として定められたものである。

証拠隠滅罪の行為

① 　他人の刑事事件に関する証拠を隠滅し、偽造し若しくは変造し、又は偽造若しくは変造の証拠を使用する行為があれば足りる。

② 　したがって、現実の捜査・審判に具体的な危険や実害を与えることまでは要件とされていない。

証拠隠滅罪の主体

　本罪の主体に制限はない。ただし、自己の刑事事件に関する行為者は、本罪の主体とならない。

証拠隠滅罪の客体

「他人の刑事事件に関する証拠」である。

用語 「他人」とは

自己以外の者をいう。

判例

- ○ 「自己が当該刑事事件の共犯者である場合」「自己の刑事事件に関する証拠が同時に他人の刑事事件に関する証拠でもある場合」も本罪にいう「他人」の刑事事件に関する証拠といえるかについては、自己がその事件の共犯者であるという事実は、本罪の成立を阻却する原因とはならない。　　　　　　　　　　　　（大判大 7.5.7）
- ○ 共犯者のうち一人がした証拠隠滅行為が、専ら他の共犯者のためになされた場合には、本罪が成立する。　　　　　　　　　　　　　　　　　　　（大判大 8.3.31）
- ○ 証拠が自己又は親族の利益にとどまらず、同時に他人の刑事事件にも関係があり、行為者がその関係を認識していた場合には、本罪が成立する。　　（大判昭 7.12.10）
- ○ 専ら自己の利益のためにこれを隠滅するときは、たとえそれが同時に共犯者の利益になるとしても、本罪は成立しない。　　　　　　　　　　　　（大判大 7.5.7）
- ○ 本条にいう刑事事件とは、現に裁判所に係属する刑事事件はもちろん、将来刑事訴訟事件となり得るものを包含する。　　　　　　　　　　　　（大判昭10.9.28）
- ○ 他人の刑事事件について捜査官と相談しながら虚偽の供述内容を創作するなどして供述調書を作成した行為は証拠偽造罪に当たる。　　　　　（最決平28.3.31）

用語 「証拠」とは

① 刑事手続上の証拠のことを指し、原則として、民事、行政、懲戒等の事件に関する証拠は含まれない。

② しかし、直接的には民事等の事件で用いられる書類や物であっても、間接的に刑事事件において証拠として利用されるときは本罪の客体となる。

用語 「隠滅」とは

証拠そのものを滅失させるだけでなく、その発見を妨げ、若しくは、その価値を滅失・減少させる行為を意味する。

判例

○ 「証拠」とは、捜査機関又は裁判所において、国家刑罰権の有無を判断するに当たり関係があると認められる一切の資料をいい、物証のみに限らず人証（証人・参考人等）を含む。　　　　　　　　　　　　　　　　　　　　　　　　　　　（大判昭10.9.28）

○ 捜査を妨害する目的で、証拠となる帳簿・書類を隠匿・焼損することはもちろん、証人・目撃者等の参考人を隠匿・逃避する行為も隠滅に当たる。　　　（大判昭10.9.28）

○ 盗品を買い受けているにもかかわらず、警察官の具体的な質問に対し「そのような物の買受品はない。」と答え、盗品を2か月間隠匿するような行為は隠滅に当たる。　　　　　　　　　　　　　　　　　　　　　　　　　　　　（東京高判昭27.5.31）

○ 証人が虚偽の事実を陳述する行為は隠滅に当たらない。　　　　　（大判明42.10.25）

○ 偽造とは、実在しない証拠を作成することをいう。　　　　　　　（大判昭10.9.28）

○ 存在しなかった証拠を以前から存在していたように作出する行為はもちろん、犯罪事実と何ら関係のない物件を利用し、犯罪事実と関係があるように作為する行為も偽造に含まれ、その物件が既存のものであると新たに作成されたものであるとを問わない。　　　　　　　　　　　　　　　　　　　　　　　　　　　（大判大7.4.20）

用語 「変造」とは

証拠を加工して効果を変更することをいい、作成権限の有無、内容の真否を問わない。

用語 「使用」とは

偽・変造の証拠を真正の証拠として捜査機関・裁判所に提供することをいい、積極的な提供に限らず、求めに応じ任意提出する行為も使用に当たる。

証拠隠滅罪の故意

他人の刑事事件に関する証拠を隠滅等する認識があれば足り、必ずしも他人の利

益又は不利益を図り、国家権力等を妨害する積極的意思は要件ではない。

第105条（親族による犯罪に関する特例）

　前2条の罪については、犯人又は逃走した者の親族がこれらの者の利益の
ために犯したときは、その刑を免除することができる。

刑法第105条の意義

　犯罪の嫌疑がある場合でも、法律上刑の必要的免除事由（刑法80条、244条1項
等）があるときは、「刑の免除」という裁定で不起訴処分にされるが、本条の場合
は、単に「その刑を免除することができる」にすぎない。

用語 **「犯人」とは**

　犯人蔵匿等罪における「罰金以上の刑に当たる罪を犯した者」と、証拠隠滅等罪
における「刑事事件の犯人」をいう。

用語 **「逃走した者」とは**

　犯人蔵匿等罪における「拘禁中に逃走した者」をいう。

用語 **「利益」とは**

① 　本条にいう利益とは

　ア　刑事上の責任（刑事訴追、有罪判決、刑の執行）を免れさせるため

　イ　法令による拘禁を免れさせるため

　に犯人蔵匿等罪や証拠隠滅等罪を犯すことをいう。

② 　この場合の「利益」は、本罪の犯人の主観で決定されるものではなく、客観的
　に判断される。

判 例

○ 犯人蔵匿等罪ないし証拠隠滅等罪を犯しても、それが犯人又は逃走者の利益のために、その親族によってなされた場合は、その刑を免除することができるとされている。その理由は、親族がこれらの行為を行うことは人間として自然の情で、道義的にも責め得ない場合が少なくないからである。 （大判昭 8 .10.18）

○ 親族の範囲は民法に従う（民法725条）から、例えば、犯人に雇われていた従業員が犯人の利益のためにこれらの罪を犯した場合には本条の適用はない。また、親族によって犯人の不利益のためにされた場合も本条の適用はない。 （大判昭 3 . 7 .21）

設 問

■犯人蔵匿等及び証拠隠滅等罪■

設問1

軽犯罪法で現行犯逮捕された甲が、警察署に同行中、隙を見て逃走し、乙は事情を知りながら甲をかくまった。乙は犯人蔵匿の刑責を負うか。

【結　論】負う。

【争　点】拘禁中に逃走した者に当たるか。

【理　由】拘禁とは、勾引状、逮捕状、収容状、引致状のほかに、緊急逮捕、現行犯逮捕された者も含み、一定場所に拘禁された者に限られず、逮捕後に連行中の者も含む。

設問2

ひったくり（窃盗罪）を行った甲が通行人に追われて乙宅に逃げ込み「信号無視をして白バイに追われている」とうそを言って乙にかくまってもらった。甲は犯人教唆罪を、乙は犯人蔵匿罪の刑責を負うか。

【結　論】負う。

【争　点】

○　捜査機関に発覚前でも成立するか。

○　交通違反だと思っていても本罪に当たるか。

【関係判例】

○　最判昭33.2.18

○　最決昭29.9.30

【理　由】
○　捜査が開始される前であっても本罪の客体となる。

○　罰金以上の刑に当たるかどうかを知っている必要はなく、罰金以上の犯罪行為（この場合は信号無視）を犯したことを知っていれば本罪は成立する。

設問 3

傷害の被疑者甲が、共犯者乙を自宅にかくまって捜査機関から蔵匿した。甲は、犯人蔵匿罪の刑責を負うか。

【結　論】負う。

【争　点】共犯者は「他人の刑事事件」に当たるか。

【関係判例】大判昭 7 .12.10

【理　由】自分の犯罪（傷害罪）については本罪は成立しないが、共犯者の犯罪（傷害罪）は他人の刑事事件になるから本罪が成立する。

設問 4

信号無視をした甲（乙同乗）がバイクで逃走し、乙はバイクを降り甲は逃走した。その後、甲を追跡していたパトカーの警察官が徒歩の乙に逃走方向を聞いたところ、乙は逆方向を教えた。乙は犯人隠避罪の刑責を負うか。

【結　論】負う。

【争　点】うその方向を言ったことが隠避に当たるか。

【関係判例】大判大 8 . 4 .17

【理　由】乙は、警察官にうそをついて捜査を妨害したのであるから、隠避行為に当たる。

設問 5

　乙は、窃盗犯人甲（万引き）を逮捕するために追跡していた警備員（一般人）の足を引っ掛け転倒させて追跡を妨害した。乙は犯人隠避罪の刑責を負うか。

【結　論】犯人隠避罪と暴行罪の刑責を負う。

【争　点】一般人への妨害が隠避に当たるか。

【関係判例】最判昭28.10.2

【理　由】「罰金以上の刑の罪を犯した者」は、捜査前の者も含み、「隠避」は捜査を妨げる一切の行為をいうから、犯人隠避罪と暴行罪（観念的競合）が成立する。

設問 6

　友人甲の免許証不携帯が発覚するのを防ぐために、同乗していた同年齢の乙が、「俺と背格好が似ているからこれを提示しろ」と言って甲に自分の免許証を貸し、甲が警察官に提示した。乙は犯人隠避罪の刑責を負うか。

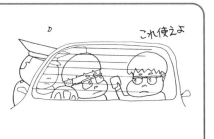

【結　論】負う。

【争　点】免許証を提示させた行為が隠避に当たるか。

【理　由】甲と乙は背格好が似ており、同年齢で警察官が誤信する可能性があったことから、乙は犯人隠避罪の刑責を負う。

■証拠隠滅罪■

設問 7

　甲の友人乙は、窃盗犯人（万引き）として警備員（一般人）に追及されている甲から渡された商品を、「盗品かもしれない」と思いながら甲をかばうために受け取って逃走した。この場合の乙の刑責は何か。

【結　論】負う。

【争　点】甲の捜査機関に発覚していない被疑事件が乙にとって「他人の刑事被告事件」に当たるか。

【関係判例】

○　大判昭10.9.28

○　東京高判昭27.5.31

【理　由】

○　被告事件に限定する意味はなく、将来被告事件になる可能性がある事件も含む。

○　本罪の故意は、捜査妨害等の意思までは必要ではなく、証拠を隠滅する意識があれば足り、未必的認識でよい。

設問 8

　路上でAがBを刺殺してAが包丁を遺留して逃走した。それを目撃した甲が、遺留された包丁が甲が勤める金物店でAが買ったものであることに気付き、同金物店の店長乙に報告したところ、乙が関わり合いになることを恐れて甲に命じ、甲が現場から包丁を持ち去って投棄した。甲と乙の刑責は何か。

【結　論】証拠隠滅罪の共謀共同正犯となる。

【争　点】甲の捜査機関に発覚していない被疑事件が乙にとって「他人の刑事被告
　　事件」に当たるか。

【関係判例】

○　　大判昭10.9.28

○　　東京高判昭27.5.31

【理　由】

○　　被告事件に限定する意味はなく、将来被告事件になる可能性がある事件も含む。

○　　本罪の故意は、捜査妨害等の意思までは必要ではなく、証拠を隠滅する認識が
　　あればよい。

12 放火及び失火に関する罪

―放火罪―

放火罪とは

① 放火して建造物その他の物件を焼損する犯罪であり、典型的な公共危険罪であるとともに、財産罪的性格も有する。

② 本罪は、抽象的危険犯であるから、客体を焼損すれば成立し、公共の危険を現実に発生させる必要はない。

③ 未遂も処罰される。

放火罪の行為

放火することである。

> 判 例
>
> ○ 自己の意思によらずに発生した既発の火力を消し止めるべき法律上の義務のある者が、これを容易に消し止められるにもかかわらず、故意に消火の手段を採らずに放置し、焼損させる行為は、放火に当たる。 (大判昭13.3.11)

放火罪の客体

放火罪における各条の客体は、次のとおりである。

現住建造物等放火 （刑法108条）	現に人が住居に使用し又は現に人がいる	建造物、汽車、電車、艦船、鉱坑
非現住建造物等放火 （刑法109条1項）	現に人が住居に使用せず、かつ、現に人がいない	建造物、艦船、鉱坑
自己所有非現住建造物等放火 （刑法109条2項）	上記の自己所有に係る	
建造物等以外放火 （刑法110条1項）	第108条、第109条に規定する物以外の物	
自己所有建造物等以外放火 （刑法110条2項）	自己所有に係る第108条、第109条に規定する物以外の物	

放火一筋30年

―現住建造物等放火罪―

第108条（現住建造物等放火）
　放火して、現に人が住居に使用し又は現に人がいる建造物、汽車、電車、艦船又は鉱坑を焼損した者は、死刑又は無期若しくは5年以上の懲役に処する。

用 語）「放火」とは

① 目的物を焼損することをいう。

② 通常は、目的物に直接点火することであるが、媒介物に点火し、あるいは特殊な発火伝導装置を仕掛けた場合に、着手が認められる。

③ 住宅に燃え移る可能性のある場所で新聞紙等に点火すれば、たとえ住宅を焼損するに至らなくとも住宅に放火したことになり、現住建造物等放火の未遂罪が成立する。

④ 放火行為は積極的な点火行為に限らず、不作為による場合もあり得る。

用 語）「現に人が住居に使用し」とは

① 犯人以外の者（家族・同居人も共犯者でない限りこれに含まれる。）の起臥寝食の場所として日常使用することをいう。

② 犯人以外の人が日常起臥寝食に使用していれば、放火当時に人が現在していなくても成立する。

③ 必ずしも昼夜間断なく特定の人が居住する必要はなく、例えば、学校の宿直室・寄宿舎などのように、夜間又は休日にだけ起臥寝食に使用されるものも、現に人が住居に使用するものといえる。

④ 本来の用途が住宅である必要はなく、建造物などの一部が現に人の住居に使用されていれば、他の部分が住居になっていなくても、その建造物全体が人の住居に使用するものに当たる。

⑤ なお、建造物については、どの部分に放火しても、人の住居に使用する建造物に放火したものと解される。

用語 「現に人がいる」とは

① 犯人以外の人が現在することであり、その場所に現在する権利の有無を問わない。

② したがって、空き家にホームレスがたまたま入ってきたときでも、「現に人がいる」ことになる。

判例

○ 会社に交替で泊まらせていた従業員を旅行に連れ出した後に放火した場合、会社に日常生活用品があり、旅行から帰れば再び泊まるのであるから、現住建造物等放火罪が成立する。　　　　　　　　　　　　　　　　　　　　　　　　（最決平9.10.21）

○ 学校の宿直室のように、建造物の一部が現に人の住居に使用されていれば、校舎全体が本罪の客体となる。　　　　　　　　　　　　　　　　　　　　　（大判大2.12.24）

○ 官公署であって、宿直室と庁舎が別棟となっていても、宿直員が巡視をしている等の理由から、庁舎全体を人の住居に使用するものと認めてよい。　　（大判大3.6.9）

○ 宿直室のある劇場の一部である便所だけを焼損する意思で放火しても、人の住居に使用している劇場に放火したことになり、本罪が成立する。　　　　（最判昭24.2.22）

用語 「建造物」とは

① 家屋その他これに類似する工作物であって、屋根が柱によって支えられ、土地に定着し、人の起居、出入りができる構造をもった建物をいう。

② 住宅、店舗、倉庫、学校の寄宿舎、宿直室、官公庁、事務所、公会堂等がこれに当たる。

③ 外観上複数の建物とみえる場合であっても、それが近接し、あるいは廊下・回廊で接続されているときは、一個の建造物といえる。

④ 建造物に附属する動産が建造物の一部となるかどうかについては、取外しの自由な雨戸、板戸、畳、建具等は、建造物の一部分とはいえない。

⑤ したがって、建造物を焼損する目的でこれらの物を焼損したときは、建造物そのものを焼損したことにはならず、建造物等放火の未遂にすぎない。

判 例

○　被告人方に放火して、知人方及び被告人方を全焼させた上、被害者を焼死させた事
案において、被告人方及び知人方はいずれも柱を有し、とりわけ被告人方はコンパネ
張りの堅牢な造りの小屋であり、それぞれの材料により壁や天井も構成されていたの
であるから、それらの構造自体から家屋に類する工作物であることは明らかであり、
また、人の起居出入りに適する構造を有していたことに疑いはないから、被告人方及
び知人方のいずれも「建造物」に当たる。　　　　　　　　　（東京高判平17.4.6）

用 語　「汽車」とは

　蒸気を動力として軌道上を進行する車両をいい、
「電車」とは、電気を動力として軌道上を進行する
車両をいう。

用 語　「艦船」とは

　軍艦及び船舶をいう。

用 語　「鉱坑」とは

　鉱物を採取するための地下設備をいう。

―非現住建造物等放火罪―

第109条（非現住建造物等放火）
1　放火して、現に人が住居に使用せず、かつ、現に人がいない建造物、艦船又は鉱坑を焼損した者は、2年以上の有期懲役に処する。
2　前項の物が自己の所有に係るときは、6月以上7年以下の懲役に処する。ただし、公共の危険を生じなかったときは、罰しない。

【参考条文】
第115条（差押え等に係る自己の物に関する特例）
　第109条第1項及び第110条第1項に規定する物が自己の所有に係るものであっても、差押えを受け、物権を負担し、賃貸し、又は保険に付したものである場合において、これを焼損したときは、他人の物を焼損した者の例による。

非現住建造物等放火罪とは

① 「現に人が住居に使用せず、かつ、現に人がいない」とは、犯人以外の者が住居に使用せず、かつ、犯人以外の者が現在しないことを意味する。

② 犯人が一人で居住する家屋、あるいは犯人が居住者全員を殺害した後の家屋等が当たる。

③ 「自己の所有に係る」とは、建造物等が自己の所有物という意味であるが、その物件が、差押えを受けたものである場合は、他人の物とみなされる（刑法115条）。

④ 他人所有非現住建造物等放火罪（1項）は、前条と同様に抽象的危険犯であり、未遂も処罰される。

⑤ 自己所有非現住建造物等放火罪（2項）は、具体的危険犯であるから、公共の安全の危険が発生した場合に限り、処罰される。

⑥ ただし、未遂は処罰されない。

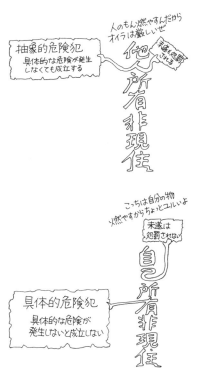

人のもん燃やすんだからオイラは厳しいぜ

抽象的危険犯
具体的な危険が発生しなくても成立する

未遂も処罰される

他所有非現住

こっちは自分の物燃やすからちょっとユルいよ

未遂は処罰されない

自己所有非現住

具体的危険犯
具体的な危険が発生しないと成立しない

判例

○　刑法第109条第1項の犯罪が成立するには、放火してその所定の物件を焼損する認識があることをもって足り、公共の危険を生じさせる認識を要しない。

（大判昭10.6.6）

○　人家のない山中において、周囲の雑木を切り払い、無風で小雨の降る気象条件の中、付近に延焼しないように監視しつつ、自己所有の小屋を焼損するような場合であれば、公共の危険は発生しない。

（広島高判昭30.11.15）

第110条（建造物等以外放火）

1　放火して、前2条に規定する物以外の物を焼損し、よって**公共の危険を生じさせた**者は、1年以上10年以下の懲役に処する。

2　前項の物が自己の所有に係るときは、1年以下の懲役又は10万円以下の罰金に処する。

第112条（未遂罪）

第108条及び第109条第1項の罪の未遂は、罰する。

建造物等以外放火罪の客体

①　「前2条に規定する物以外の物」である。

②　自動車、無人の汽車や電車、橋梁、門、塀、家具、取外し可能な建具類等がこれに当たる。

当たる

③　なお、森林は、森林法第202条の適用を受けるから、これに当たらない。

当たらない

他人所有→未遂罪あり
自己所有→未遂罪なし

放火罪の着手時期

① 実務上、放火の着手は、放火の目的で室内にガソリンや灯油をまき、あるいは点火しようとした段階で発覚したような場合である。

② 必ずしも点火行為がなくても、ガソリンなどの引火しやすい物質を放出し又は散布した時点で実行の着手が認められる。

放火罪の既遂時期

① 「焼損」とは、火力によって目的物を燃焼させることである。

② 焼損の既遂については、判例は大審院以来一貫して、火が媒介物である燃料を離れて目的物に移り、独立して燃焼する状態に至れば焼損になるとする「独立燃焼説」を採っている。

判例

○ 放火の目的で店舗入り口ガラス戸等にガソリン約5リットルを散布し、その一部をガラス戸の透き間から店内に流入させて、同店内にあったコンロ内の火気に引火爆発させて同店舗の一部を焼損した場合、ガソリンを散布した時点で放火に着手したと認められる。　　　　　　　　　　　　　　　　　　　（静岡地判昭39.9.1）

○ 柱、ひさし及びひさし受けの一部を燃焼させた場合は、既遂である。
　　　　　　　　　　　　　　　　　　　　　　　　　　　　　（大判昭9.11.30）

○ 天井板約1尺四方を燃焼させるなどについて独立燃焼があった場合は、放火罪の既遂である。　　　　　　　　　　　　　　　　　　　　　（最判昭23.11.2）

用語 「公共の危険」とは

　放火罪は、典型的公共危険罪といわれているところ、公共の危険とは、不特定又は多数人の生命、身体、財産に危険を感じさせる状態をいい、放火罪の成立要件として、焼損のほかに、公共危険の発生の有無が問題となる。

抽象的危険犯について

① 　現住建造物等放火罪（刑法108条）
② 　他人所有非現住建造物等放火罪（刑法109条1項）

は、客体を焼損するだけで公共の危険があるとされている抽象的危険犯であり、これらの客体が焼損した場合は、常に公共の危険があるとされる。

現住…
他人・自己所有を問わない

他人所有
非現住
他人所有に限る

具体的危険犯について

① 　自己所有非現住建造物等放火罪（刑法109条2項）
② 　建造物等以外放火罪（刑法110条）

は、具体的危険犯であり、焼損のほかに、公共の危険が具体的に発生したことを要する。

自己所有
非現住
自己所有に限る

建造物等以外
自己所有に限る

駐車中の自動車のシートに放火した場合

○ 　間もなく消えた場合

　公共の危険が生じたと認定するためには、近くに現住・非現住建造物等があって、これらの物に燃え移るかもしれないと誰もが感ずるような状態にあったこと、あるいは、建造物等以外の物に延焼し、しかも人の生命・身体・財産に対して危険を感じさせる状態にあったことを疎明する必要がある。

この車のシートを燃やしちゃる

○　自動車のシートが全焼若しくは一部焼損したような場合

　　近接する他の物件の性質・距離、風向き、風速等の気象状況等諸般の状況を総合して、公共の危険を生じさせたかどうかによって判断することになる。

○　公共の危険が生じていない場合

　　シートに対する器物損壊罪（刑法261条）、あるいは軽犯罪法第１条第９号（火気濫用）違反の罪の成否を検討すべきである。

判｜例

○　どの程度の危険で具体的危険が生じたかについては、一般の不特定多数人をして、現住建造物及び非現住建造物に延焼するおそれがあると思わせるような状態を作り出すことをいう。　　　　　　　　　　　　　　　　　　　（大判明44.4.24）

○　現住建造物・非現住建造物・建造物等以外の物を焼損する目的で放火した場合の故意は、当該物件を焼損する認識をもって足り、公共の危険が発生することについての認識を要しない。

（抽象的危険犯につき、大判昭10.6.6、具体的危険犯につき、最判昭60.3.28）

放火罪の故意

①　放火罪の客体を焼損すべきことを認識・予見し、これを実現しようとする意思であり、その意思は、客体の一部を焼損する意思でも、また未必的故意でもよい。

②　自己所有の建造物に放火し、隣接する他人の現住建造物等に延焼することを予見して放火した場合には、現住建造物等放火罪の故意があるといえる。

不燃性建造物について

①　不燃性建造物であっても、内部にはドア・天井等の木製の可燃物部分が附属しているので、放火罪において不能犯が肯定される実例は少ない。

②　現住建造物等放火罪と他人所有非現住建造物等放火罪は抽象的危険犯であるが、我が国の住宅事情から、抽象的危険が全くない客体の存在は考えにくい。

③　したがって、放火の対象となった建造物が鉄筋コンクリート造りの不燃性建造物であったとしても、一般的には、不燃性建造物に木製の窓枠・手すり等の可燃物が建造物の一部分として附属しているので、この可燃物部分に火が燃え移る可

能性が認められる以上、当該不燃性建造物も放火罪の客体に当たる。

判｜例

○　1つの居室で発生した火災が容易には他の居室へ延焼し難い構造になっている鉄筋
　コンクリート造の耐火建造物において、本件建物内の人が現在していない空室であっ
　た居室への放火であっても、建物内に人が現在している場合、同所で発生した火災が
　本件建物の他の居室に延焼する可能性、火災により生じた一酸化炭素等の有毒ガスが、
　他の居室に入り込んでそこにいる人に危険を及ぼす可能性も否定できないうえ、本件
　建物の各居室は出入口、階段及び通路を共用し、各居室に自由に行き来することがで
　きていたので、本件建物は、物理的にも機能的にも全体として1個の建造物に当たる。
　　　　　　　　　　　　　　　　　　　　　　　　　　　　　　　（東京地判平16.4.20）

―放火予備罪―

第113条（予備）

　第108条又は第109条第1項の罪を犯す目的で、その予備をした者は、2年
以下の懲役に処する。ただし、情状により、その刑を免除することができる。

放火予備罪とは

　刑法第113条は、放火に着手する前、すなわち、火を放つ前
の準備行為を処罰することとしている。

―失　火　罪―

第116条（失火）

1　失火により、第108条に規定する物又は他人の所有に係る第109条に規定
　する物を焼損した者は、50万円以下の罰金に処する。
2　失火により、第109条に規定する物であって自己の所有に係るもの又は
　第110条に規定する物を焼損し、よって公共の危険を生じさせた者も、前
　項と同様とする。

失火罪とは

刑法第116条は、

ア　過失により出火させて現住建造物等又は他人所有非現住建造物等を焼損したとき。

イ　自己所有の非現住建造物等を焼損して公共の危険を生じさせたとき。

ウ　建造物等以外の物を焼損して公共の危険を生じさせたとき。

に成立する。

失火罪にいう「失火により」とは

① 過失により出火させることであり、火気の取扱上の落ち度をいう。

② この過失は、出火して目的物を焼損する事情があり、そのことを認識できたにもかかわらず認識しなかったか、出火防止のための適切な手段をとらず結果を発生させたことをいう。

③ 例えば、たき火をするに当たり、付近の物件に燃え移らないような適切な用心を怠ったとか、あるいは火災になるような事態を発見しながら、適切な消火措置を採らなかった行為などが当たる。

―業務上失火罪―

第117条の2（業務上失火等）

第116条又は前条第1項の行為が業務上必要な注意を怠ったことによるとき、又は重大な過失によるときは、3年以下の禁錮又は150万円以下の罰金に処する。

業務上失火罪とは

業務上の過失又は重大な過失によるときは、業務上失火等罪（刑法117条の2）として、刑が加重される。

失火罪の客体

焼損の概念及び公共の危険については、おおむね放火罪と同じである。

業務上失火罪（刑法117条の2）にいう「業務上必要な注意を怠った」とは

ある一定の業務遂行上、必要とされる注意義務に違反することである。

業務上失火罪における火気の概念

① 火災の原因となった火は、事業所等において日常の家庭生活
上用いられる火気よりは、質的に火災発生の危険性の高い場合
に限ると解される。

② ボイラーマン、ガソリン取扱者、高圧ガス販売業者、石油類
販売業者など、ボイラー可燃性物質の使用管理に当たる者、あるいは劇場やホテ
ルの支配人、警備員など、多数人が出入りするために特に火気の管理に細心の注
意を払うべき立場にある者の業務がこれに当たる。

判例

○ 業務とは、業務上失火罪が失火罪に比べ特に重く処罰される趣旨からすれば、職務
上の地位と切り離しては考えられず、その職務上、火災の原因となった火を直接取り
扱うことを業務の内容の全部又は一部としているか、あるいは火災等の発見防止等の
任務に当たる場合をいう。　　　　　　　　　　　　　　　　　　　（最判昭33.7.25）

○ 刑法第117条の2の「業務」とは、単に当該火災の原因となった火気を直接取り扱
うことを業務の内容の全部又は一部としている場合、又は火災の発見防止等を業務の
内容としている場合に限られるべきではなく、引火性の極めて高い危険物を取り扱う
ことを業務の内容としている場合をも含む。　　　　　（福岡高宮崎支判昭41.3.15）

重過失失火罪（刑法117条の2後段）にいう「重大な過失」とは

例えば、発火した際に重大な結
果を招く蓋然性が大きいか、ある
いは発火した際に公共の危険を生
ずべき物件に延焼する蓋然性が大
きく、特に慎重な態度をとること
が要求されるにもかかわらず、必
要な慎重さを欠いた場合をいう。

判｜例

○　重過失失火罪及び重過失致死傷罪における「重大なる過失」とは、建物等の焼損や人の死傷の結果がその具体的な状況下において通常人として容易に予見できたのに、これを怠り、あるいは、結果を予見しながらその回避の措置をとることが同様容易であったのに、これを怠ったというような注意義務の懈怠の著しい場合を指す。

（東京高判昭62.10.6）

設　問

■放火罪■

　甲は、マンションの一階の店舗に侵入して物色したが、金目のものを発見できなかったことから放火して、一階内部の柱等（木製部分）を炎上させて一階室内を全焼させた。同マンションは、二階までが店舗や会社事務所となっており、三階以上は分譲マンションとなっている。各階に防火ドアがあり鉄筋コンクリートの耐火構造で延焼しにくい構造となっている。甲は、現住建造物等放火罪の刑責を負うか。

【結　論】負う。

【争　点】放火した店舗が「現に人が住居に使用し、又は人が現存する建造物」に当たるか。

【関係判例】

○　最判昭24.2 .22

○　大判昭14.6 .6

【理　由】

○　建造物の一部が住居として使用されていれば、建造物全体が現住建造物等放火罪の客体となる。

○　人が現住しない建物であっても、その建物が人の現住する建物と近接している場合には、現住建造物等放火罪が成立する。

設問 2

　甲が火災保険の保険金を目的として妻Aが外出中に自宅に火をつけて全焼させたところ、外出していたと思っていたAが家内に在宅していてやけどを負った。甲は現住建造物等放火罪の刑責を負うか。

【結　論】負う。

【争　点】

○　放火した家屋が「現に人が住居に使用し、又は人が現存する建造物」に当たるか。

○　居ないと思った錯覚が本罪の成立に与える影響

【関係判例】

○　最判昭32.6.21

○　大判昭4.6.13

【理　由】

○　本罪の「人」とは、犯人以外の全ての人を含み、犯人の家族、同居人も共犯者でない限り「人」に含まれる。

○　放火をした造物が現に人の住居に使用されている事実か、又は建造物内に人が現住している事実のうち、どちらかの事実を認識していれば本罪は成立する。

設問3

　甲は、住宅密集地にある他人所有の無人の工場（非現住建造物）に放火し、工場から約１メートル離れた一般住宅に延焼して全焼させた。このとき甲は、直近にある一般住宅に延焼しても仕方がないと考えていた。甲の刑責は何か。

【結　論】現住建造物等放火罪が成立する。

【争　点】非現住建造物等放火罪か現住建造物等放火罪か。

【関係判例】最判昭26.3.22

【理　由】非現住建造物に放火することによって隣接する現住建造物への延焼を予見していた場合には、本罪が成立する。

設問 4

　甲は、窃盗目的で他人の住居に侵入し、立ち去る際に作り付け（家屋に固定式に設置されたタンス）に放火し、タンスが燃え上がったところで家人が消し止めた。既遂か未遂か。

【結　論】現住建造物等放火罪の既遂となる。

【争　点】現住建造物等放火の既遂か未遂か。

【関係判例】

○　大判大 2 .12.24

○　最判昭25.12.14

【理　由】建造物とは家屋等のことをいい、土地に定着し、人の住居等に適した構造を有する物体をいい、取り外し可能な畳や建具は建造物ではないが、家屋と一体で壊さなければ取り外しができないものは建造物の一部を構成するものであるから、現住建造物等放火罪の既遂となる。

設問 5

　甲は、一人住まいの乙を刃物により殺害して現金を奪い、乙が死んだと思って証拠隠滅のために放火して乙宅を全焼させた。しかし、乙は刺されたときにはまだ生きており火災によって死亡したことが後日判明した。甲の刑責は何か。

【結　論】強盗殺人罪と非現住建造物等放火罪（併合罪）が成立する。

【争　点】死因が火災であっても強盗殺人が成立するか。放火は現住か非現住か。

【関係判例】

○　大判大12. 4 .30

○　大判大 6 . 4 .13

【理　由】

○　行為と結果の間に相当因果関係があることから、強盗殺人罪が成立する。

○　家人全員を殺害して放火した場合、非現住建造物等放火罪の刑責を負う。

○　なお、乙はまだ生きており火災によって死んだのであるが、甲は、乙が死亡したと思って放火したことから、錯誤理論により、軽い罪の非現住建造物等放火罪が成立する。

設問 6

　甲がキャンプ場に行った際、多数のテントが密集しているなか、乙のテント（ビニール製）に放火した。甲の刑責は何か。

【結　論】建造物等以外放火罪が成立する。

【争　点】テントは建造物か建造物等以外か。

【関係判例】大判大13.5.31

【理　由】建造物とは家屋等のことをいい、土地に定着し、人の住居等に適した構造を有する物体をいうことから、建造物には該当しない。さらにテントが密集していたところから、公共の危険があるため本罪が成立する。

■未遂罪■

設問 7

　甲は、乙宅に放火しようと企て、電気ストーブがついている部屋にガソリンをまいたが、家人が発見したため放火に至らなかった。甲の刑責は何か。

【結　論】現住建造物等放火罪の未遂罪を負う。

【争　点】放火の既遂か未遂か。

【関係判例】静岡地判昭39.9.1

【理　由】ガソリンをまいた段階で放火の危険性が生じたことから、放火の着手がある。

■放火予備罪■

> **設問 8**
>
> 　甲は、乙に恨みを抱き、乙宅に乗り込んで用意していた灯油をばらまき、火をつけようとライターを取り出してつけようとしたところ、乙に制止されて放火できなかった。室内に点火中のストーブ等はなかった。甲の刑責は何か。

【結　論】放火予備罪の刑責を負う。

【争　点】放火の着手があったか。

【関係判例】

○　大判昭 9 .10.19

○　大判昭 7 . 4 .30

○　千葉地判平16. 5 .25

【理　由】

○　着手の時期は、客観的な行為を標準として決められる（客観説）。

○　放火の着手は、ガソリン等に火を放って延焼させる必要まではないが、周辺に火気がない場合には、少なくともライターで着火するなどの点火行為がなければならない。

○　ガソリンより揮発性が低い灯油を散布しただけでは、居宅を焼損する具体的危険性が発生したとはいえない。

■失火罪■

> **設問 9**
>
> 　甲は、子供（ 5 歳）が火遊びをしていることを知りながら、危険がないと思って放置していたところ、子供がカーテンに火をつけて家屋が全焼した。甲の刑責は何か。

【結　論】建造物等失火罪を負う。

【争　点】甲に失火の刑責を問えるか。

【理　由】甲は、子供の火遊びを容認し、火事になる可能性があるという結果を予見することができた（客観的予見可能性）のであるから、建造物等失火罪の刑責を負う。

設問10

　何年も前から家族が海外に移住し、一人住まいの甲が自宅（甲の父所有）にいるとき、たばこの不始末から自宅を全焼させた。甲の刑責は何か。

【結　論】非現住建造物等失火罪を負う。

【争　点】一人住まいの家は現住建造物か非現住建造物か。

【理　由】

　現住建造物とは、

○　現に人の居住に使用する建物

　　犯人以外の者が起居する建物

○　人が現住する建物

　　犯人以外の者が内部にいる建物

をいう。家族が何年も不在の場合、甲が1人で居住していると認められるから、他人（甲の父所有）の非現住建造物に当たる。

設問11

　甲が、路上で住宅街に屋台を出し、ラーメンを販売していたが、プロパンガスの栓を開きっぱなしにしたためガスにたばこの火が引火し、木造の屋台（タイヤがついていて移動できるもの）が全焼した。なお、全焼した屋台の1メートルほど先に木造の民家があった。甲の刑責は何か。

【結　論】業務上失火罪を負う。

【争　点】屋台は建造物か非建造物か。

【理　由】

　失火（過失）の罪は、

○　現住建造物等を焼損させた（116条1項前段）。

○　他人所有の非現住建造物等を焼損させた（116条1項後段）。

○　自己所有の非現住建造物等を焼損して公共の危険を発生させた（116条2項前段）。

○　建造物等以外の物を焼損して公共の危険を発生させた（116条2項後段）。

　場合に成立する。

　　甲は業務を営んでいる者であり、建造物等以外の物（屋台）が焼損して公共の危険が発生していることから、業務上失火罪が成立する。

罪名／客体		放火罪		失火罪	
		具体的な公共の危険の発生の必要性	罰条	具体的な公共の危険の発生の必要性	罰条
現住建造物等	他人所有、自己所有	必要なし。	108条	必要なし。	116条1項
非現住建造物等	他人所有	必要なし。	109条1項	必要なし。	
	自己所有	必要あり。	109条2項	必要あり。	116条2項
建造物等以外の物	他人所有	必要あり。	110条1項	必要あり。	
	自己所有	必要あり。	110条2項	必要あり。	

13 住居侵入罪

第130条（住居侵入等）

　正当な理由がないのに、人の住居若しくは人の看守する邸宅、建造物若しくは艦船に侵入し、又は要求を受けたにもかかわらずこれらの場所から退去しなかった者は、3年以下の懲役又は10万円以下の罰金に処する。

保護法益

住居における平穏である。

住居侵入罪とは

① 正当な理由がないのに他人の住居等に侵入する侵入罪（刑法130条前段）と、要求を受けたにもかかわらず退去しない不退去罪（同条後段）とに分かれる。

② 未遂（刑法132条）も処罰の対象となるが、不退去罪については、その性質上、未遂罪は考えられない（通説）。

住居侵入罪の客体

人の住居、人の看守する邸宅、建造物若しくは艦船である。

用語 「人の住居」とは

① 人の起臥寝食に使用される場所をいう。

② その使用は一時的なものであってもよく、また、現に使用されている限り人が現在しているかどうかを問わない。

③ アパートや旅館・ホテルの一室のように、建物内の一区画でも住居に当たる。

当たらない

④　住居は、日常生活に使用するための場所であるが、ある程度の設備が必要であり、野外に置いてある土管の中、神社・寺院の床下などは、たとえそこでホームレス等が日常生活を営んでいても住居とはいえない。

⑤　通常の日常生活に耐え得る程度の設備を有する限り、小屋やテントであっても住居に当たる。

⑥　親族の住居でも、同居者でない家出人・離縁者等にとっては「人の住居」に当たるから、これらの者が、強盗・窃盗等の目的で親族の住居に侵入した場合には住居侵入罪が成立する。

> **判｜例**
>
> ○　住居侵入罪の保護すべき法律上の利益は、住居等の事実上の平穏であり、居住者又は看守者が法律上正当の権限を有するか否かは犯罪の成立を左右するものではない。
> 　　　　　　　　　　　　　　　　　　　　　　　　　　　　　（最決昭49.5.31）
> ○　本罪は、事実上の住居の平穏を保護法益とするものであるから、住居の場所は必ずしも適法に占拠されているものであることを要せず、家屋の賃貸借契約が解除された後でも、借家人が退去せずそこに居住している場合、賃貸人がその家屋に正当な理由なく侵入する行為は住居侵入罪を構成する。
> 　　　　　　　　　　　　　　　　　　　　　　　　　　　　　（大判大9.2.26）
> ○　同居者でない以上、住居管理者の親族といえども管理者の不承諾であることが明白であるにもかかわらず、その住居に侵入することは住居侵入罪となる。
> 　　　　　　　　　　　　　　　　　　　　　　　　　　　　　（大判大7.4.24）

用｜語　「人の看守する」とは

①　人が事実上管理・支配していることをいう。

②　現に利用していることは必要でないが、いつでも利用し得る状態であることを要する。

③　自分で直接、当該建造物等に現在して管理する場合はもちろん、監視人を置くとか、鍵をかけている場合には「看守する」に当たるが、単に立入禁止の立札を立てただけでは、看守があるとはいえない。

当たらない

> **判｜例**
>
> ○　居住者又は看守者が法律上正当な権限を有するか否かは、本罪の成立を左右しない。
> 　　　　　　　　　　　　　　　　　　　　　　　　　　　　　（最決昭28.5.14）
> ○　官公署の廊下、出入口、構内等は、庁舎管理権者の看守下にある。
> 　　　　　　　　　　　　　　　　　　　　　　　　　　　　　（最判昭24.6.16）
> ○　単に立入禁止の立札を立てるだけでは足りないが、囲繞地などにより周囲から区画され、外部との交通が制限されている場合には、看守しているといえる。
> 　　　　　　　　　　　　　　　　　　　　　　　　　　　　　（福岡高判昭41.4.9）

用 語 「邸宅」とは

① 住居に使用する目的で作られた建造
物をいう。

② 人の日常生活の場として現に使用中
の家屋は、住居に当たる。

③ 邸宅とは、空き家や閉鎖されている
別荘のように、現に日常生活の用に供
されていないものに限られる。

用 語 「建造物」とは

① 一般に屋根を有し、壁や柱によって支えられた土地の定着物であって、人がそ
の内部に出入りできる構造を有するものをいい、住居の用に供される目的で作ら
れたもの（邸宅）及び現に住居に使用されているもの（住居）以外の建造物をい
う。

② 官公庁の庁舎、学校、工場、倉庫、物置小屋などが建造物である。

③ 建造物の附属物、例えば渡り廊下などは建造物の一部である。

判 例

○ 建造物とは、一般に屋根を有し、障壁又は支柱によって支えられた土地の定着物で
あって、その内部に出入りできる構造を有するものをいう。 （仙台高判昭27.4.26）

○ 警察署庁舎建物及び中庭への外部からの交通を制限し、みだりに立入りすることを
禁止するために設置された高さ約2.4mの本件塀は、建造物侵入罪の客体に当たり、
中庭に駐車された捜査車両を確認する目的で本件塀の上部に上がった行為は、建造物
侵入罪を構成する。 （最決平21.7.13）

用 語 「艦船」とは

① 軍艦及び船舶をいう。

② その大小を問わないが、少なくとも人が居住し得る大きさでなければならない。

③　海岸や川岸の貸しボート屋にあるような手こぎのボートなどは、ここにいう船舶に当たらない。

④　しかし、たとえボートであっても人の居住できる程度に設備がなされたものであれば客体となる。

⑤　古船を船として使用せず、係留して住居に使用している場合は、艦船でなく住居である。

囲繞地とは

人の住居に附属する囲繞地については、判例はこれを邸宅とみているものもあるが、解釈の統一上、住居の囲繞地は住居に、邸宅の囲繞地は邸宅に、それぞれ含まれるものと解すべきである。

住居侵入罪における行為

正当な理由なく侵入すること（侵入罪）と、要求を受けて退去しないこと（不退去罪）である。

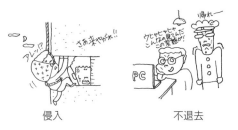

侵入　　　　　　　　　　　　　不退去

判|例

○ 囲繞地については、客観的にその土地が建物の附属地であることが明らかであり、門塀等の囲障の設置によりその土地が他と区別され、建物の附属地として建物利用のために供されるものであることが明示されており、その土地への侵入が建物自体への侵入といい得る程度に平穏を害するものでなければならない。　（最判昭51.3.4）

用|語 「正当な理由なく」とは

① 法令によって捜索又は検証するために立ち入る行為は、正当な理由である。

② 正当防衛、緊急避難等の場合も、正当な理由となる。

③ 一般的に、正当な理由があったか否かは、その行為が社会的に相当であるかどうかによって判断される。

用|語 「侵入」とは

① 住居等の平穏を侵害する態様で立ち入ること、すなわち、住居者・看守者の意思に反して立ち入ることである。

② 平穏公然に立ち入った場合でも、その立入りが、住居者・看守者の意思に反するときは、侵入行為となる。

判|例

○ 私人が不正物資隠匿行為の摘発のために、看守者の意思に反して工場内に侵入した行為は本罪を構成する。　（最判昭25.9.27）
○ 一般私人が現行犯人を逮捕する目的で承諾を得ずに他人の住居に侵入した行為は、違法な行為である。　（名古屋高判昭26.3.3）
○ 刑法第130条前段にいう「侵入し」とは、他人の看守する建造物等に管理権者の意思に反して立ち入ることをいう。　（最判昭58.4.8）

管理者等の承諾と「侵入」について

① 住居者等の意思に反することが侵入罪の成立要件であるから、住居者等の承諾、又は推定的承諾があれば本罪は成立しないとするのが、判例の立場である。

② 承諾は、明示、黙示を問わないが、住居の管理者等の真意に基づくものであることを要する。

③　承諾があっても、その承諾の範囲外の場所に立ち入ることは許されない。

④　例えば、承諾を得て住居の一室に入った者が、承諾を得ていない他の部屋に入ることは侵入となる。

⑤　一般に開放されている官公庁や営業中の飲食店等は、立入りについて包括的な承諾があるので、管理者等の承諾を受けずに立ち入っても、ここにいう侵入には当たらない。

⑥　承諾の限度を超えた違法な目的で立ち入る行為は、住居等の平穏を侵害することから本罪を構成する。

> ## 判　例
>
> ○　不法な威圧的行為によって管理者等の承諾を得た後の侵入行為は、本罪を構成する。
> （最判昭25.10.11）
> ○　錯誤による承諾は、本罪の成立を阻却する承諾とはならない。　（最判昭23.5.20）
> ○　建造物の管理権者があらかじめ立入り拒否の意思を積極的に明示していない場合であっても、当該建物の性質、使用目的、管理状況、管理権者の態度、立入りの目的などからみて、現に行われた立入り行為を管理権者が容認していないと合理的に判断されるときは、他に犯罪の成立を阻却すべき事情が認められない以上、建造物侵入罪が成立する。
> （最判昭58.4.8）
> ○　現金自動預払機利用客のカードの暗証番号等を盗撮する目的で現金自動預払機が設置された銀行支店出張所に営業中に立ち入った場合、その立入りの外観が一般の現金自動預払機利用客と異なるものでなくても、建造物侵入罪が成立する。
> （最決平19.7.2）

推定的な承諾と「侵入」について

①　推定的承諾は、管理者や看守者が立入りを承諾したであろうと推定される場合をいう。

②　例えば、破裂した水道管の修理のために、知人宅へ無断で立ち入った場合などは、この推定的承諾があるものと考えられる。

③　不法な目的は、通常、推定的承諾が認められないし、また、目的が特に不法でなくとも、立ち入る方法等を総合して管理者が同意しなかったであろうと推測される場合は、この推定的承諾を欠くことになる。

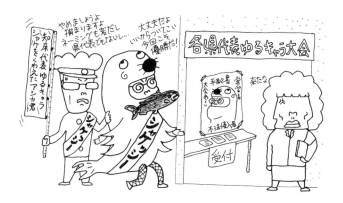

判　例

○　正当な用務もなく、警察官の制止を排して官公庁の庁舎内に立ち入る行為は侵入である。　　　　　　　　　　　　　　　　　　　　　　　　　　　　（最判昭24.6.16）

○　店内の客とけんかをする目的で、日本刀を携えて勝手口から料理店に立ち入る行為は侵入に当たる。　　　　　　　　　　　　　　　　　　　　　　　　（大判昭9.12.20）

承諾者の意義

①　承諾や推定的承諾は、住居の管理者や邸宅・建造物等の看守者が行う。

②　この場合、住居の管理者（住居権者）について、かつての判例は、家庭における住居管理権は家長たる夫のみにあるとしていたが、憲法第24条（家族生活における個人の尊厳と両性の平等）により、現在では、一般的に夫と妻の共同管理と解されている。

不退去罪とは

①　典型的な真正不作為犯である。

②　不退去罪は、当初適法に立ち入った場合又は故意なしに立ち入った場合において、住居者・看守者の要求を受けて退去しないときに成立する。

③　最初から不法に侵入して退去しないときは、単に前段の侵入罪が成立するにすぎない。

④　不退去罪も侵入罪（侵入状態がある限り継続する。）と同様、継続犯である。
⑤　なお、「正当な理由がないのに」の文言は、「侵入」のみに係り、「又は」以下のいわゆる不退去罪には係らないが、不退去についての正当な理由があるときは、違法性を欠くことになる。

侵入罪の既遂時期

学説は、

ア　身体の大部分が入ったとき。

イ　身体の一部が入ったとき。

ウ　身体の全部が入ったとき。

の３つに分かれるが、実務上は、アの説によるべきであると解する。

侵入罪の着手時期

ア　住居・邸宅・建造物に侵入する目的で、戸の鍵に手を掛け、引き戸に手を掛け、あるいは、戸を開け始めたような場合

イ　建造物等の屋根・ひさし・窓等に乗り移ろうとして、手や足を掛けたような場合

ウ　住居・邸宅・建造物等が囲繞地内にあるときは、囲繞してある塀・垣根等によじ登った場合や門戸に手を掛けた場合

「侵入罪」と「不退去罪」の関係について

侵入罪が成立すれば、別個に不退去罪は成立しない。

不退去罪の成立要件

不退去罪が成立するには、管理者等、権限のある者の退去要求が必要である。

判 例

○ 最初から不法に侵入して退去しない場合は、侵入した時点で住居侵入罪が成立するだけであり、別に不退去罪は成立しない。 (最決昭31.8.22)

退去を要求する「権限のある者」とは

① 住居者である限り、当該住居について法律上の権限がない者であっても、退去要求権がある。

② よって、賃貸借契約の解除された後に借家にとどまっている者が、実力で追い出そうとする賃貸人に対して退去を要求することができる。

退去の要求とは

明示的でなくてもよく、また、繰り返して行う必要はないが、要求を受けた相手方が認識する必要がある。

不退去罪における「未遂」について

① 刑法第130条（住居侵入等罪）は、刑法第132条により、未遂を処罰することとしている。

② ただし、未遂罪は、刑法第130条前段の侵入罪についてのみ成立し、同条後段の不退去罪については、真正不作為犯としての性質上、未遂を考えることができない（通説）。

不退去罪の着手時期

　退去の要求を受けても退去に必要な相当の時間が経過するまでは、いまだ不退去罪の着手があったとはいえず、相当の時間が経過した場合に直ちに既遂に達すると解される。

判　例

　○　本罪は、退去の要求を受けると同時に成立するのではなく、例えば、所持品を整理し、くつを履くのに必要な時間など、退去するのに最低限必要となる合理的時間を経過しても退去しない場合に、はじめて成立する。　　　　　　（東京高判昭45.10.2）

罪数について

判　例

　◎軽犯罪法との関係
　　軽犯罪法第１条第１号（潜伏）・第３号（侵入具携帯）・第32号（田畑等侵入）違反等、これらの軽犯罪法違反の罪は住居侵入罪の補充規定であるから、住居侵入罪が成立した場合には、これらの軽犯罪法違反の罪は成立しない。　　　　　　（最決昭31.8.22）
　◎再度侵入した場合
　　住居侵入罪は不法に他人の住居に侵入することによって直ちに成立し、その場所を退

去すれば終了するから、再度の侵入は別個の住居侵入罪を構成する。

（札幌高函館支判昭25.11.22）

◎数個の建物に侵入した場合

　行為者が相次いで数個の建造物に侵入したときは、それが短時間内であり、かつ、同一敷地内の近接している建造物に対する場合でも、その建造物の数だけの住居侵入罪が成立する。

（東京高判昭27.4.16）

◎住居侵入罪と観念的競合であるとされた事例

　殺人予備罪…他人を殺害する目的で凶器を携えその住宅に侵入した事案

（大判明44.12.25）

　強盗予備罪…強盗目的で、けん銃を携え被害者方の塀を乗り越え敷地内に侵入した事案

（東京高判昭25.4.17）

◎住居侵入罪と牽連犯の関係にあるとされた事例

　殺人罪（最決昭29.5.27）

　放火罪（大判昭7.5.25）

　強盗罪（最判昭25.9.21）

　傷害罪（大判明44.11.16）

　暴行罪（名古屋高金沢支判昭29.12.7）

　窃盗罪（最判昭28.2.20）

◎常習特殊窃盗・強盗罪との関係

　常習特殊窃盗・強盗罪（盗犯等防止法2条3号・4号）の構成要件は、住居侵入罪の構成要件を含むから、住居侵入罪は、常習特殊窃盗・強盗罪に吸収される。

（4号につき、大判昭7.3.18）

設　問

■住居侵入罪■

設問 1

交番の休憩室は、刑法第130条の「住居」と「建造物」のどちらか。

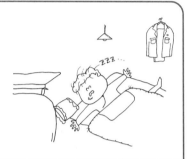

【結　論】建造物である。

【争　点】刑法第130条の「住居」と「建造物」のどちらか。

【関係判例】大判大14.2.18

【理　由】「住居」とは日常生活を営むために起臥寝食に使用する場所をいう。交番の休憩室は日常生活を営む場所ではないから、「住居」には当たらず、人が看守する「建造物」に当たる。

設問 2

甲は、警察署の交通課に恨みを抱き、一般の来庁者として署内に入り、トイレに落書きをした。甲は建造物侵入罪の刑責を負うか。※器物損壊罪等の他罪は別論とする。

【結　論】負う。

【争　点】平穏かつ公然と建物に入った者に建造物侵入罪が成立するか。

【関係判例】

○　東京高判昭27.4.24

○　最決平19.7.2

【理　由】立入りの方法が平穏かつ公然と行われた場合であっても、看守者である警察署長の推定的な承諾がない以上、建造物侵入罪が成立する。

設問3

　甲が警察官に職務質問された際、ポケットに小型ナイフを入れていたことから発覚するのを恐れて逃走し、小学校の校門から校庭に逃げ込んで裏門から市街地に逃げた。甲は建造物侵入罪の刑責を負うか。

【結　論】負う。

【争　点】校庭が建造物に当たるか。

【関係判例】最判昭51.3.4

【理　由】建造物侵入罪の客体となる「囲繞地」は、外部との境界である門や塀があり、建物に附属する土地であることが客観的に明らかでなければならない。小学校の校庭は門や塀で一般道と区切られており、外観上「囲繞地」であることが明らかである。

設問4

　甲は、登山道具を使用して、高層ビルの外壁を登った。甲は建造物侵入罪の刑責を負うか。

【結　論】負う。

【争　点】建物内に侵入していなくても成立するか。

【関係判例】大阪高判昭25.10.28

【理　由】外壁を登ることによって看守者の権利を侵害した以上、建造物侵入罪が成立する。

設問 5

　甲は、乙女宅の風呂をのぞくために乙女宅のブロック塀を道路側から登って乙女宅内をのぞいた。なお、ブロック塀と建物は数十センチしか離れていない。住居侵入罪は既遂か未遂か。

【結　論】既遂。

【争　点】住居侵入罪は既遂か未遂か。

【関係判例】大判大 7 .12. 6

【理　由】住居侵入罪の保護法益は住居の平穏であるから、住居の平穏が侵害された以上、住居侵入罪は既遂である。

14 文書偽造に関する罪

文書偽造罪の区分表

罪　　名	客　　体	罰　　則
有印公文書偽造罪 （刑法155条1項）	公務所若しくは公務員の作成すべき文書若しくは図画 ※これから作成する公文書（有印又は無印）	1年以上10年以下の懲役
無印公文書偽造罪 （刑法155条3項）		3年以下の懲役又は20万円以下の罰金
有印公文書変造罪 （刑法155条2項）	公務所又は公務員が押印し又は署名した文書又は図画 ※既に作成された有印公文書	1年以上10年以下の懲役
無印公文書変造罪 （刑法155条3項）	公務所若しくは公務員が作成した文書若しくは図画 ※既に作成された無印公文書	3年以下の懲役又は20万円以下の罰金
有印私文書偽造罪 （刑法159条1項）	権利、義務若しくは事実証明に関する文書若しくは図画 ※これから作成する私文書（有印又は無印）	3月以上5年以下の懲役
無印私文書偽造罪 （刑法159条3項）		1年以上の懲役又は10万円以下の罰金
有印私文書変造罪 （刑法159条2項）	他人が押印し又は署名した権利、義務又は事実証明に関する文書又は図画 ※既に作成された有印私文書	3月以上5年以下の懲役
無印私文書変造罪 （刑法159条3項）	権利、義務又は事実証明に関する文書又は図画 ※既に作成された無印私文書	1年以下の懲役又は10万円以下の罰金

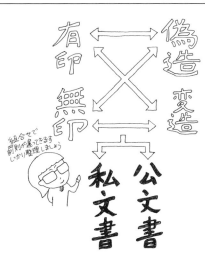

有印　←→　偽造
無印　←→　変造
　　　　　私文書　公文書

組合せで罰則が選ってきますしっかり整理しましょう

―公文書偽・変造罪―

> ### 第155条〔公文書偽造等〕
>
> 1　行使の目的で、公務所若しくは公務員の印章若しくは署名を使用して公務所若しくは公務員の作成すべき文書若しくは図画を偽造し、又は偽造した公務所若しくは公務員の印章若しくは署名を使用して公務所若しくは公務員の作成すべき文書若しくは図画を偽造した者は、1年以上10年以下の懲役に処する。
>
> 2　公務所又は公務員が押印し又は署名した文書又は図画を変造した者も、前項と同様とする。
>
> 3　前2項に規定するもののほか、公務所若しくは公務員の作成すべき文書若しくは図画を偽造し、又は公務所若しくは公務員が作成した文書若しくは図画を変造した者は、3年以下の懲役又は20万円以下の罰金に処する。

有印公・私文書偽造罪とは

公・私文書偽・変造罪のうち、有印公・私文書偽造罪にあっては、公務所又は公務員あるいは他人の印章や署名（偽造した印章・署名を含む。）を使用することが、偽造の手段として構成要件化されている。

公・私文書偽造罪における有印・無印の区別

当該文書上に、公務所又は公務員あるいは他人の印章若しくは署名（記名を含む。）が、存在するかどうかによって決まる。

公・私文書偽・変造罪の性格

行為者に「行使の目的」があったことを必要とする目的犯である。

公文書偽変造罪の故意

　文書作成権限がない者が、「行使の目的」をもって、公務所又は公務員名義の文書・図画を偽・変造する行為を認識・認容することをいう。

作成権限がない

判例

○　「行使の目的」とは、必ずしも本来の用法に従ってこれを真正なものとして使用することに限られるのではなく、真正な文書としてその効用に役立たせる目的があればよい。　　　　　　　　　　　　　　　　　　　　　　　　　　　　　（最決昭29.4.15）

○　「行使の目的」とは、犯人が他人に真正又は真実の文書であると誤信させる目的で足りる。　　　　　　　　　　　　　　　　　　　　　　　　　　　　　　　　（大判大2.4.29）

○　何人かによって、真正又は真実の文書と誤信される危険のあることを意識していることで「行使の目的」となる。　　　　　　　　　　　　　　　　　　（福岡高判昭25.12.21）

○　公文書偽変造罪の故意は、文書作成権限を有しない者が、ほしいままに公務所又は公務員名義の文書図画を偽変造することを、認識、認容することである。

　　　　　　　　　　　　　　　　　　　　　　　　　　　　　　　　　（東京高判昭33.6.5）

用語 「文書」とは

① 　通常、文章の形式をとり、ある程度客観的・一般的に理解される形をとるが、短縮・省略された形式であっても、それがある具体的な思想を表現していれば文書である。

② 　必ずしも紙である必要はなく、その表示の方法もある程度永続性をもったものであればよいから、黒板に白墨で記載したものでも文書となる。

③ 　ただし、名刺、門札、下足札、物品預り札等は、文書とはいえない。

判例

○　文書は、何人の意思表示であるか、名義人が判断されるものでなければならない。
　　　　　　　　　　　　　　　　　　　　　　　　　　　　　　　　（大判明43.12.20）

○　名義人がだれであるか明らかでないもの、あるいは、名義人が特定されていないものは文書偽・変造罪の客体とはならない。　　　　　　　　　　　　　　（大判昭3.7.14）

○　名義人は必ずしも文書自体に表示されている必要はなく、作成名義の記載のないアルコール含有飲料証明のペーパーであっても、製造会社名の表示されている瓶に貼付することによって、そのペーパーは当該製造会社を作成名義人とすることが明らかに

なるというように、文書の内容・形式、筆跡又はこれに密接に付随する物体などから、作成名義人が判断されればよい。 　　　　　　　　　　　　　　　　　　　　　　（大判昭 7 . 5 .23）

○　「文書」とは、文字又はこれに代わるべき可読的符号（電信符号・点字等）を用い、ある程度永続すべき状態において、ある物体上に記載された意思又は観念の表示であって、その表示の内容が法律上・社会生活上重要な事項について証拠となり得べきものをいう。 　　　　　　　　　　　　　　　　　　　　　　　　　　　（大判明43. 9 .30）

○　作成名義人が実在することを要するか否かについては、公私文書いずれについても実在することを要しない。

（公文書偽造罪につき、最判昭36. 3 .30、私文書偽造罪につき、最判昭28.11.13）

○　東京都公安委員会から交付を受けていたビニール製ケース入り駐車禁止除外指定車標章の有効期限欄や発行日欄の数字記載部分に、元の記載と異なる数字が印字された紙片を置いて密着させた上、ビニール製ケースとの間に挟み込むようにして同紙片を固定した行為について、公文書偽造罪が成立する。 　　　　　　（東京地判平22.9.6 ）

当たる

用語 「図画」とは

　発音的符号を用いず、象形的符号（絵）によって、物体の上に記載された意思表示をいう。

文書偽造罪における「偽造」とは

①　一定の具体的な文書の実在を前提とし、これに似せた物を作ることをいうのではなく、文書における他人の名義を偽ることをいう。

②　すなわち、権限がないのに他人名義の文書を作成することをいい、これを「有形偽造」という。

作成権限のある者が、自己名義で内容的に真実に反する文書を作成した場合

　これを「無形偽造」といい、刑法第156条、第160条に該当する場合以外、処罰の対象とならない。

判例

○　製造たばこ「光」の外箱の図柄は、合法的な専売品であることを証明する意思を表示した図画である。 　　　　　　　　　　　　　　　　　　　（最判昭33. 4 .10）

用語 「変造」とは

① 真正に作成された他人名義の文書・図画に権限なく変更を加えることをいう。

② 変更は、行為者の利益となる文字を新たに加えても、また、既存の不利益となる文字を削り、これに代えて利益となる文字を加えてもよい。

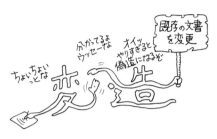

「偽造」と「変造」の区別

新たに文書を作成するのではなく、既存文書の作成名義や内容が変更された場合で、

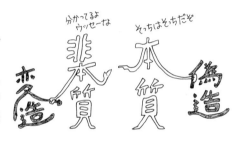

　ア　文書の本質的部分に変更を加え、別個に新たな権利・義務関係その他の事実を証明すべき文書を作出した場合は偽造となり、

　イ　文書の非本質的部分に変更を加え、当該文書の同一性を害しない範囲内において、単にその文書の内容を変更するにとどまる場合は変造となる。

判例

○　変造の本質は、真正に成立した他人名義の文書の非本質的部分に不法に変更を加え、既存の有効文書の効力を保存してその内容を変更する点にあるから、その内容に全く影響を及ぼさない程度の文字の変更は、変造とならない。　　（大判昭12.10.26）

「変造」の意義

① 変造は、あくまでも無権限者による、他人名義文書の不法な内容変更である。

② したがって、文書そのものを消滅させる場合は、文書毀棄であって変造ではない。

変造にならない

公・私文書偽・変造罪の客体

公文書、私文書である。

用語「公文書」とは

① 「公務所若しくは公務員の作成すべき文書若しくは図画」のことで、公務所又は公務員（刑法7条）が、その名義及び権限内において、所定の形式に従って作成する文書・図画をいう。

なんでしょう？
忙しいんですが

公務員

② 公法上の関係で作成されたものであると、私法上の関係で作成されたものであるとを問わず、また、官公署外にあてられたものであると、官公署内部において上司又は部下にあてられたものであるとを問わない。

判例

○ その作成権限は、法令に基づくと、内規・慣例によるとを問わず、その職務執行の範囲内にあれば足りる。　　　　　　　　　　　（大判明45.4.15）

○ 公務所又は公務員によって、その権限内において作成されたものであるときはもちろん、その文書が、一般人をして、公務所又は公務員の職務権限内において作成されたものと信じさせるに足りる形式外観を備えていれば、その公務所又は公務員の権限に属しない事項に関するものでも、本罪にいう公文書となる。　　（最判昭28.2.20）

用語「公務員」とは

いわゆるみなし公務員を含むが、外国の公務所又は公務員が作成する文書は、公文書偽・変造罪の客体にはならない。

ホワイ？

外国人の公務員

公務所又は公務員あるいは他人の「印章若しくは署名を使用して」とは

真正な印章を不正に押印し、又は正当に押印され若しくは表示された印章・署名を不正に使用することをいう。

「偽造した印章若しくは署名を使用して」とは

① 権限を有しない者が、印章をほしいままに作成し、あるいは、その印章若しくは署名を物体上に表出させてこれらを利用することをいう。

② また、文章上に他人名義の印章若しくは署名（記名）のうち、いずれか一方が存在すれば有印文書となる。

③ この場合、使用する印章・署名は、行為者自身が偽造したものであっても、他人が偽造したものであってもよい。

「印章」と「印鑑」の区別

「印章」は、印影と印鑑の両者を含む。「印鑑」は、印影を顕出するために文字等を刻した物体である。

用語 「公務員の印章」とは

公務員がその職務上使用する印章のことで職印に限らない。

「公務所の署名」と「公務員の署名」の区別

「公務所の署名」は、公務所の名称の記載。「公務員の署名」は、公務員の職名及び名称の記載。

用語 「署名」とは

自署に限らず、印刷や代筆による記名も含まれる。

判例

○　「偽造した印章若しくは署名を使用して」とは、常に偽造した印鑑を用いる必要が
　あるわけではなく、一般人が、作成名義人の印章と誤信するに足りる類似の印影を文
　書に表示すればよい。　　　　　　　　　　　　　　　　　　　　　（大判昭 8 . 9 .27）
○　「偽造した印章若しくは署名を使用して」の方法は、あり合わせ印の押捺であって
　もよい。　　　　　　　　　　　　　　　　　　　　　　　　　　　（大判大 3 .10.30）
○　「偽造した印章若しくは署名を使用して」とは、描写によって印影を作り出した方
　法でも当たる。　　　　　　　　　　　　　　　　　　　　　　　　（大判明43. 4 .19）

用語　「偽造」とは

① 　原始偽造

　　白紙を使用し、これに名義人の表示、
その他所要事項を記載して、全く新規
に特定名義人の文書を作出する方法を
いう。

② 　補充偽造

　　未完成の文書を使用し、その白地部
分に必要事項を補充する方法をいう。

③ 　変造偽造

　　有効な文書を加工して、新しい文書を作成する方法をいう。

④ 　復活偽造

　　初めは有効に成立したが、何らかの理由により失効した文書を加工して、新し
い文書を作成する方法をいう。

判例

○　偽造罪が成立するためには、偽造行為によって作出された文書が、一般人をして、
　作成権限者がその権限内において作成したものであると信じさせるに足りる程度の形
　式・外観を備えていることが必要である。
　　　　　　　　　　　　　（公文書につき、大判大元.10.31、私文書につき、最判昭24. 4 .14）
○　一般人をして作成権限者がその権限内において作成したものであると信じさせるに
　足りる程度に達しているかどうかの判断は、その用紙、形式、書体、署名、押印され
　た印章などを参照して決定すべきである。　　　　　　　　　　　（東京高判昭30. 3 .19）
○　公文書偽造は、作成権限なくして公務所又は公務員名義の公文書を作成することを
　いい、私人がこれを行えばもちろん、公務員であっても、その具体的作成権限に属し
　ない公文書を作成すれば、公文書偽造罪が成立する。　　　　　　　　（大判昭 8 .10.5）
○　職務上、その公文書の作成を補佐補助する任にある公務員が、上司から作成権限の
　委任とか作成の決裁・許可を受けることなく、作成権限者である上司の名義を用いて
　公文書を作成すれば、公文書偽造罪が成立する。　　　　　　　　　（最判昭25. 2 .28）
○　人をして真正な文書であると信ぜしめる外観を備えている文書を権限なくして作成

した場合には、若干の記載要件を欠いていても公文書偽造罪が成立する。

（最判昭26.8.28）

○　実在しない公務所名義の文書であっても、その文書の形式・外観が一般人をして誤
　信させるに足りるものである場合は、公文書偽造となる。　　　（最判昭36.3.30）

―私文書偽・変造罪―

> 第159条（|私文書|偽造等）
> 1　行使の目的で、他人の印章若しくは署名を使用して**権利、義務若しくは**
> **事実証明に関する文書**若しくは図画を偽造し、又は偽造した他人の印章若
> しくは署名を使用して権利、義務若しくは事実証明に関する文書若しくは
> 図画を偽造した者は、3月以上5年以下の懲役に処する。
> 2　他人が押印し又は署名した権利、義務又は事実証明に関する文書又は図
> 画を変造した者も、前項と同様とする。
> 3　前2項に規定するもののほか、権利、義務又は事実証明に関する文書又
> は図画を偽造し、又は変造した者は、1年以下の懲役又は10万円以下の罰
> 金に処する。

私文書偽・変造罪の故意

　偽・変造の目的たる文書・図画が、
他人の権利・義務又は事実証明に関す
る文書・図画であることを表象し、か
つ、これを偽・変造することを認識・
認容することである。

用 語 「私文書」とは

　「権利、義務若しくは事実証明に関する文書若しくは図画」のことで、公文書の
作成名義人以外の自然人、法人、その他の団体を作成名義人とする文書・図画をい
う。

用 語 「権利、義務に関する文書」とは

　権利、義務の発生・存続・変更・消滅の効果を目的とする
内容の文書をいう。

「権利、義務に関する文書」に当たるもの

借用証書、委任状、株式会社の報告書及び決議録、銀行の預金通帳、ゆうちょ銀行の払戻請求書、契約書等である。

用語 「事実証明に関する文書」とは

居所移転の事実、自己の経歴という事実、自己がその会社に所属する事実等、その者と社会との関係を証明する文書をいう。

「事実証明に関する文書」に当たるもの

郵便局に対する転居届、履歴書、会社の身分証明書等

私文書偽造とは

作成権限がないのに、他人名義の文書を作成した場合に私文書偽造となる。

他人名義の文書

無権代理とは

① 代理代表権をもっていない甲が、代理資格を冒用して、「A代理人甲」という文書を作成したような場合を、「無権代理」という。

② このような場合、当該文書の作成名義人は甲ではなくAであるから、甲は、A名義を冒用したものとして偽造罪の刑責を負う。

偽造した委任状

依頼していない

越権代理とは

① 代理代表権を有する者が、指定された権限を超えて、本人名義の文書を作成した場合をいう。

② 例えば、他人名義の白紙委任状を預かった代理人が、委任した者の承諾を得ないで無断で文書を偽造し、与えられた権限外の権限を行使する場合をいう。

③ 代理代表権を有する者が、権限の範囲内で権限を濫用して本人名義の文書を作成した「越権代理」の場合は、専ら自分の利益を図る目的であっても偽造とはな

らない。

④ 代理代表権を有する者が、権限の範囲内で権限を濫用して本人名義の文書を作成した「越権代理」については、自己のためであると、第三者の利益を図る目的であるとを問わず偽造とはならない。

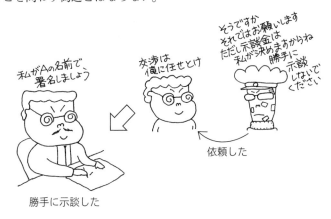

依頼した

勝手に示談した

判　例

○ 他人の代理人たる資格を偽って文書を作成する行為は、直接に他人の署名を偽って文書を作成した場合と同じく、私文書偽造罪に当たる。　　　　（大判明42.6.10）

○ 他人名義の白紙委任状を寄託された者が、その名義者の承諾を得ずに、受託の当時限定された方法以外に使用する目的で、その委任状に一定の文字を記入してこれを行使したときは、文書偽造行使罪が成立する。　　　　　　　　（大判明42.12.2）

○ 株式会社の取締役が、その権限に属する事項に関し文書を作成した場合、たとえその内容が虚偽であっても、個人が自己の資格において内容虚偽の文書を作成したと同様に文書の作成名義を偽ったものではないので、右文書の作成は犯罪とならない。

（大判大8.7.9）

○ 支配人がその権限の範囲内に属する事項に関し、自己の代理名義を用いて文書を作成したときは、たとえその目的が単に自己又は第三者の利益を図ることにあったとしても、私文書偽造罪とならない。　　　　　　　　　　　　　（大判大11.10.20）

○ 自己の氏名が弁護士甲と同姓同名であることを利用して「弁護士甲」の名義で文書を作成した所為は私文書偽造罪に当たる。　　　　　　　　　　　（最決平5.10.5）

○ 正規の国際運転免許証に酷似する文書をその発給権限のない団体の名義で作成した行為は私文書偽造罪に当たる。　　　　　　　　　　　　　　（最決平15.10.6）

名義人の承諾と私文書偽造の関係について

① 名義人の有効な承諾があるときは、文書偽造罪の構成要件該当性が阻却される。

② 承諾は、明示的になされると黙示的になされるとを問わないが、文書作成当時に存在することが必要であるから、文書作成当時に名義人の承諾がないときは、たとえ承諾が予知される場合でも、文書偽造罪が成立する。

ダメ

判 例

○ 他人の承諾を得ずに、その署名を偽って文書を作成した場合は、事後承諾が予知される場合であると否とを問わず文書偽造罪となる。　　　　　　　（大判明43.2.21）

○ 文書作成当時に承諾がない場合は、事後承諾を得たとしても文書偽造罪が成立する。　　　　　　　　　　　　　　　　　　　　　　　　　　　　　　（大判大8.11.5）

○ 名義人の事前承諾があれば常に偽造罪の成立が否定されるわけではなく、他人名義の運転免許申請書作成につき、名義人の事前の承諾があった場合でも、文書の性質上、文書についての責任を名義人がとることができない場合には、その文書の公共的信用は損なわれるから、有印私文書偽造罪が成立する。　　　　　（大阪地判昭54.8.15）

―公・私電磁的記録不正作出罪―

第161条の2　（電磁的記録不正作出及び供用）

1　人の事務処理を誤らせる目的で、その事務処理の用に供する権利、義務又は事実証明に関する電磁的記録を不正に作った者は、5年以下の懲役又は50万円以下の罰金に処する。

2　前項の罪が公務所又は公務員により作られるべき電磁的記録に係るときは、10年以下の懲役又は100万円以下の罰金に処する。

3　不正に作られた権利、義務又は事実証明に関する電磁的記録を、第1項の目的で、人の事務処理の用に供した者は、その電磁的記録を不正に作った者と同一の刑に処する。

4　前項の罪の未遂は、罰する。

公・私電磁的記録不正作出罪とは

人の事務処理を誤らせる目的で、その事務処理の用に供する公・私電磁的記録を、

不正に作出した場合に成立する。

用語 「電磁的記録」とは

① 電子的方式、磁気的方式その他人の知覚によっては認識することができない方式で作られる記録であって、電子計算機による情報処理の用に供されるもの（刑法7条の2）をいう。

② 「記録」という以上、ある程度永続すべき状態にあることが必要であり、例えば、通信中又は処理中のデータ等は、これには当たらない。

「電子計算機による情報処理の用に供される」記録とは

電子計算機によって行われる情報検索・演算等の処理に用いられる記録をいう。

電子計算機の記録の方式とは

① 磁気ディスク・磁気テープ・磁気ドラム・フロッピーディスクなど磁気的方式によるもの、ICカード等ICメモリーなどの電子的方式によるもののほか、光ディスクなどの方式のものもある。

② これらはいずれも、人の視覚・聴覚・触覚等の五官の作用により、その意味内容を直接認識することができない性質のものであるので、ここにいう電磁的記録である。

不正作出行為とは

① 電子情報処理組織に対するデータ入力等の権限を全くもたない者が、ほしいままにデータを入力して、刑法第161条の2所定の電磁的記録を作り出す行為をいう。

② 一定の範囲の電磁的記録作出権限をもつ者が、その権限の範囲を超えてあるいはその権限を濫用して電磁的記録を作出する行為も、不正作出行為に当たる。

③　ただし、システムの設置者等、電磁的記録を作出する権限を有する者が作出行為等を行った場合、作り出された記録が真実に反し又はその作出の目的がいかに違法なものであっても、権限ある者が作出したものである以上、本罪にいう不正作出行為とはいえない。

> 判　例
>
> ○　的中していない勝馬投票券の磁気ストライプ部分の電磁的記録を抹消した上、的中馬券と同一内容の電磁的記録を印磁し、これを場外馬券売場に設置された投票券自動払戻機に挿入して現金を払い出させた事案につき、私電磁的記録不正作出罪、同供用罪及び窃盗罪が成立する。　　　　　　　　　　　　　　（甲府地判平元.3.31）

電磁的記録を「作る」とは

①　記録媒体上に電磁的記録を存在させることをいう。

②　形態としては、記録を一から作り出す場合のほか、既存の記録を部分的に改変抹消することによって、新たな電磁的記録を作る場合も含む。

公・私電磁的記録不正作出罪の客体

公電磁的記録・私電磁的記録である。

私電磁的記録とは

①　「事務処理の用に供する権利、義務又は事実証明に関する電磁的記録」のことである。

②　コンピュータのプログラムそのものは、コンピュータ・システムに対する指令であるので、ここにいう「権利、義務又は事実証明に関する電磁的記録」とはいえない。

③　よって、これを不正に改変しただけでは本罪は成立しないが、不正にプログラムを改変した結果、電子計算機が自動的に行う情報処理により、権利、義務又は事実証明に関する電磁的記録が存在することになれば、本罪が成立する。

不正作出の対象となる電磁的記録とは

他人の「事務処理の用に供する」電磁的記録でなければならない。

当たらない

用語 「人の事務処理を誤らせる目的」とは

不正に作り出した電磁的記録が、当該他人の事務処理の用に供されることにより、その事務処理を誤らせる目的のことをいう。

公電磁的記録とは

「公務所又は公務員により作られるべき電磁的記録」のことである。

用語 「公務所又は公務員により作られるべき電磁的記録」とは

公務所又は公務員（刑法7条）の職務の遂行として作り出される電磁的記録のことである。

本罪にいう「公務所又は公務員により作られるべき電磁的記録」とは

私電磁的記録と同様、「権利、義務又は事実証明に関する」ものでなければならない。

電磁的記録不正作出罪の性格

行為者に「人の事務処理を誤らせる目的」があったことを必要とする目的犯である。

そうだ!!

ここにいう「人」とは

行為者以外の他人をいい、自然人に限られず、法人や法人格のない団体を含む。

用 語 「事務処理」とは

①　財産関係、身分関係をはじめ、人の生活関係に影響を及ぼす一切の事務処理をいう。

②　その場合、業務として行われる事務であるか否か、法律的な事務か否か、財産上の事務か否かを問わない。

電磁的記録不正作出罪の故意

①　電磁的記録不正作出罪も文書偽造罪と同様に故意犯である。

②　私電磁的記録不正作出罪の故意は、不正作出の目的たる電磁的記録が、他人の権利、義務又は事実証明に関する電磁的記録であることを表象し、かつ、これを不正作出することを認識・認容することである。

公電磁的記録不正作出罪の故意

電磁的記録作出権限を有しない者が、欲しいままに、公務所又は公務員により作られるべき電磁的記録を作出することを認識・認容することである。

―有価証券偽造罪―

> **第162条（有価証券偽造等）**
> 　1　行使の目的で、**公債証書、官庁の証券、会社の株券その他の有価証券**を**偽造**し、又は**変造**した者は、３月以上10年以下の懲役に処する。
> 　2　**行使の目的**で、有価証券に**虚偽の記入**をした者も、前項と同様とする。

有価証券偽造罪とは

① 　本罪は、行使の目的をもって、有価証券を偽造・変造及び虚偽記入（以下「偽造等」という。）をすることによって成立する。

② 　有価証券もまた権利・義務に関する文書であるが、経済上、手形や小切手のように通貨に代わるものとして使用され、単なる証明文書にとどまらず、通貨に近い機能を有している。

③ 　こういったことから、本罪は、これらの有価証券に対する公の信頼を厚く保護する目的で一般文書と区別し、私文書偽造罪よりも重い刑を規定している。

国外犯の適用

　我が国の経済に関連する保護法益の重要性から、日本国民、外国人を問わず、日本国外において本罪を犯した場合も処罰することとしている（刑法２条）。

有価証券偽造罪の客体

　公債証書、官庁の証券、会社の株券その他の有価証券である。

用語 **「公債証書」とは**

① 　国又は地方公共団体が発行する国債又は地方債証書をいう。

② 　外国政府発行の公債証書は、我が国で流通する場合であっても、ここにいう公債証書ではなく、「その他の有価証券」に当たる。

用語「官庁の証券」とは

①　官庁発行の財産権に関する証券をいう。

②　財務省証券などが官庁の証券に当たる。

用語「会社の株券」とは

株式会社において、株主たる地位を表章する証券である。

用語「その他の有価証券」とは

①　財産上の権利を表示する証券であって、その権利の行使処分のためにその証券の占有を必要とするものをいう。

②　その場合に表示する財産権は、物権、債権その他どのような権利であってもよく、形式は無記名式、指図式、指名式等を問わず、また、法律上別段形式の定められていないものでもよい。

③　流通性があることも、必ずしも必要ではない。

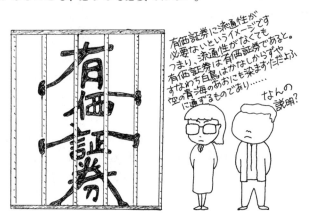

有価証券に流通性が必要ないというイメージです
つまり、流通性がなくても有価証券であると。
有価証券は流通性からずや
すなわち白鳥はかなしからずや
空の青海のあをにも染まずただよふ
に通ずるものであり……
なんの説明？

判例

○　刑法第162条にいわゆる「有価証券」とは、財産上の権利が証券に表示され、その表示された権利の行使につき、その証券の占有を必要とするものをいい、その証券が、取引上、流通性を有するかどうかは問わない。　　　（最判昭32.7.25）

有価証券とされるもの

約束手形、為替手形、小切手、鉄道乗車券、百貨店等の商品券、宝くじ、車券、

馬券、前払式証票（いわゆるプリペイドカード）
等をいう。

有価証券に当たらないもの

　郵便貯金通帳、信用組合出資証券、下足札、手荷物預り証など
は、財産上の権利が証券に表示されていないことから、有価証券
には当たらない。

> 判 例
>
> ◎**有価証券とされるもの**
>
> 　約束手形（大判明42.12.23）、小切手（大判明42.10.7）、普通乗車券（大判大3.11.19）、
> 宝くじ（最決昭33.1.16）、車券（名古屋高判昭27.12.22）、勝馬投票券（東京高判昭34.11.
> 28）、テレホンカード（最決平3.4.5）　等
>
> ◎**有価証券に当たらないもの**
>
> 　郵便貯金通帳（大判昭6.3.11）、無記名定期預金証書（最決昭31.12.27）、信用組合の
> 出資証券（大判昭6.12.15）　等

用 語　「偽造」とは

① 　有価証券の作成権限のない者が、他人の名
　　義を偽って有価証券を作成することをいう。

② 　手形・小切手の振出しのような基本的な証
　　券行為として行われる場合に限られ、裏書、
　　引受、支払保証等に際してその作成名義を偽
　　ることは、虚偽記入であって偽造ではない。

作成名義人について

① 　作成名義人は自然人と法人だけに限られず、法人格を有しない団体も、有価証
　　券の作成名義人となり得る。

② 　作成名義人が実在することを要するか否かについては、有価証券に対する公共
　　の信用を保護しようとする趣旨から、実在しない人の名義を用いて有価証券を作

成する場合でも偽造である。

判　例

○　行使の目的をもって、外形上一般人をして真正に成立したものと誤信させるに足りる程度に約束手形を偽造すれば、たとえ、その振出名義人が実在しない架空の者であっても、有価証券偽造罪は成立する。　　　　　　　　　　　　（最判昭30.5.25）

偽造の程度について

①　一般人をして真正の有価証券と誤信させるに足りる程度に作成されていればよく、必ずしも有価証券としての完全な様式・要件を備えていることを要しない。

②　偽造された債権が、偽造当時、償還済みであったり、そこに記載された銀行取締役の氏名が当時の氏名と異なっていたり、あるいは、振出人の記名のみで押印のない手形・小切手等であっても、偽造となる。

偽造の手段・方法について

偽造の手段・方法として典型的なものは、真正の証券と紛らわしい用紙を用い、作成権限者の署名（記名押印）を偽造して、真正な証券と誤信させるような有価証券を作成することである。

用 語 「変造」とは

① 権限のない者が、真正に作成された他人名義の有価証券の記載に変更を加えることをいう。

② 他人が振り出した手形の振出日付又は満期日付を変更するとか、小切手の金額欄の数字を改ざんするような行為が、変造に当たる。

③ その内容は、真実であるか否かを問わないし、変更された有価証券の記載が法律上有効であるかどうかも問わない。

④ 変造は、真正に作成された有価証券に権限なく変更を加えることであるから、他人名義のものを対象とする場合に限られる。

改ざん中

用 語 「虚偽の記入」とは

行使の目的をもって有価証券に真実に反する記載をする行為をいう。

記入中

虚偽記入の客体

虚偽記入の客体となる有価証券は、偽・変造の客体と同じである。

判 例

○ 有価証券以外の一般文書では、作成名義そのものを偽るのではなく、文書の内容を変更する場合であっても、その変更がその文書の重要な部分について加えられ、しかも変更の程度が著しいときには偽造であるとされているが、手形小切手等の金額のみの変更は、それがどんなに極端で大幅な変更であっても、偽造ではなく変造である。
(最判昭36.9.26)

○ 刑法第162条第2項のいわゆる「虚偽の記入」とは、既成の有価証券に対すると否とを問わず、有価証券に真実に反する記載をするすべての行為をいう。
(最決昭32.1.17)

用 語 「行使の目的」とは

① 真正な有価証券として使用する目的をいう。

② この目的は、真正な有価証券として使用するという確定的な認識・意欲までなくとも、未必的認識で足りる。

③ プリペイドカードを機械的システムに使用する目的も、行使の目的に当たる。

判 例

　○ 虚偽記入罪の客体は、法律上有効なものであることは必ずしも必要でなく、偽造された証券であっても一見して有効な有価証券と誤信させる程度のものであれば、虚偽記入罪の客体となる。　　　　　　　　　　　　　　　　　　　　　　　　　（大判明43.2.1）

　○ 「行使の目的」とは、自ら行使する目的であると、他人に行使させる目的であるとを問わない。　　　　　　　　　　　　　　　　　　　　　　　　　　　（大判大15.12.23）

　○ 行使は、必ずしも証券を流通に置くことを意味せず、その効用を満たす行為があれば足りるから、単なる「見せ手形」として使用する意思があるような場合であっても、行使の目的があったといえる。　　　　　　　　　　　　　　　　　　　　（大判明44.3.31）

罪数について

① 本罪は、作成された有価証券1通ごとに成立する。その理由は、各1通ごとにその有価証券の真正性に対する公の信用性を保護する必要があるからである。

② 1通の有価証券に多数の虚偽の記載をした場合も、1個の虚偽記入罪が成立する。

③ 背任罪との関係について、代理権を制限されている使用人が自己のために、権限を超えて有価証券上に本人の署名（記名押印）を記載したような場合は、有価証券偽造罪ないし虚偽記入罪が成立するところ、これらの罪と背任罪は観念的競合である。

判 例

罪数の基準について

　○ 同一の日時・場所において、同一の機会に作成名義人・金額が各通同一の多数の有価証券を偽造した場合でも、作成した枚数だけの有価証券偽造罪が成立し、包括一罪とはならない。　　　　　　　　　　　　　　　　　　　　　　　（東京高判昭33.10.24）

包括一罪とされた事例

　○ 偽造と虚偽記入に関し、1通の手形用紙に、振出人の署名を冒用し（偽造）、更に裏書人の署名を冒用して（虚偽記入）、裏書担保のある約束手形1通を作成したような場合には、偽造行為と虚偽記入行為とを包括した有価証券偽造罪の一罪が成立する。

（最決昭38.5.30）

○　印章偽造罪との関係について、有価証券の偽造虚偽記入の方法として、偽造の印章・署名を用いるような場合、印章偽造罪は有価証券の偽造虚偽記入罪に吸収される。

（大判明42.2.5）

詐欺罪との関係

○　偽造約束手形を行使して割引名下で金員を騙取した者が、その後、別の偽造約束手形を相手方に差し入れて前の約束手形の支払を延期させたときは、その延期について経済上の利益が存する限り、前の約束手形の振出しが手形法上有効であるかどうかにかかわらず、前の金員騙取とは別個に詐欺罪が成立する。　　（東京高判昭40.6.18）

■文書偽造罪■

設問 1

甲は、有効期限が切れた他人の運転免許証に自分の写真を貼り、警察官に提示した。甲の刑責は何か。

【結　論】有印公文書偽造、同行使罪の刑責を負う。

【争　点】有効期限が切れた運転免許証の写真欄を偽造した行為が有印公文書偽造に当たるか。

【関係判例】東京高判昭51.9.21

【理　由】公文書偽造罪、同行使罪の保護法益は公文書の成立の真正に対する公共の信用にあることから、有効期限が切れた運転免許証の偽造であっても本罪が成立する。

設問 2

甲は、他人名義の運転免許証に自分の写真を貼って携帯していたところ、警察官に職務質問をされた際に、警察官から身分証明書の提示を求められて偽造した運転免許証を提示した。甲の刑責は何か。

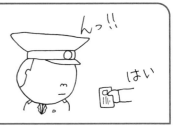

【結　論】有印公文書偽造、同行使罪の刑責を負う。

【争　点】身分証明書として偽造運転免許証を提示した場合でも行使罪が成立するか。

【関係判例】

○　最判昭44.6.18

○　京都地判昭48.2.14

【理　由】偽造した運転免許証を身分証明書として提示した場合でも行使罪は成立
する。

■公正証書不実記載■

設問3

甲は、サラ金から返済を免れようと考え、
警察署の住所変更の際に警察官に対し、全
く居住していない住所地を申請して自分の
運転免許証に虚偽の住所地を記載させた。
甲の刑責は何か。

【結　論】免状不実記載罪の刑責を負う。

【争　点】運転免許証に虚偽の住所を記載させることが免状不実記載となるか。

【関係判例】大判昭5.3.27

【理　由】運転免許証は、権利を付与する公務所の証明書であるから、本罪の客体
となる。

Point

公正証書の原本、免状等になるものの例示	戸籍簿、登記簿（土地、建物、商業）、税務所に備え付けの土地台帳、公証人が作成する公正証書、住民票、在留カード、運転免許証、火薬譲受許可証、狩猟免許状、自動車登録ファイル等

設問4

　甲は、盗んだクレジットカードの署名欄を削って自分の名前を書いてデパートで使用した。甲の刑責は何か。

【結　論】有印私文書偽造、同行使罪が成立する。

【争　点】クレジットカードは有価証券か私文書か。

【関係判例】

○　最判昭32.7.25

○　東京地判昭49.6.21

【理　由】

○　有価証券とは、財産上の権利が証券に表示され、表示された権利を行使するためには証券の占有が必要となるものであり、その証券の取引上の流通性の有無を問わない。

○　クレジットカードは、クレジット会社が販売加盟店に対し、購買者が会員であることを証明している文書であり、財産上の権利を証明している有価証券ではない。

設問5

　甲は、他人の乙の名義で封筒の差出人欄に署名し、「Aが会社の金を使い込んでいる」との虚偽の内容の手紙（手紙には署名なし）を作成して、Aの会社に送った。甲の刑責は何か（虚偽告訴罪は別論とする。）。

【結　論】私印偽造、同行使罪及び無印私文書偽造、同行使罪の刑責を負う。

【争　点】署名がない手紙を作成したことについては何罪になるか。

【関係判例】大判明42.3.25

【理　由】封筒の署名を偽造し、署名のない私文書をその封筒に入れて送付した場合、封筒に対する私印偽造罪と手紙に対する無印私文書偽造罪が成立し、両罪は併合罪となる。

Point　有印文書偽造と無印文書偽造

罪　名	行　為	態　様	対象犯罪
有印文書偽造	○　他人の真正な印章若しくは署名を使用 ○　偽造した他人の印章若しくは署名を使用 ⇩ 他人名義の文書、図画を作成	他人名義の印章が押印 他人名義の署名が記載 他人名義の印章と署名が記載	刑法154条1項（詔書偽造） 刑法155条1項（有印公文書偽造） 刑法156条（虚偽有印公文書偽造） 刑法159条1項（有印私文書偽造）
無印文書偽造	他人名義の印章も署名も使用しない。 ⇩ 他人名義の文書、図画を作成	例 署名がない手紙を偽造 商品のラベルを偽造 等	刑法155条3項（無印公文書偽造） 刑法156条（虚偽無印公文書偽造） 刑法159条3項（無印私文書偽造）

※　無印文書偽造の法定刑は、有印文書偽造よりも軽い。

設問6

　甲は、バイクを運転して信号無視をし、パトカーから逃走した際にバイクを遺留して徒歩で逃走した。甲は、信号無視の処罰から逃れるため、後日、警察官に対し「バイクを盗まれた」と虚偽申告をして被害届を提出した。甲の刑責は何か。

【結　論】軽犯罪法第1条第16号違反（虚偽犯罪等申告）の刑責を負う。

【争　点】自分名義の事実ではない被害届を提出した場合、私文書偽造罪は成立するのか。

【理　由】自己名義の被害届を提出することは、有形偽造ではなく、無形偽造であるから、私文書偽造罪は成立しない。

Point ▶ 有形偽造と無形偽造

区　　分		私　文　書	公　文　書
文書偽造 ／ 有形偽造	権限がないのに他人名義の文書等を作成すること。	処罰の対象となる。	処罰の対象となる。
文書偽造 ／ 無形偽造	自己の権限でうその内容の文書等を作成すること。	処罰の対象とならない。	処罰の対象となる。

原則として無形偽造は処罰の対象にならないが、公文書に関しては、刑法第156条（虚偽公文書作成等）により、例外的に処罰の対象となる。

15
わいせつ、不同意性交等に関する罪

―公然わいせつ罪―

> 第174条（公然わいせつ）
>
> 　公然とわいせつな行為をした者は、6月以下の懲役若しくは30万円以下の罰金又は拘留若しくは科料に処する。

公然わいせつ罪とは

　公然わいせつ罪は、「公然とわいせつな行為をした」ときに成立し、社会的法益である性秩序を保護法益とする。

用語 「公然」とは

① 　不特定多数の者が認識できる状態をいうが、現実に不特定又は多数の者によって認識されたことは必要でなく、その可能性があればよい。

② 　公園や道路は、もしその場に誰もいなかったとしても、いつ人が来るかもしれない場所であるから、このような場所でわいせつ行為をすれば不特定の人に認識し得る状態にある。

③ 　また、屋内で行為をした場合でも、それが容易に外部から見えるような開放された場所であれば、公然性を有することとなる。

④ 　認識する者が、特定人だけであっても多数いる場合には、公然性がある。

⑤ 　したがって、友人等ばかりであっても、その数が多数であれば公然性を帯びることになる。

⑥ 　「多数」は何人かについては、態様等によって異なるが、実務上、おおむね5、6人以上と解されている。

⑦ 　特定・少数人の場合は、公然性は原則として否定される。

⑧ 　しかし、特定・少数人に対する密室における行為であっても、一定の計画の下に反復する意図で、特定少数人が、不特定又は多数人の中から観客として選択された者である場合は、公然性があると解される。

判例

○ 「公然」とは、不特定又は多数の者が認識できる状態をいう。 （最決昭32.5.22）

○ 刑法第174条にいわゆる「公然」とは、不特定又は多数人の認識し得べき状態をいい、わいせつ行為が現に特定の少数人において認識し得るにすぎない状態にあっても、一定の計画の下に反復の意図をもって行われ、不特定人を一室に引き入れ、これを観客として反復される可能性のあるときは、公然性があるものといえる。

（大阪高判昭30.6.10）

○ 不特定多数の客を勧誘し、これに観覧の機会を提供しているのであるから、たとえ会員組織のごとく半ば秘密に会員券を売り、会場は外部の人の出入りを許さず、客同士もほとんどお互いに分からず、未成年者は入場しなかったとしても、それが刑法上いわゆる公然となされたものに該当する。

（東京高判昭33.7.23）

(用語) 「わいせつな行為」とは

① 性欲の刺激・満足を目的とする行為で善良の風俗に反し、一般人に羞恥心を感じさせるものをいう。

② わいせつ行為は、自己が単独で行うものであると、他人と行うものであるとを問わず、他人と共同して行う場合の相手は、男性であっても女性であってもよい。

③ わいせつ行為には、言語は含まれないから、わいせつな言動をするだけでは、本罪は成立しない。

④ この場合には、公衆に著しく迷惑をかける暴力的不良行為等の防止に関する条例違反の罪が成立する。

公然わいせつ罪の態様

　行為者が自己の性欲を刺激、興奮又は満足させ
る目的で、その行為に出る場合が典型的な例であ
り、その態様としては、

① 　路上や電車内などで性器を露出する行為

② 　公衆便所や映画館内などで手淫をする行為

などがある。

> 判　例
>
> ○ 　刑法第174条にいわゆる「わいせつの行為」とは、その行為者又はその他の者の性
> 欲を刺激、興奮又は満足させる動作であって、普通人の正常な性的羞恥心を害し、善
> 良な性的道義観念に反するものをいう。　　　　　　　　　　　　（東京高判昭27.12.18）
> ○ 　劇場の舞台で、約200名の観客を前にし、女優が全く一糸をまとわない裸体を観客
> の方に向け、約１分30秒間あるポーズをとって立っていたときは、公然わいせつの行
> 為をしたものである。　　　　　　　　　　　　　　　　　　　　　（最判昭25.11.21）

公然わいせつ罪の故意

① 　本罪は、故意犯であり、過失によって本罪に該当する行為を行っても処罰され
ない。

② 　行為者は、行為が行われる客観的状況を表象・認識していれば足り、それが法
的に公然に該当することを知っている必要はない。

③ 　行為者は、わいせつと評価される当該行為を認識してこれを実行することを要
するが、その行為が法的にわいせつに該当するとの認識は不要である。

他罪との関係

　不同意わいせつ行為を公然と行った場合は、本罪と不同意わいせつ罪との観念的競合となる。

判例

　○　公然性の認識については、行為者において自己ないし関係者の行為が公然性を有することについての認識は必要とせず、客観的にその行為の行われる環境が公然性を有すれば足りる。　　　　　　　　　　　　　　　　　　　　（東京高判昭32.10. 1）

　○　強制わいせつ（現在は「不同意わいせつ」）行為を公然と行った場合は、別に公然わいせつ罪が成立し、両罪は観念的競合となる。　　　　　　　　　　（大判明43.11.17）

―わいせつ物頒布等罪―

第175条（わいせつ物頒布等）

1 わいせつな文書、図画、電磁的記録に係る記録媒体その他の物を**頒布**し、又は**公然と陳列**した者は、２年以下の懲役若しくは250万円以下の罰金若しくは科料に処し、又は懲役及び罰金を併科する。電気通信の送信によりわいせつな電磁的記録その他の記録を頒布した者も、同様とする。

2 有償で頒布する目的で、前項の物を所持し、又は同項の電磁的記録を保管した者も、同項と同様とする。

わいせつ物頒布等罪とは

① わいせつ物頒布等罪は、わいせつな文書、図画その他の物を頒布若しくは販売したり又は公然とこれを陳列したとき、電気通信の送信によりわいせつな電磁的記録その他の記録を頒布したとき、あるいは、これらの物を有償で頒布する目的で所持した者等を処罰するものであり、性秩序ないし健全な性的風俗を保護法益とするものである。

② なお、本罪は憲法上保障される表現の自由（憲法21条）、学問の自由（憲法23条）との関係で、その合憲性が問題となったが、最高裁大法廷は、チャタレイ事件の判決において、「…性的秩序を守り、最少限度の性道徳を維持することが公共の福祉の内容をなすことについて疑問の余地がない。」として、本罪の合憲性を認めている。

判 例

わいせつ文書といえるための要件は、
○ いたずら（過度）に性欲を興奮又は刺激せしめ
○ 普通人の正常な性的羞恥心を害し
○ 善良な性的道義観念に反するもの
である。
（最判昭32.3.13・いわゆるチャタレイ事件）

わいせつ物頒布等罪の客体

　本罪の行為の客体は、わいせつ文書・図画・電磁的記録
に係る記録媒体・その他の物である。

用語 「頒布」とは

① 不特定又は多数の者に対し、有償であると無償であるとを問わず、販売以外の
方法で交付することである。

② 特定多数又は不特定少数の者に対する場合はもちろん、特定少数の者に交付し
た場合でも、それが不特定多数の者に配布されることを予見して交付すれば頒布
となる。

判例

　　わいせつ文書の要件は、
　　○ 扇情的な手法により露骨詳細かつ具体的に描写したもの
　　○ 好色的興味に訴えるもの
　　である。　　　　　　　　　　　　　　　（東京高判昭57.6.8・愛のコリーダ事件）
　　わいせつ文書頒布罪は、不特定多数の人に対して配布することを要するが、当然若し
くは成り行き上、不特定多数の人に配付されるべきものであるときは、現に配付を受け
た者が数人に過ぎなくても頒布があったといえる。　　　　　　　　　（大判大15.3.5）
　○1　刑法175条1項後段にいう「頒布」とは、不特定又は多数の者の記録媒体上に電
　　　磁的記録その他の記録を存在するに至らしめることをいう。
　　2　不特定の者である顧客によるダウンロード操作に応じて自動的にデータを送信す
　　　る機能を備えた配信サイトを利用した送信により、わいせつな動画等のデータファ
　　　イルを同人の記録媒体上に記録、保存させることは、刑法175条1項後段にいうわ
　　　いせつな電磁的記録の「頒布」に当たる。　　　　　　　　　　（最決平26.11.25）

販売とは

① 不特定又は多数の者に対して、反復の意思で有償譲渡することである。

② 不特定多数人に有償譲渡する目的であれば、1回の譲渡行為であっても販売行為となる。

③ なお、営利の目的は必要でない。

(用語)「公然と陳列」とは

① 有償・無償を問わず、不特定又は多数の者が観覧することができる状態におくことである。

② 同時に多数人に示さなくても、順次観覧させて多数人に及ぶときも陳列となる。

③ わいせつ映画やスライドの映写、ホームページ上でのわいせつ図画の掲載等は陳列に当たる。

(判例)

○ 「販売」とは、不定多衆に対して行う目的で有償的譲渡をなすことをいい、その目的に出た譲渡行為があった以上、単に一人に対して1回行われただけでもよい。

(大判大6.5.19)

○ わいせつ映画を公然と映写したときは、わいせつの図画を公然陳列したものに該当する。

(大判大15.6.19)

○ パソコンネットの開設運営者が自己の管理するホストコンピュータのハードディス

ク内にわいせつ画像データを記憶・蔵置させ、同パソコンネットの不特定多数の利用者が電話回線を通じて右わいせつ画像を閲覧可能な状態に置いたことにより、わいせつ物公然陳列罪が成立する。　　　　　　　　　　　　　　　（最決平13.7.16）

販売目的所持とは

① 販売の意思で自己の事実上の支配下に置くことである。

② 必ずしも身に着けていることは必要ではなく、他の場所に蔵置している場合も所持に当たる。

③ 販売の目的がなく、単に自己の趣味等で所持している場合とか、頒布又は公然陳列の目的で所持している場合は当たらない。

わいせつ物頒布等罪における故意

① いずれの場合にも、その物がわいせつ的なものとして問題となる場面・箇所があるということを認識していればよい。

② その場面・箇所等がわいせつ性を具備しているものであるかどうかの認識までは必要でない。

罪数について

本条に規定されているそれぞれの行為は、いずれも反復継続される行為を予想し

ているものであるから、各行為に一連性が認められる限り、数個の行為であっても包括一罪とされ、併合罪とはならない。

判例

○　同一人が自宅の外に露店を構え、自宅に所持中のわいせつ文書の一部を日々同露店に持参し、同所においてもこれを所持する場合は、右自宅における所持も右露店における所持も、所持罪の観点からはあわせて一個の所持と解するのを相当とする。

（福岡高判昭27.2.15）

性犯罪に関する刑法の改正（令和5年改正）

> ポイント1　罪条の統合と罪名の改正

強制わいせつ罪（176条）・準強制わいせつ罪（178条1項）
　　⇒　不同意わいせつ罪（176条）

強制性交等罪（177条）・準強制性交等罪（178条2項）
　　⇒　不同意性交等罪（177条）

強制わいせつ等致死傷罪（181条）
　　⇒　不同意わいせつ等致死傷罪（181条）

強盗・強制性交等罪（241条）
　　⇒　強盗・不同意性交等罪（241条）

新設　⇒　16歳未満の者に対する面会要求等（182条）

※　罪条の統合により、178条（準強制わいせつ及び準強制性交等）は削除された。

今回の法改正は、強制わいせつ罪と強制性交等罪に関して行われました。
改正の目的は178条を176条と177条に統合し、両罪の構成要件を統一化するためです。
なお、今回の改正では、罰則の変更はありません。

◆ポイント解説◆
　旧法の178条（準強制わいせつ及び準強制性交等）は、構成要件を「心神喪失若しくは抗拒不能に乗じ」と定めていました。
　しかしその構成要件では、実務上、どの程度を「心神の喪失」とするか、あるいは「抗拒不能」はどの状態を指すのかが明確ではないという問題が生じ、明確でないために、被害がありながら立件が困難になるケースがありました。
　こうした事態を防ぐため、今回、強制わいせつ罪と強制性交等罪の構成要件と罪名を改正したものです。

性犯罪を立件しやすくするために法を整備したということです。

ポイント2　不同意わいせつ罪・不同意性交等罪の新たな構成要件

婚姻の有無に関係なく

①　暴行若しくは脅迫を用いる。
②　心身の障害を生じさせる。
③　アルコール、薬物を摂取させる。
④　睡眠その他の意識が明瞭でない状態にさせる。
⑤　同意しない意思を形成、表明、全うするいとまがない。
⑥　予想と異なる事態に直面させて恐怖若しくは驚愕させる。
⑦　虐待に起因する心理的反応を生じさせる。
⑧　経済的又は社会的関係上の地位に基づく影響力による不利益の憂慮

性犯罪となる行為を具体的に列挙して適用範囲を明確にしました。

上記①～⑧により、同意しない意思を形成し、表明し若しくは全うすることが困難な状態にさせる又はその状態に乗じて、わいせつな行為又は性交等をした者

ポイント3　「性交等」に新たな行為を追加

「性交等」の行為

性交、肛門性交、口腔性交

これまではこれだけ。

＋

これが追加された。

膣又は肛門に、陰茎以外の身体の一部又は物を挿入する行為で、わいせつなもの

ちかん行為で膣に指を入れたり、同意していない相手方の肛門に性的目的で錠剤を入れたりする行為も本罪が成立します。

ポイント4　性交同意年齢の引き上げ

13歳未満

同意形成の判断能力が未成熟な15歳以下の少年を保護しようとする趣旨です。

16歳未満

性交同意年齢が引き上げられたことにより、15歳以下の者と性交等した場合にも不同意性交等罪が成立します。

ポイント5　16歳未満の者に対する面会要求等（182条）の新設

本条は福祉犯になります。

16歳未満に対し

わいせつ目的で、威迫、偽計、利益供与の約束
等、不当な手段を用いて面会を強要する行為
（1項）
　　1年以下の拘禁刑又は50万円以下の罰金

1項の面会要求をし、実際にわいせつ目的で面
会する行為（2項）
　　2年以下の拘禁刑又は100万円以下の罰金

性的な姿態をとってその映像を送信することを
要求する行為（3項）
　　1年以下の拘禁刑又は50万円以下の罰金

―不同意わいせつ罪―

刑法改正の目的

　改正前の強制わいせつ罪、準強制わいせつ罪における、

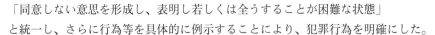

○　強制わいせつ罪→「暴行又は脅迫を用いて」

○　準強制わいせつ罪→「抗拒を著しく困難にさせる程度」

という構成要件は、

○　成立範囲が限定して解される。

○　判断にばらつきがでる。

等のおそれがあった。

　そのため、改正により両罪の構成要件を、

「同意しない意思を形成し、表明し若しくは全うすることが困難な状態」

と統一し、さらに行為等を具体的に例示することにより、犯罪行為を明確にした。

第176条（不同意わいせつ）

1　次に掲げる行為又は事由その他これらに類する行為又は事由により、**同意しない意思を形成し、表明し若しくは全うすることが困難な状態にさせ又はその状態にあることに乗じて、わいせつな行為をした者は、婚姻関係の有無にかかわらず、**6月以上10年以下の拘禁刑に処する。

(1)　暴行若しくは脅迫を用いること又はそれらを受けたこと。

(2)　心身の障害を生じさせること又はそれがあること。

(3)　アルコール若しくは薬物を摂取させること又はそれらの影響があること。

(4)　睡眠その他の意識が明瞭でない状態にさせること又はその状態にあること。

(5)　同意しない意思を形成し、表明し又は全うするいとまがないこと。

(6)　予想と異なる事態に直面させて恐怖させ、若しくは驚愕させること又はその事態に直面して恐怖し、若しくは驚愕していること。

(7)　虐待に起因する心理的反応を生じさせること又はそれがあること。

(8)　経済的又は社会的関係上の地位に基づく影響力によって受ける不利益を憂慮させること又はそれを憂慮していること。

主　体

制限はない。

男女を問わない。

※　2項の客体も同様

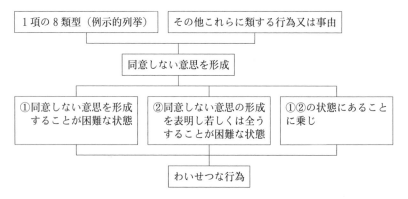

具体的に
なったなあ

客　体

制限はない。

同意しない状態で性的行為をした場合、年齢を問わず本罪が成立する。

※　改正前の強制わいせつ罪は、

前段→13歳以上の者に対し

後段→13歳未満の者に対し

と客体が年齢に応じて分けられていたが、改正後は制限が撤廃された。

【参考条文】
（旧）第176条（強制わいせつ）
　13歳以上の者に対し、暴行又は脅迫を用いてわいせつな行為をした者は、6月以上10年以下の懲役に処する。13歳未満の者に対し、わいせつな行為をした者も、同様とする。

行　為

1項各号の行為又は事由、その他これらに類する行為又は事由により、同意しない意思を形成し、表明し若しくは全うすることが困難な状態にさせ又はその状態にあることに乗じて、わいせつな行為をすること。

```
┌─────────────────┐  ┌─────────────────────┐
│1項の8類型（例示的列挙）│  │その他これらに類する行為又は事由│
└─────────────────┘  └─────────────────────┘
              │
       ┌──────────────┐
       │同意しない意思を形成│
       └──────────────┘
              │
  ┌───────────┬───────────┬──────────┐
┌─────────┐ ┌─────────────┐ ┌──────────┐
│①同意しない意思を形成│ │②同意しない意思の形成│ │①②の状態にあること│
│することが困難な状態│ │を表明し若しくは全う│ │に乗じ│
│         │ │することが困難な状態│ │          │
└─────────┘ └─────────────┘ └──────────┘
              │
       ┌──────────┐
       │わいせつな行為│
       └──────────┘
```

①　「同意しない意思を形成することが困難な状態」とは

性的行為をするかどうかの判断能力が低下し、性的行為を「したくない」と表明することが困難な状態をいう。

【例】
　○　知的障害のため、性的行為に同意する
　　かどうかの判断能力が不足している。
　○　眠っていて意識がない。
　○　突然の事態に驚愕して状況判断ができ
　　ない。
　○　継続的虐待による心理的圧迫により反
　　抗できない。

用語 「困難」とは
　それをすることが難しい状態にすること。その程度は問わない。

②　「同意しない意思の形成を表明し若しくは全うすることが困難な状態」とは
　　性的行為をしない、したくないという意思を形成し、その意思を表明しようと
　したが、意思のとおりに表明することが困難な状態をいう。
　【例】
　　○　押さえつけられて、身動きがとれない
　　　状態
　　○　口を塞がれるなどして、声を出せない
　　　状態
　　○　恐怖心により、意思の表明ができない
　　　状態

③　「①②の状態にあることに乗じ」とは
　　①②の状態にあることを利用して、という意味

用語 「わいせつな行為」とは
　性欲を刺激、興奮又は満足させ、かつ、性的羞恥心を害し、性的道義観念に反す
る行為をいう。
　※　改正前の強制わいせつ罪の「わいせつな行為」と同じ。
　【例】
　　○　陰部を手で触れる。

○　陰茎を指で弄ぶ。

○　自己の陰部を押し当てる。

※　着衣の上から触れた場合、単に触れただけでは足りず、弄ぶという態様を要する。

※　被害者の着衣が厚手の場合は、執拗に弄ぶ等、さらに強い態様の行為が必要となる。

指を入れると成立

判例

○　社会通念に照らし、個別事案に応じ、具体的事実関係に基づいて判断せざるを得ない。

（最判平29.11.29）

④　各号に掲げる行為又は事由（8類型）

8類型といいます

ア　第1号

暴行若しくは脅迫を用いること又はそれらを受けたこと。

○　「暴行若しくは脅迫を用いること」とは

性的行為の手段として暴行、脅迫をすること。

○　「暴行」とは

人の身体に向けられた不法な有形力の行使で、その程度を問わない。

○　「脅迫」とは

他人を畏怖させるような害悪の告知で、その程度を問わない。

おとなしくしなさい

○　「それらを受けたこと」とは

行為者からでなく、第三者から性的手段ではない暴行、脅迫を受けること。

イ　第2号

心身の障害を生じさせること又はそれがあること。

○　「心身の障害を生じさせること」とは

被害者に対し、性的行為の手段として、脅迫以外の手段を用いて一時的な精神的な障害を起こさせる行為をいう。

○　「心身の障害」とは

身体障害、知的障害、発達障害、精神障害をいう。一時的なものも含む。

イイ子だからこっちおいで

ヤダ…

※　性的被害の最中に感情や動作が一時的に麻痺する急性解離反応も含む。この場合、その障害の程度は問わない。

○　「それがあること」とは

被害者に身体障害、知的障害、発達障害、精神障害があることをいう。

ウ　第3号

アルコール若しくは薬物を摂取させること又はそれらの影響があること。

○　「アルコール若しくは薬物を摂取させること」とは

行為者が、被害者に対し、性的行為の手段として、アルコール又は薬物を摂取させる行為をいう。

○　「薬物」とは

摂取すると、意識が朦朧となったり、身体の自由が利かなくなるなどの影響が生じるものをいう。アルコールも薬物も、種類、摂取量を問わない。

○　「それらの影響があること」とは

・　性的目的以外で行為者が飲酒等させた。

・　第三者によって飲酒等させた。

・　自らが飲酒等した。

等の場合で、飲酒等の影響を心身に受けている状態をいう。

エ　第4号

睡眠その他の意識が明瞭でない状態にさせること又はその状態にあること。

○　「睡眠その他の意識が明瞭でない状態にさせること」とは

性的行為の手段として、催眠術をかけて完全に眠らせたり、意識を朦朧とさせたりすること。

○　「睡眠」とは

眠って意識がない状態をいう。

○　「その他意識が明瞭でない状態」とは

疲労で意識が混濁しているなど、睡眠以外で意識が明瞭でない状態をいう。

オ　第5号

同意しない意思を形成し、表明し又は全うするいとまがないこと。

○　「同意しない意思を形成し、表明し又は全うするいとまがないこと」とは

・　すれ違いざまに胸を触られる。

・　美容院等で目を閉じているときに、突然陰部を触られる。

など、自由な意思決定をするための時間的ゆとりがないことをいう。

◆ポイント解説◆

　「いとまがない」といえるかどうかは、時間的な問題だけでなく、それ以外の状況も総合的に考慮した上で、「同意しない意思を形成し、表明し又は全うすることが困難な状態」にあったかどうかを判断しなければならない。

カ　第6号

　予想と異なる事態に直面して恐怖させ、若しくは驚愕させること又はその事態に直面して恐怖し、若しくは驚愕していること。

○　「予想と異なる事態に直面して恐怖させ、若しくは驚愕させること」とは予想外の事態による恐怖、驚愕により、被害者を激しく動揺させ、平静を失わせる行為をいう。

　例えば、

・　個室で二人きりになったとたん、突然覆い被さる。

・　突然後ろから抱きすくめて胸をもむ。

など。

○　「その事態に直面して恐怖し、若しくは驚愕していること」とは

　予想外の事態により、被害者に予想外の心理的な影響を与え、その結果、被害者が平静を失っている状態をいう。

　例えば、

・　行為者（交際者）が性的接触を求めてきた際、被害者がそれを断ったにもかかわらず行為者がやめなかったことにより、被害者が動揺して平静を失った状態になった。

・　ナンパした女性とカラオケに行き、デュエットしている際に肩を強く抱いたところ、被害者が激しく動揺した。

など。

キ　第7号

　虐待に起因する心理的反応を生じさせること又はそれがあること。

○　「虐待に起因する心理的反応」とは

　虐待に対する順応を意味し、抵抗しても無駄であると考える心理的状態を

いう。

　　例えば、

・　性的虐待を日常的に受けたために、抵抗する気力を
　失い、無抵抗になった。

・　性的虐待に対する恐怖心から反抗できない心理状態
　になった。

など。

○　「それがあること」とは

　　性的目的がない虐待を受けた被害者が、当該虐待を受けたために恐怖心を
　抱き、抵抗等することができない心理状態にあることをいう。

```
─────◆ポイント解説◆─────
　本号は、具体的な虐待の事実に基づく心理的動揺を個々具体的に求める
ものではなく、虐待に起因する心理的反応を構成要件として総合的に評価
しようとするものである。したがって、個々の虐待行為について、日時、
場所、態様等を特定できない場合であっても、虐待行為による心理的圧迫
の事実が認定されれば、本号に該当する。
```

ク　第8号

　　経済的又は社会的関係上の地位に基づく影響力によって受ける不利益を憂慮
　させること又はそれを憂慮していること。

○　「経済的又は社会的関係上の地位に基づく影響力によって受ける不利益を
　憂慮させること」とは

　　地位の影響力を利用して、性的行為の手段として、不利益が及ぶことへの
　不安を感じさせる行為をいう。

○　「経済的関係」とは

　　経済的な人間関係をいう。

・　雇用主と従業員

・　芸能人と芸能関連会社役員

・　債権者と債務者

○　「社会的関係」とは

　　社会生活における人間関係をいう。

・　親子

・　先生と生徒

・　先輩と後輩

- コーチと選手
- 介護施設職員と入居者

○　「経済的又は社会的関係上の地位に基づく影響力によって受ける不利益」
とは

　性的行為に応じなければ、行為者の経済的、
社会的関係の影響力によって、被害者やその親
族等が受ける不利益のこと。

- 会社社長との性行為を受け入れないと希望
所属に入れない。
- コーチとのわいせつ行為に応じないと試合
に出られない。

○　「それを憂慮していること」とは

　行為者の影響力によって、自分若しくは親族に不利益が及ぶのではないか
と不安を感じていること。

ケ　「その他これらに類する行為又は事由」とは

　○　第1号関係

- 「暴行」に類するもの

　人の身体に向けられた有形力の行使などを
いう。

　　壁を強くたたく。

　　窓ガラスを割る。

　　椅子を蹴る。等

- 「脅迫」に類するもの

　人を畏怖させるに足りる害悪の告知とまではいかない行為

　　自己の前科を告知する。

　　無言のまま異様な形相でにらむ。

　　反社団体と関係があることを告げる。等

　○　第2号関係

　「心身の障害に類するもの」

　医学的な診断はないが、それに近い症状が起こること。

- 一時的な記憶障害
- 短時間のパニック状態
- 困惑による意識の混濁　等

　○　第3号関係

「アルコール若しくは薬物を摂取させること又はそれらの影響があることに類するもの」

アルコール又は薬物以外によって、類似の影響が出ること。

- 食物アレルギーによる症状
- 特定の飲み物を飲むと心理的フラッシュバックが起こりパニックになる。等

○　第4号関係

「睡眠その他の意識が明瞭でない状態に類するもの」

覚醒時間帯に意識が明瞭でない状態になること。

- 日中、睡眠麻痺（いわゆる金縛り）になる。
- 心理的興奮から意識が混濁する。等

○　第5号関係

「同意しない意思を形成し、表明し又は全うするいとまがないことに類するもの」

同意しない意思を形成し、全うする時間がない場合と同等であると認められる場合をいう。

- 両手に荷物をもって身体の自由が利かない状態
- 飛行機の出発時間が迫っていて気持ちが極度に焦っている状態　等

○　第6号関係

「予想と異なる事態に直面させて恐怖させ、若しくは驚愕させること又はその事態に直面して恐怖し、若しくは驚愕していることに類するもの」

恐怖、驚愕とはいえないが、それに類似する心理的状態になって平静でない場合をいう。

○　第7号関係

「虐待に起因する心理的反応に類するもの」

虐待に起因する心理的反応と評価されてはいないが、それに近い症状や反応をいう。

○　第8号関係

「不利益の憂慮に類するもの」

憂慮そのものとはいえないが、それに近い心理状態にある場合など。

用語 「婚姻関係の有無にかかわらず」とは

　改正前の刑法においても、強制わいせつ罪（強制性交等罪）は、実務上、婚姻関係の有無は犯罪の成否に関係ないとされてきたが、明文化されていないため学説が

分かれる傾向にあった。

　そのため、改正により、婚姻関係の有無が犯罪成立に影響がないことを確認的に明示したものである。

◆ポイント解説◆

○　第1～8号の行為、事由は「同意しない意思を形成し、表明し若しくは全うすることが困難な状態」かどうかの判断を適切に行うために列挙されたものである。

○　各号はあくまでも例示的な列挙であり、第1～8号に限定されるものではない。

○　第1～8号の行為、事由があれば直ちに本罪が成立するわけではない。

○　被害者の同意形成が困難な状態になった場合、原因となった各号の行為を特定する必要はない。

実行の着手

　わいせつな行為をする目的で各号の行為を開始したときである。

　未遂罪も処罰される。

◆ポイント解説◆

　実務上、同意形成を困難にする現実的危険性を有する行為が開始された時点で、実行の着手があったとするべきである。

故　意

　本罪は故意犯である。

　本罪の故意は、

①　第176条第1項各号（1号～8号）の行為、事由又はこれらに類する行為

②　①によって同意しない意思形成が困難な状態にあること。

③　②の状態を利用して性的行為が行われたこと。

を認識していることが必要である。

◆ポイント解説◆

○　故意の心的要件として法律上の違法性の認識は必要なく、事実の認識があればよい。

○　行為者（被疑者）が、性欲を満足等させる意思（性的意図）を持ってなくても本罪が成立する。（最判平29.11.29）

※　例　仕返し、制裁、私刑（リンチ）として性的行為（いやがらせ）を行うなど。

第176条（不同意わいせつ）

2　行為がわいせつなものではないとの誤信をさせ、若しくは行為をする者について人違いをさせ、又はそれらの誤信若しくは人違いをしていることに乗じて、わいせつな行為をした者も、前項と同様とする。

行　為

第2項の行為は、

○　行為がわいせつなものではないと誤信させる。

○　行為をする者について人違いさせる。

○　人違いしていることに乗じる。

ことにより、わいせつな行為をすることである。

相手方が上記に該当する錯誤状態で性的行為が行われた場合、2項違反が成立する。

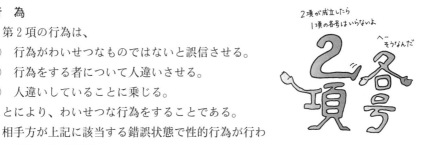

この場合、1項各号の行為の特定や「性行為に同意しない意思形成の困難性」といった1項要件は必要ない。

◆ポイント解説◆

性的行為に関連して発生する錯誤のうち、社会通念上、処罰対象とするべきでないものとして、

○　他に交際している者がいないと信じていた。

○　既婚者ではないと思い込んでいた。

○　自分のことを好きだと感じていた。

などがある。

これに対し、
- ○　行為の性的意味を誤信している場合
- ○　行為の相手方について人違いをしている場合

などは処罰対象とするものとして第2項に明示したものである。

用語 **「行為がわいせつなものではないと誤信」とは**

わいせつな行為であるのに、医療行為と誤信させる場合など。

用語 **「行為をする者について人違い」「人違いしていることに乗じて」とは**

暗闇で夫と思って性的行為を行ったら別人だった場合など。

※　お金持ちだと思ったら貧乏だった、未婚者だと思ったら既婚者だった場合などは当たらない。

故　意

本罪は故意犯である。

本罪の故意は、

- ○　行為者が被害者に、わいせつなものではないと誤信させる。
- ○　行為者が被害者に、行為をする者を人違いさせる。
- ○　被害者が、わいせつなものではないと誤信している。
- ○　被害者が、人違いをしている。

のいずれかを行為者が認識していること。

※　第1項と同様に、法律上の違法性の認識（その行為が本罪に当たるという法的知識、認識）は必要なく、事実の認識があればよい。

第176条（不同意わいせつ）

3　16歳未満の者に対し、わいせつな行為をした者（当該16歳未満の者が13歳以上である場合については、その者が生まれた日より5年以上前の日に生まれた者に限る。）も、第1項と同様とする。

改正の趣旨

性的行為について自由な意思決定をする能力が十分に備わっていないとして、保護すべき年齢が13歳未満から16歳に引き上げられた。

被害者が13歳未満の場合には被疑者に年齢の制限
はないが、被害者が「13歳以上16歳未満の者」の場
合には、人的関係における対等性の観点から被疑者
に年齢制限を設け、犯行当時の被疑者の年齢が被害
者より5歳以上年上であることが、本罪適用の要件
とされた。

主 体

○ 13歳未満の者（被害者）にわ
いせつ行為を行った場合
年齢制限はない。男女の別も
問わない。

○ 13歳以上16歳未満の者（被害
者）にわいせつ行為を行った場合

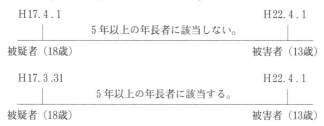

例えば、「平成22年4月1日生まれの被害者」であれば、「平成17年4月1日以
降に生まれた者」は、行為者には該当せず、「平成17年3月31日以前に生まれた
者」からが行為者として該当することとなる。

```
    H17.4.1                                    H22.4.1
      |      5年以上の年長者に該当しない。      |
    ─┴──────────────────────────────────────┴─
    被疑者（18歳）                          被害者（13歳）


    H17.3.31                                   H22.4.1
      |        5年以上の年長者に該当する。      |
    ─┴──────────────────────────────────────┴─
    被疑者（18歳）                          被害者（13歳）
```

客 体

16歳未満の者である。
男女を問わない。

行 為

本項の行為は、16歳未満の者にわいせつな行為をすることである。
「わいせつな行為」とは、第1項のわいせつな行為と同じである。

故 意

本項は故意犯である。

　本項の故意は、

①　被害者が16歳未満の者であること。

②　被害者が13歳以上16歳未満の場合、被害者が生まれた日より5年以上前の日に生まれた被疑者であること。

③　わいせつな行為をすること。

をいずれも認識する必要がある。

> ◆ポイント解説◆
>
> 　②に対する認識については、被害者の生年月日を知っている必要はなく、行為時点において自分より5歳以上年下であること（行為者が18歳であれば、相手が14歳になっていないこと）を、未必的に認識していればよい。

共　犯

　本項は真正身分犯である。

○　身分のない者（5歳以上年上でない者）が、身分のある者（5歳以上年上の者）と共同してわいせつ行為（13歳以上16歳未満の者に）をした場合、共同正犯（刑法65条1項）となる。

○　身分のある者と身分のない者が共謀し、身分のない者だけがわいせつ行為に及んだ場合、間接正犯が成立する場合がある。

○　身分のある者が、身分のない者に対し、13歳以上16歳未満の者とわいせつ行為をすることを教唆、幇助した場合、身分のない者の行為が本項の構成要件に該当しない以上、不可罰となると解される。

しっかり勉強しろよ
真正身分犯

罪　数

○　16歳未満の者に対し、本条第1項の行為をした場合、本条の単純一罪となる。

○　不同意性交等罪（刑法177条）と本罪を同時に行った場合、不同意性交等罪の一罪が成立する。

○　不同意わいせつ罪が成立する場合、監護者わいせつ罪は成立しない。

※　監護者わいせつ罪は、改正前の強制わいせつ罪では罰せられない態様の犯行を処罰するために設けられた補充規定であるから、新しく設けられた不同意わいせつ罪が成立する以上、監護者わいせつ罪は成立しない。

○　わいせつ目的略取、誘拐罪と本罪は牽連犯となる。

　　わいせつ目的以外の略取、誘拐罪とは、併合罪となる。

○　住居侵入を手段とした場合は、牽連犯となる。

○　性的姿態等撮影罪との関係は、両罪が1個の行為と評価できる場合は、観念的競合となり、別個の行為の場合は、併合罪となる。

しっかり勉強してよ

罪数

―不同意性交等罪―

第177条（不同意性交等）

　前条第1項各号に掲げる行為又は事由その他これらに類する行為又は事由により、同意しない意思を形成し、表明し若しくは全うすることが困難な状態にさせ又はその状態にあることに乗じて、性交、肛門性交、口腔性交又は膣若しくは肛門に身体の一部（陰茎を除く。）若しくは物を挿入する行為であってわいせつなもの（以下この条及び第179条第2項において「性交等」という。）をした者は、**婚姻関係の有無にかかわらず**、5年以上の有期拘禁刑に処する。

主　体

　制限がない。男女を問わない。

客　体

　制限がない。男女を問わない。

犯罪行為が
具体的に列挙されました

行　為

　刑法第176条1項各号の行為又は事由によって、同意しない意思形成を困難にするなどにより、性交、肛門性交、口腔性交、膣又は肛門に陰茎以外の身体の一部又は物を挿入する行為でわいせつな行為

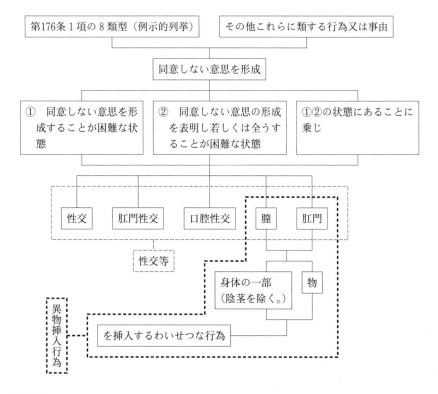

性交等

○　性交とは

　　膣内に陰茎を入れる行為

○　肛門性交とは

　　肛門に陰茎を入れる行為

○　口腔内性交とは

　　口腔内に陰茎を入れる行為

◆ポイント解説◆

○　自己又は第三者の膣内、肛門内、口腔内に被害者の陰茎を挿入する行為も含まれる。

○　本罪の陰茎、膣が、性別適合手術によって形成されたものであっても、生来のものと実質的に違いがない状態であれば、陰茎、膣と同等に扱われる。

異物挿入行為

「膣若しくは肛門に身体の一部（陰茎を除く。）若しくは物を挿入する行為であってわいせつなもの」は、旧法では強制わいせつ罪によって処罰されていたが、被害者が負う精神的ダメージを考慮し、今回の法改正により「性交等」に含めることとされたものである。

なお、異物挿入行為は、処罰対象行為が「挿入する行為」に限定され、被害者に、加害者の膣又は肛門に陰茎以外の身体の一部又は物を「挿入させる」行為は、本条の「性交等」には含まれない。

◆ポイント解説◆

○ 「身体の一部又は物を挿入する行為」とは、手指、バイブレーター等を膣又は肛門に入れる行為をいう。

○ この場合の「物」は、形状等の制限がないため、綿棒、錠剤、座薬などの小さな物であっても成立する。

○ なお、物を膣等に挿入しても、医療行為などのわいせつ性のない行為は除かれる。

用語 「婚姻関係の有無にかかわらず」とは

婚姻関係の有無が犯罪成立に影響がないことを確認的に明示したものである。

着手時期

性交等の目的で第176条第1項各号の行為を開始した時点である。

例えば、行為者が被害者の下着の中に指を入れて、陰部の外側をなで回した場合、指が膣内に入っていないことから不同意性交等罪は既遂とはならない。

しかし、行為が不同意性交等罪に及ぶ現実的危険性がある場合には、不同意性交等罪の着手があると認められ、同罪の未遂罪が成立すると解される。

判例

実務上、現実的危険性を有する行為が開始された時点で実行の着手が認められる。
「他所で強姦するため、自動車に被害者を引きずり込もうとした時点で、強姦罪の実行の着手が認められる」 （最決昭45.7.28）

> **第177条（不同意性交等）**
> 　2　行為がわいせつなものではないとの誤信をさせ、若しくは行為をする者について人違いをさせ、又はそれらの誤信若しくは人違いをしていることに乗じて、性交等をした者も、前項と同様とする。

主　体

　制限がない。男女を問わない。

客　体

　制限がない。男女を問わない。

行　為

　行為がわいせつなものではないとの誤信をさせ、若しくは行為をする者について人違いをさせ、又はそれらの誤信若しくは人違いをしていることに乗じて、性交等する行為

「行為がわいせつなものではないとの誤信をさせ」とは
　刑法第176条 2 項と同じ。
「行為をする者について人違い」とは
　刑法第176条 2 項と同じ。

> **第177条（不同意性交等）**
> 　3　16歳未満の者に対し、性交等をした者（当該16歳未満の者が13歳以上である場合については、その者が生まれた日より 5 年以上前の日に生まれた者に限る。）も、第 1 項と同様とする。

主　体

○　13歳未満の者に対する場合
　　主体（被疑者）に制限はない。男女を問わない。
○　13歳以上16歳未満の者に対する場合
　　主体（被疑者）は、被害者（13歳以上、16歳未満の者）より 5 歳以上年上の者に限られる。男女は問わない。

※　刑法第176条3項と同じ。

客　体

16歳未満の者。男女を問わない。

行　為

16歳未満の者と性交等すること。
この場合の性交等は、1項と同じ。

罪　数

○　同一の被害者に、同一の機会に数回の性交等を行った
場合、包括一罪になる。
○　機会を別にした数回の性交等は、併合罪となる場合が
ある。
○　16歳未満の者に対し、刑法第177条1項の行為をした
場合、1項と3項が適用されて単純一罪となる。
○　不同意わいせつ罪と不同意性交等罪が接着した機会に行われた場合、包括して
不同意性交等罪が成立すると解されている。
○　監護者性交等罪は、改正前の強制性交等罪では処罰できない行為を処罰するた
めに設けられたもの（補充規定）であるから、改正後の刑法第177条が成立する
以上、重ねて監護者性交等罪は成立しない。
○　わいせつ目的の略取、誘拐罪と不同意性交等罪は、牽連犯となる。
○　住居侵入を手段として不同意性交等を行った場合は、牽連犯となる。
○　逮捕監禁行為（暴行行為）が不同意性交等罪の手段となる場合は観念的競合と
なるが、手段となっていない場合には、併合罪となる。
○　性的姿態等撮影罪に当たる撮影行為が行われ、さらに不同意性交等が行われた
場合、両罪が社会通念上、1個の行為と解される場合には観念的競合となり、別
と解される場合には併合罪となる。

―16歳未満の者に対する面会要求等罪―

第182条（16歳未満の者に対する面会要求等）
1　わいせつの目的で、16歳未満の者に対し、次の各号に掲げるいずれかの
　　行為をした者（当該16歳未満の者が13歳以上である場合については、その
　　者が生まれた日より5年以上前の日に生まれた者に限る。）は、1年以下
　　の拘禁刑又は50万円以下の罰金に処する。
　⑴　威迫し、偽計を用い又は誘惑して面会を要求すること。
　⑵　拒まれたにもかかわらず、反復して面会を要求すること。
　⑶　金銭その他の利益を供与し、又はその申込み若しくは約束をして面会
　　を要求すること。

制定趣旨

　16歳未満の者に対する性的被害を未然に防止するため
に新設されたものである。

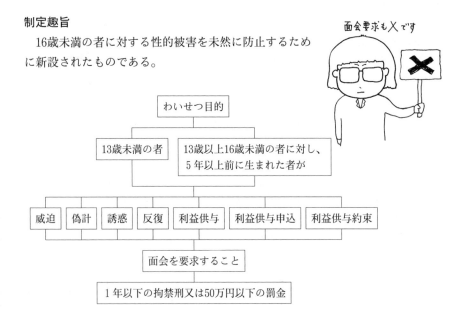

保護法益

　保護法役は、性的保護状態である。

主　体

○　13歳未満の者に対する場合

主体（被疑者）に制限はない。男女を問わない。
○　13歳以上16歳未満の者に対する場合
　　主体（被疑者）は、被害者（13歳以上、16歳未満の者）より5歳以上年上の者に限られる。男女は問わない。
　※　刑法第176条3項と同じ。

客　体

16歳未満の者。男女を問わない。

故　意

相手方（被害者）の年齢が16歳未満であるという認識が必要である。
その場合、生年月日を具体的に認識する必要はなく、5歳以上年下であることを未必的に認識していれば足りる。

行　為

用語 「威迫」とは

言語、動作、態度等で不安、困惑を感じさせる行為をいう。
「威迫」といえるためには、16歳未満の者が、面会するかどうかの判断が適切にできなくなる程度であることを要する。

会ってくれないと学校に言うよ

用語 「偽計」とは

人の判断を誤らせる手段をいう。
「偽計」といえるためには、16歳未満の者が、面会するかどうかの判断が適切にできなくなる程度であることを要する。

用語 「誘惑」とは

甘言を弄することをいう。
「誘惑」といえるためには、16歳未満の者が、面会するかどうかの判断が適切にできなくなる程度であることを要する。

用 語 「拒まれたにもかかわらず反復して」とは

拒否されているのに面会要求を複数回繰り返すことをいう。

複数回繰り返したといえるためには、少なくとも 2 回以上要求する必要がある。

用 語 「金銭その他の利益を供与し、又はその申込み若しくは約束をして」とは

金銭や財物だけでなく、家屋の無償貸与、接待供応、異性間の情交、職務上の地位等、需要や欲望を満足させるものは、ここでいう金銭その他の利益に該当する。

「供与」とは、相手に金銭等を与えることをいう。

「申込み」とは、金銭等の提供を申し出ることをいう。

「約束」とは、金銭等の供与に関して合意することをいう。

第182条（16歳未満の者に対する面会要求等）

　2　前項の罪を犯し、よってわいせつの目的で当該16歳未満の者と面会をした者は、 2 年以下の拘禁刑又は100万円以下の罰金に処する。

面会罪は、面会の要求の結果、行為者と16歳未満の者が面会することによって成立する罪である。

16歳未満の者と面会した場合、性的保護状態に対する現実の侵害があることから、1 項より重い加重処罰規定が設けられたものである。

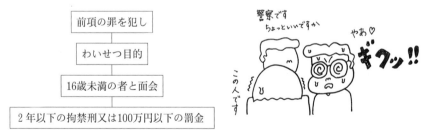

前項の罪を犯し

↓

わいせつ目的

↓

16歳未満の者と面会

↓

2 年以下の拘禁刑又は100万円以下の罰金

第182条（16歳未満の者に対する面会要求等）

　3　16歳未満の者に対し、次の各号に掲げるいずれかの行為（第 2 号に掲げる行為については、当該行為をさせることがわいせつなものであるものに限る。）を要求した者（当該16歳未満の者が13歳以上である場合については、その者が生まれた日より 5 年以上前の日に生まれた者に限る。）は、

　1年以下の拘禁刑又は50万円以下の罰金に処する。
⑴　性交、肛門性交又は口腔性交をする姿態をとってその**映像を送信する**
　　こと。
⑵　前号に掲げるもののほか、**膣又は肛門に身体の一部（陰茎を除く。）**
　　又は物を挿入し又は挿入される姿態、性的な部位（性器若しくは肛門若
　　しくはこれらの周辺部、臀部又は胸部をいう。以下この号において同じ。）
　　を触り又は触られる姿態、性的な部位を露出した姿態その他の姿態をとっ
　　てその映像を送信すること。

行　為

　16歳未満の者に対し、3項1号又は2号に掲げる性的な姿態をとり、その映像の
送信を要求する行為をいう。

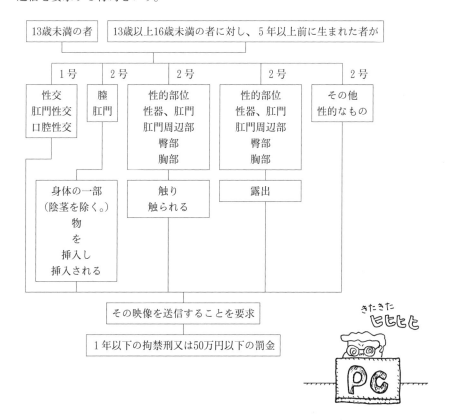

◆ポイント解説◆

　要求行為以前に、既に撮影して保存中の映像（16歳未満の者がスマートフォンで自撮りした映像等）を送信するよう要求しても、本罪は成立しない。ただし、送信させる目的で16歳未満の者に性的な姿態を撮影させ、それをいったんスマートフォン等に保存し、後日、改めて当該映像を送信要求した場合、撮影から要求までが一連の行為が評価できるのであれば、本罪の刑責を負うと解される。

「要求」とは

　面会要求罪と同じ。

「映像」とは

　静止画像のほか、動画も含む。

1号の要求行為

　16歳未満の者に対し、他人との間で性交、肛門性交、又は口腔性交をしている姿態を撮影し、その映像を送信するよう要求する行為をいう。

　「性交」「肛門性交」「口腔性交」の意義は、不同意性交等罪と同じ。

2号の要求行為

① 　「膣又は肛門に身体の一部又は物を挿入し又は挿入される姿態をとって、その映像を送信するように要求する行為」とは

　　16歳未満の者に、

　○　肛門に自己の指や性具等を入れ、その姿態の映像を送信するよう要求

　○　膣又は肛門に他人の指や性具等を入れ、その姿態の映像を送信するよう要求

　○　他人の膣又は肛門に、16歳未満の者の指や性具等を入れ、その姿態の映像を送信するよう要求する行為

　　などをいう。

② 　「性的な部位を触り又は触られる姿態をとって、その映像を送信するよう要求する行為」とは

　　16歳未満の者に、

　○　自己の性的な部位を触る姿態をとり、その映像を送信するように要求する行為

　○　他人の性的な部位を触る姿態をとり、その映像を送信するように要求する行為

　　などをいう。

③　「性的な部位を露出した姿態その他の姿態をとって、その映像を送信するように要求する行為」とは

自己の性的な部位を露出した姿態をとり、その姿態の映像を送信するよう要求する行為をいう。

「その他の姿態」とは、

○　他人の性的な部位を舐める。

○　自分の性的な部位を舐められる。

などの姿態をいう。

「わいせつなものであるものに限る」とは

例えば、

○　親が、胸を打撲した子供の服を脱がして負傷部位を見る。

○　医師が、リモート診察で胸部の幼児の皮膚疾患部位を診る。

などはわいせつ性がなく、本罪の処罰対象にならない。

罪　数

○　面会要求によって面会に至った場合には、面会要求罪は、面会罪に吸収される。

○　面会行為の後に、不同意わいせつ又は不同意性交等が行われた場合、両罪は保護法益が異なることから、面会罪と不同意わいせつ罪又は不同意性交等罪が成立し、両罪は牽連犯となる。

○　映像送信要求が行われ、その後に不同意わいせつ（被害者に性的な姿態をとらせた映像を送信させる行為）が行われた場合、その行為が１個の行為とみなされる場合には観念的競合となり、両罪が手段と結果の関係にある場合には、牽連犯となる。

―監護者わいせつ罪及び監護者性交等罪―

> 第179条（監護者わいせつ及び監護者性交等）
> 1　18歳未満の者に対し、その者を現に監護する者であることによる影響力
> があることに乗じてわいせつな行為をした者は、第176条第1項の例による。
> 2　18歳未満の者に対し、その者を現に監護する者であることによる影響力
> があることに乗じて性交等をした者は、第177条第1項の例による。

監護者わいせつ罪及び監護者性交等罪とは

　18歳未満の者に対し、監護者として影響力があることを利用して、監護者が18歳未満の者とわいせつな行為や性交等をした場合に本罪が成立する。

　同種事案は、これまで性犯罪として立件することが困難であったため、監護者によるわいせつな行為等を処罰するために本罪が新設されたものである。

保護法益

　18歳未満の者の性的自由ないし性的自己決定権である。

監護者わいせつ罪及び監護者性交等罪の主体

　本罪の主体は「現に監護する者」である。本罪は身分犯である。

（用 語）「現に監護する」とは

　本罪の主体は、現にその者の生活全般にわたり、衣食住や生活上の指導監督など経済的、精神的な依存、被依存、保護、被保護の関係が認められることが必要であ

る。

　したがって、本罪の「現に監護する者」の該当性については、法律上の監護権（民法上の親権等）に基づかなくても、事実上、現に18歳未満の者を監督、保護する者であれば、「現に監護する者」に該当し、法律上の親権者等であっても、実際に監護している事実がなければ、「現に監護する者」に当たらない。

　具体的には、個々の事案において、

○　同居の有無や居住場所に関する指定等の有無

○　生活指導や身の回りの世話等の生活実態

○　生活費の支出などの経済的関係

○　未成年者に関する諸手続等の監護状況

などを考慮して判断することとなる。

娘とはもう20年も会ってねーなぁ

当たらない

平成29年改正のポイント

◎　「現に監護する者」に当たる者
　○　同居して寝食の世話、指導、監督をしている親
　○　単身赴任をして平日は関わりが少ないが、平日は電話やメール等で連絡し、休日は帰宅して指導等をしている親
　○　親の再婚相手で、養子縁組をしていないが、寝食の世話、指導、監督をしている者
　○　内縁の配偶者で、寝食の世話、指導、監督をしている者
　○　親が行方不明のため、引き取って親代わりとして養育している親族
◎　「現に監護する者」に当たらないと解される者
　○　生徒が通う学校の教師
　○　クラブ等の指導者
　○　雇用関係にある雇用主等

アルバイト

社長

当たらない

共犯と身分犯

　本罪は身分犯であるから、身分のない「現に監護する者」でない者が、「現に監護する者」と共同（共犯）してわいせつな行為又は性交等をすれば、身分のない者に刑法第65条第1項が適用され、監護者わいせつ罪又は監護者性交等罪の共犯が成立する。

　なお、ここにいう「共犯」とは、共同正犯（刑法60条）のほか、教唆犯（同61条1項）及び幇助犯（同62条1項）も含まれる。

監護者わいせつ罪及び監護者性交等罪の客体

　本罪の客体は、18歳未満の者である。

監護者わいせつ罪及び監護者性交等罪の行為

　本罪は、「現に監護する者であることによる影響力があることに乗じて」わいせつな行為又は性交等をすることによって成立する。

用 語 「現に監護する者であることによる影響力」とは

　「影響力」とは、人の意思決定に何らかの影響を与える力をいう。

　「現に監護する者であることによる影響力」とは、監護者が被監護者の生活全般にわたって、衣食住などの経済的な支援や精神的な指導・監督等をしていることに

より、現に被監護者に対して影響力が継続的に生じている状態をいう。

　一般的に「現に監護する者」に該当すれば、「現に監護する者であることによる影響力がある」となる。

用語　「影響力があることに乗じて」とは

　18歳未満の者に対する「現に監護する者であることによる影響力」が存在し、本罪行為時も影響力ある状態でわいせつな行為や性交等を行うことをいう。

　その場合、わいせつな行為や性交等に及ぶ際に、影響力を利用するための具体的な行為は必要なく、影響力を及ぼしている状態で本罪の行為を行えば本罪が成立する。

　ただし、影響力がある場合でも、被害者が何らかの事情で行為者を自己の監護者であることを認識していない場合や、監護者がわいせつな行為や性交等を強く、再三にわたって制止等したが、やむを得ず監護者が本罪の行為を行った場合には、監護者がその影響力を及ぼしている状態であったとはいえない。

わいせつな行為及び性交等

　わいせつな行為又は性交等の意義については、不同意わいせつ罪あるいは不同意性交等罪と同じである。

同意の有無

本罪は、18歳未満の者が監護者との性交等に応じたように外見上は見えたとしても、その同意は、精神的に未熟で判断能力に乏しい18歳未満の者が、監護者の影響力によって同意したものであり、自由な意思決定ということはできないことから、本罪の成否を検討する場合に、被害者の同意の有無は、問題とならない。

他罪との関係

① 不同意わいせつ罪・不同意性交等罪との関係

本罪は、不同意わいせつ罪や不同意性交等罪が行われたが、それらの罪では立件できない場合に、それらの罪と同等の悪質性・当罰性が認められる事案を処罰するために新設されたものである。したがって、不同意わいせつ罪又は不同意性交等罪が成立する場合には本罪は成立しない。

② 児童福祉法第34条第1項第6号違反の罪との関係

本罪と児童福祉法第34条第1項第6号違反の罪との関係は、観念的競合となる。ただし、両罪の構成要件を充足する場合において、時間、場所、機会が異なるなどの場合には、別件として立件するなど事件の個別性等を慎重に捜査する必要がある。

③ 東京都青少年の健全な育成に関する条例第18条の6違反の罪との関係

本罪と東京都青少年の健全な育成に関する条例第18条の6違反の罪は、本罪に吸収される。

―非親告罪化と経過措置―

趣 旨

平成29年改正前は、（準）強制わいせつ罪及び（準）強姦罪は、親告罪であったが、この趣旨は、一般に、公訴を提起することによって被害者の名誉等が害されるおそれがあり、被害者の意思を尊重するためであると解されていた。しかし、親告

罪であるために、かえって被害者に精神的な負担を生じさせていると認められたことから、強制性交等罪が非親告罪とされたのである。

非親告罪になった罪

　平成29年改正により、（準）強制わいせつ罪及び（準）強制性交等罪のほか、わいせつ又は結婚拐取罪（刑法225条）、及びこれらの罪を幇助する目的で犯した営利略取等幇助目的被略取者等引渡し等罪（同227条１項）及びわいせつ目的の営利被略取者引渡し等罪（同227条３項）が非親告罪とされた。

わかったか？

　これらの事件では、被害者に告訴状の提出を指示せず、被害者が積極的に告訴状を提出する意思がある場合だけ受理すればよい。また、事件を送致後、担当検察官より、被害者から告訴状を受理するように指示された場合には、事件主管課に相談の上で検討を行う。

　なお、未成年者拐取罪（刑法224条）、同罪を幇助する目的で犯した営利略取等幇助目的被略取者等引渡し等罪（同227条１項）及びこれらの罪の未遂罪については、親告罪であるから留意するように。

はい

第180条（未遂罪）
　第176条、第177条及び前条の罪の未遂は、罰する。

―不同意わいせつ等致死傷罪―

第181条（不同意わいせつ等致死傷）

1　第176条若しくは第179条第1項の罪又はこれらの罪の未遂罪を犯し、よって人を死傷させた者は、無期又は3年以上の懲役に処する。

2　第177条若しくは第179条第2項の罪又はこれらの罪の未遂罪を犯し、よって人を死傷させた者は、無期又は6年以上の懲役に処する。

不同意わいせつ等致死傷罪とは

　不同意わいせつ、不同意性交等、監護者わいせつ及び監護者性交等又はこれらの未遂罪を犯し、よって人を死亡させ又は傷害を負わせることにより成立する。

不同意わいせつ等致死傷罪の客体

　不同意わいせつ、不同意性交等、監護者わいせつ及び監護者性交等の被害者である。

不同意わいせつ等致死傷罪の既遂時期

①　本罪は、結果的加重犯であり、不同意わいせつ・不同意性交等の行為が未遂であっても、死傷の結果が発生すれば、本罪が成立する。

②　ただし、死傷の結果が発生したからといって、直ちに本罪が成立するというものではなく、すなわち、不同意わいせつ・不同意性交等の行為から死傷の結果が発生したという、因果関係がなければならない。

因果関係について

① 判例の主流は、行為と結果との間に、その行為がなかったなら、そのような結果は生じなかったであろうという条件関係があればよいとしている（条件説）。

② しかし、条件説は、その適用が広くなることから、その行為からそのような結果が生ずることが相当と認められる場合に因果

関係があるとする、相当因果関係説が学説上は有力であり、近年の判例もこれに従うものが多い。

③ 実務上は、従来の判例の考え方を基本としながらも、発生した死傷の結果が犯罪行為から発生したものと客観的にみることができる場合には、因果関係があると解している。

> 判 例
>
> ○ 死傷の結果は、わいせつ・姦淫行為自体によって生じた場合であると、その手段たる暴行・脅迫によって生じた場合であるとを問わない。　　（大判明44.3.9）

不同意わいせつ等致死傷罪の着手時期

① 着手時期は、行為者が性交等又はわいせつ行為の手段としての暴行・脅迫を開始したときである。

② したがって、性交等又はわいせつ行為が開始されても、暴行・脅迫が行われない間は、それぞれの罪の着手があったとはいえない。

③ 暴行・脅迫は、相手方の反抗を著しく困難にする程度のものでなければならないが、このような程度に至らない暴行・脅迫であっても、周囲の状況等から着手と認められる場合がある。

④ 同意しない意思を形成し、表明し若しくは全うすることが困難な状態にあることに乗じて行われる性交等・わいせつ行為若しくは13歳未満の者に対する性交等・わいせつ行為の着手時期は、性交等又はわいせつ行為を開始したときであるが、客観的にみて性交等又はわいせつ行為と認められるものでなければならない。

⑤ 13歳未満の者にわいせつ行為をする意図で手を引いて歩いただけでは、いまだ着手があったとはいえない。

⑥ 同意しない意思を形成し、表明し若しくは全うすることが困難な状態にさせて性交等・わいせつ行為をする場合の着手時期は、このような状態にする行為を開始したときである。

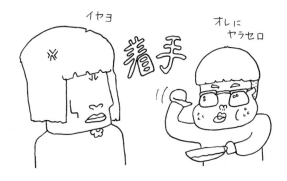

判 | 例

○　強姦の目的で夜間人通りの少ない場所で不意に抱き付き、せっぷんしようとした場合は着手がある。
（高松高判昭33.2.24）

○　強姦の目的でやにわに腰を抱き、手を股間に挿入し、指で陰部をもてあそんだ場合は着手となる。
（大阪高判昭29.2.25）

○　姦淫する目的で婦女に馬乗りになった場合には、強姦の着手があったといえる。
（大阪高判昭33.12.9）

親告罪とはならない

不同意わいせつ罪、不同意性交等罪、監護者わいせつ罪及び監護者性交等罪及びこれらの未遂罪により致死傷の結果を生じた場合に本罪が成立し、全て非親告罪となる。

16 汚職に関する罪

―贈・収賄罪―

> **第197条（収賄、受託収賄及び事前収賄）**
> 1　**公務員**が、その**職務に関し**、**賄賂**を**収受**し、又はその**要求**若しくは**約束**をしたときは、5年以下の懲役に処する。この場合において、**請託を受け**たときは、7年以下の懲役に処する。

贈・収賄罪とは

① 公務員の職務執行の公正を保持し、職務の公正に対する社会の信頼を確保することを本質とする罪である。

② 犯罪の態様は、公務員による犯罪（収賄罪）と公務員に対する犯罪（贈賄罪）とに分かれる。

公務員に限る

もらえるものなら何でももらい　もらった以上やれることなら何でもするぞ

収賄罪

贈賄罪の主体

非身分犯であり、その主体に何ら制限はない。

制限なし

金でなんとかなるのなら金でなんとかすればええ

贈賄罪

収賄罪

① 贈・収賄罪の中心をなすのは収賄罪であり、刑法はこれについて行為の態様別に詳細な規定を設けている。

② 収賄罪は、単純収賄罪を基本とし、刑を加重したものに、受託収賄罪と加重収賄罪があり、成立要件を拡大したものに、事前収賄罪・第三者供賄罪・事後収賄罪・あっせん収賄罪がある。

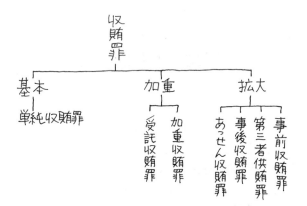

単純収賄罪

　単純収賄罪（刑法197条 1 項前段）は、公務員
が、その職務に関し、賄賂を収受し、要求・約束
することによって成立する。法定刑は 5 年以下の
懲役である。

収賄罪の主体

　身分犯であり、その主体は公務員に限られる。

　ただし、公務員の身分について、

① 　現にその地位にある者

② 　将来その地位に就こうとする者

③ 　過去にその地位にあった者

によって成立する罪が異なる。

公務員内定者

用 語 「公務員」とは

① 　国又は地方公共団体の職員として公務に従事する者のことであ
る。

② 　刑法第 7 条に規定されている「国又は地方公共団体の職員その
他法令により公務に従事する議員、委員その他の職員」がこれに
当たり、「みなし公務員」も含まれる。

みなし公務員

駐車監視員

贈・収賄罪の客体
　賄賂である。

用語 **「賄賂」とは**

① 公務員の職務に関する不正な報酬としての利益を意味する。

② 賄賂の認定に当たっては、

　ア　職務関連性の有無

　イ　対価関係の存在

　ウ　賄賂の目的物

　の３点に留意しなければならない。

職務上の関連性がない場合の一例

職務関連性の有無について

　収賄罪においては、公務員が「職務に関し」
て賄賂の授受等がなされているという、賄賂
と職務の関連性がなければならない。

用語 **「職務」とは**

① 公務員がその地位に伴い公務として取り扱う全ての執
　務を意味する。

② その場合の職務範囲は、原則として、法令によって定
　められているものになるが、法令にその根拠を有すれば
　足り、訓令・通達・内規等で決められているだけでもよ
　い。

③ この職務は、現在行っている場合はもとより、将来に行うものであっても、過

去に担当していたものでもよい。

判例

○　刑法第197条にいう「職務」とは、当該公務員の一般的な職務権限に属するもので
あればよく、本人が具体的に担当している事務である必要はない。（最判昭37.5.29）
○　特定の課に勤務する公務員は、内部的な事務の分担によって現実に自らが担当して
いなくても、同課に属する事務を行っているといえる。　　　　　（最判昭27.4.17）
○　「職務の範囲」について、独立の決裁権がなく、上司の指揮監督の下にその命を受
けて補助的に行う職務でもよい。　　　　　　　　　　　　　　　（最判昭28.10.27）

職務行為とは

作為でも不作為でもよい。

用語　「職務に関し」とは

職務行為自体に関する場合のほか、職務と密
接な関係を有する行為に関する場合も含む。

判例

○　議員が殊更に欠席して議事に加わらないことなどは、不作為による職務行為となる。
（大判大5.11.10）
○　職務行為に対する謝礼と職務外の行為に対する報酬とが不可分的に授与されたとき
は、全体を包括して賄賂性が認められる。　　　　　　　　　　　（最判昭23.10.23）
○　医療法人理事長として病院を経営していた被告人が、自己が長を務める医局に属す
る医師を医局と一定の関係を有する外部の病院へ派遣する行為は、これらの医師を教
育指導するというその職務に密接な関係があり、賄賂罪における職務関連性が認めら
れる。　　　　　　　　　　　　　　　　　　　　　　　　　　　（最決平18.1.23）

対価関係の存在について

①　賄賂とは、公務員の職務に関する行為に対する不正な報酬としての利益を意味
するから、その利益と職務行為の間に対価関係がなければならない。

②　しかし、この対価関係は、一定の職務行為との間に存在すれば足り、個々の職

務行為との間に個別に存在する必要はない。

③ 賄賂は不正な報酬であるが、職務行為が不正なものであることを必要とせず、正当な職務行為の対価として給付されたものであっても賄賂となる。

④ ただし、不正な職務行為の対価である場合には、刑が加重される（刑法197条の３）。

⑤ 例えば、公務員に対する盆暮の中元、歳暮や手土産等が、通常の社交的儀礼の範囲内と認められるときは賄賂にはならないが、公務員の職務に対する対価としての意味をもつときは、たとえ中元、歳暮などの名目で授受されても賄賂性を帯びる。

判例

○ 中元、歳暮における社交上の慣習、儀礼とみられる程度の贈物といえども、公務員の職務に関し授受された以上、賄賂罪が成立する。　　　　　　　　　（大判昭4.12.4）

○ 県知事とその実弟が共謀の上、実弟が代表取締役を務める会社において、土地を早期に売却する必要性があったが、思うように売却できずにいる状況の中で、県が発注した建設工事受注の謝礼の趣旨の下に、受注業者の下請業者に当該土地を買い取ってもらい代金の支払を受けたという事実関係の下においては、売買代金が時価相当額であったとしても、当該土地の売買による換金の利益が賄賂に当たる。　　　　　　　　　（最決平24.10.15）

賄賂の目的物とは

① 有形のものであると無形のものであるとを問わない。

② 人の欲望を満足させるものであれば全て含まれる。

③ 金員や有価証券はもちろん、金銭消費貸借契約による金融の利益、債務の弁済保証、貸座敷における遊興、異性間の情交、有利な就職のあっせん、投機的事業に携わる機会を得させることなども賄賂となる。

賄賂たる利益とは

① 特に経済上の価値を有することを要せず、その価額を確定できないものでもよい。

② 単に一時的に人の欲求を満足させるものでも差し支えない。

③ ぞう物も賄賂の目的物となり得る。

判　例
─────────────────────────────

○ 賄賂の目的物は、有形であると無形であるとを問わず、人の需要又は欲望を満たすに足りる一切の利益を包含する。

(大判明43.12.19)

◎判例上、賄賂の目的物とされたもの
- ○　ゴルフクラブ会員権（最決昭55.12.22）
- ○　債務の弁済（大判大14.5.7）
- ○　保証又は担保の提供（大判明11.10.3）
- ○　異性間の情交（大判大4.7.9）
- ○　債務の立替弁済（最決昭41.4.18）
- ○　そう物（最判昭23.3.16）
- ○　新規上場に先立ち株式を公開価格で取得できる利益（最決昭63.7.18）

賄賂罪の基本的行為について

　贈・収賄罪において、共通の構成要件的行為は、

① 収受

② 供与

③ 要求

④ 申込み

⑤ 約束

の5つである。

用語 「収受」とは

① 賄賂を取得することである。

② 有形の財物の場合には、その占有を取得したときに、また、無形の利益の場合には、現にその利益を受けたときに収受となる。

③ なお、いったん受け取っておきながら、後に考え直してこれを返還したとしても、収受罪の成立を妨げない。

判例

　○　後日返還するつもりで一時預かったにすぎないときは、収受といえない。

(大阪高判昭29.5.29)

公務員の身分の意義

① 公務員の身分は、収受・要求・約束の行為時にあることを要する。

② 公務員が職務権限を異にする他の職務に転任・転職した後であっても、収受の当時に公務員である以上、転任・転職前の職務に関して賄賂を収受すれば、本罪が成立する。

受託収賄罪

① 受託収賄罪（刑法197条1項後段）は、公務員が、その職務に関し、請託を受けて賄賂を収受・要求・約束することによって成立し、法定刑は7年以下の懲役である。

② ここにいう請託とは、公務員に対して、その職務に関し一定の職務行為をし、又はしないことを依頼することをいう。

③ 正当な職務行為の依頼であると、不正な職務行為の依頼であるとを問わない。

④ 正当な職務行為に対する依頼の場合であっても、その請託がなされることによって、職務行為と賄賂との対価関係が明らかとなり、職務の公正に対する社会の信頼が強く侵害されることは、不正行為に関する依頼の場合と何ら変わるところがないため、加重処罰される。

判 例

○ 公務員の不在中、その同居の妻が賄賂を受け取り、その後、夫たる公務員がその事実を容認したような場合は、それによって収受となる。　（仙台高判昭28.3.16）

用語 「請託」とは

必ずしも賄賂供与前に明示的に行われることを要せず、賄賂を供与することによって、黙示的に依頼の趣旨が表示されてもよい。

用語 「請託を受け」とは

① 依頼を承諾することである。承諾もまた明示であると黙示であるとを問わないが、承諾とは、依頼の趣旨を知り、これに応ずる意思をもってそれを表示することを意味するから、依頼の趣旨を知っても、これに応ずる意思表示がなければ「請託を受け」には当たらない。

② 請託を受けたといえるためには、公務員において依頼の内容に応ずる意思があったこと及びそれがたとえ黙示的にせよ表示されることが必要である。

③ 請託を拒絶したが、賄賂だけはこれを収受したという場合には、単純収賄罪が成立する。

④ 合意が、当該公務員と相手方とのいずれの側の発意によって行われたかは問題でなく、依頼と承諾さえ認められれば、「請託を受け」に当たることとなる。

判例

> ○ いかなる行為を依頼しても、すべてそれが「請託」となるわけではない。「請託」というためには、その請託の対象となる職務行為がある程度具体性を有することを必要とする。　　　　　　　　　　　　　　　　　　　　　　　（東京高判昭28.7.20）
> ○ 請託の対象となる職務行為は、ある程度特定されなければならないが、必ずしも公務員に対してその行うべき事項を具体的に指示嘱託する必要はなく、寛大の処分、便

宜の取扱いを望むにすぎない依頼でも請託となる。　（名古屋高金沢支判昭29.9.25）

第197条（収賄、受託収賄及び事前収賄）

2　**公務員になろうとする者**が、その担当すべき職務に関し、請託を受けて、賄賂を収受し、又はその要求若しくは約束をしたときは、公務員となった場合において、5年以下の懲役に処する。

事前収賄罪とは

　事前収賄罪（刑法197条2項）は、公務員になろうとする者が担当すべき職務に関し、請託を受けて賄賂を収受・要求・約束することによって成立する。

用語 「公務員になろうとする者」とは

① 単にその者の内心的意思だけでは足りず、例えば、選挙の立候補者のように、公務員になる可能性が生じた場合など、ある程度の蓋然性のある者のことをいう。

② 公務員として採用願いを出して内定はあったが、いまだ採用されていない者や、議員になろうとして立候補している者などがこれに当たる。

③ このような者が賄賂を収受しても、後日予定どおり公務員にならなかった場合には処罰されず、後に公務員になった場合にはじめて処罰される。

④ なお、行為者が後に公務員になったとしても、それが最初に予定したように、その請託を受けた行為（作為・不作為）を行うことができる公務員とならず、これと全く関係のない他の公務員となった場合には、本罪に該当しない。

―第三者供賄罪―

> **第197条の2　（第三者供賄）**
>
> 　公務員が、その職務に関し、請託を受けて、第三者に賄賂を供与させ、又はその**供与の要求**若しくは**約束**をしたときは、５年以下の懲役に処する。

第三者供賄罪とは

① 　第三者供賄罪（刑法197条の2）は、公務員が、その職務に関し、請託を受けて第三者に賄賂を供与させ又はその供与を要求・約束したときに成立する。

② 　本罪は、間接収賄罪とも呼ばれ、公務員が自ら収賄するのではなく、第三者をして賄賂を受けさせる点に特色がある。

民間人　　　公務員

用語 「第三者」とは

　犯罪の主体である公務員以外の者をいい、自然人であると法人であると法人格のない団体であるとを問わない。

第三者

用語 「供与」とは

① 　相手方である公務員に対して、賄賂を収受させることをいう。

② 　相手方が収受しないかぎり、申込みにとどまる。

③ 　収受罪と供与罪とは、必要的共犯である。

用語 「要求」とは

① 　賄賂の供与を請求することである。

② 　これは、一方的行為で足り、相手方がこれに応じなくても差し支えない。

判 例

○ 供与には、目的物について現実的支配の移転を必要とするから、数人が賄賂の目的で一定の割合による金員を拠出し、その内の一人がこれを保管しているだけでは、いまだ賄賂の供与があったものとはいえない。 （大阪高判昭32.11.9）
○ 公務員が、相手方の認識し得べき状態において、賄賂の交付を請求する意思表示をすればよいのであり、相手方がその意思表示を認識したかどうかを問わないから、相手方が公務員の意思表示の趣旨を誤解して、贈賄の意思なしに請求された金額を供与した場合にも、要求罪は成立する。 （大判昭11.10.9）

申込みとは

① 収受を促すことである。

② 単なる口頭による申出で足り、必ずしも現実に相手方が賄賂を収受し得る状態に置くことを要しない。

③ 相手方が賄賂であると認識し得る状態で行わなければならないが、現に賄賂であることが認識されたかどうかを問わない。

④ 申込罪と要求罪は、申込者、要求者の一方的行為によって成立し、それと対応する相手方の行為を要しないから、必要的共犯ではない。

用 語 「約束」とは

① 収賄者と贈賄者との間に、賄賂の授受について意思の合致がみられることをいう。

② 約束罪は、必要的共犯である。

③ 賄賂としての謝礼の金額及びその履行期が確定しなくてもよい。

④ いったん約束がなされた後に、これを解除する意思を表示しても、約束罪の成立に影響はない。

判 例

○ 公務員の妻に賄賂を差し出した場合、それだけでは収受があったわけではなく供与罪も成立しないが、申込罪が成立する。 （大判明43.12.19）
○ 約束罪における賄賂としての利益は、必ずしも約束時に現在することを必要とせず、後日それを授受すべきことが予期されればよい。 （大判昭7.7.1）

用語 「供与させ」るとは

① 受け取らせることをいう。

② 第三者が受け取らない限り、供与の要求又は約束にとどまる。

第三者

要求又は約束にとどまる

判例

○ 共同正犯者は第三者とならないが、教唆者・従犯者は第三者に当たる。

（東京地判昭35.6.27）

○ 警察署長に対し、警察署の車両の改造及び修繕費の負担方を申し出て賄賂の申込をした事案において、警察署は第三者に当たる。　　　　　（最判昭31.7.3）

用語 「供与の要求」とは

第三者に供与するように相手方に求めることであり、一方的な意思表示で足りる。

第三者

公務員

供与の約束とは

① 第三者に供与することについて相手方と合意することをいう。

② なお、単に第三者の手を経るだけで、結局、公務員が賄賂を収受する場合は、本罪ではなく単純収賄罪が成立する。

③ したがって、賄賂がその情を知った公務員の家族に供与され、その利益が当の公務員に帰属すると認められるときは、公務員本人によって間接的に収受されたことになる。

公務員の妻

―加重収賄罪及び事後収賄罪―

第197条の３　（加重収賄及び事後収賄）

１　公務員が前２条の罪を犯し、よって不正な行為をし、又は相当の行為を

> しなかったときは、１年以上の有期懲役に処する。
> 2　公務員が、その職務上不正な行為をしたこと又は相当の行為をしなかっ
> たことに関し、賄賂を収受し、若しくはその要求若しくは約束をし、又は
> 第三者にこれを供与させ、若しくはその供与の要求若しくは約束をしたと
> きも、前項と同様とする。

加重収賄罪とは

①　加重収賄罪（刑法197条の３第１項・２項）は、

ア　公務員が、単純収賄・受託収賄・事前
収賄・第三者供賄のいずれかに当たる罪
を犯し、よって不正の行為をし、又は相
当の行為をしなかった場合（１項）

イ　公務員が、その職務上不正な行為をし、
又は相当の行為をしなかったことに関し、
賄賂を収受・要求・約束し又は第三者に
これを供与させ、若しくはその供与を要
求・約束した場合（２項）にそれぞれ成立し、法定刑はいずれの場合も１年以
上の有期懲役である。

②　本罪は、収賄行為と関連して職務違背行為がなされることにより刑が加重され
る特別な犯罪類型である。

③　第１項の罪は、まず収賄行為をした後に職務上不正行為をし又は相当の行為を
しなかった場合である。

④　第２項の罪は、それとは逆にまず不正行為をし又は相当の行為をしないでおい
て、その後に収賄行為をした場合である。

用 語 「不正な行為をしたこと又は相
当の行為をしなかったこと」とは

①　積極的行為（作為）又は消極的行
為（不作為）によって、その職務に
違反する一切の場合をいう。

②　外部に対する職務上の処分行為の
みならず、上司に対する内部的な事
務行為や、法規に違反する行為はも

ちろん、自由裁量に属する行為でも職務上の義務に違反したときは、ここにいう行為に当たる。

用 語 第1項にいう「よって」とは

「単純収賄・受託収賄・事前収賄・第三者供賄の行為の結果として」という意味であり、結果的加重犯のことを意味するものではない。

第1項の罪の既遂時期

不正行為を行ったときであるが、目的の不正行為が一切完了した場合というほど厳格に解する必要はない。

用 語 第2項にいう「その職務上」とは

① 「職務に関し」と同じ意味である。
② 法律上所掌する職務に限らず、その職務に密接な関係を有する事項について不正な行為をした場合にも本罪が成立する。
③ なお、第1項・第2項の罪とも、収賄行為と不正な行為をし又は相当の行為をしないことの間に、因果関係が存在しなければならない。

第197条の3 （加重収賄及び事後収賄）

3 公務員であった者が、その在職中に請託を受けて職務上不正な行為をしたこと又は相当の行為をしなかったことに関し、賄賂を収受し、又はその要求若しくは約束をしたときは、5年以下の懲役に処する。

事後収賄罪とは

事後収賄罪（刑法197条の3第3項）は、公務員であった者がその在職中、請託

を受けて職務上不正な行為をし又は相当の行為をしなかったことに関して、賄賂を収受・要求・約束したときに成立する。

事後収賄罪の主体

現に公務員という地位にない者だけが本罪の主体となるのであって、公務員の身分を有する限りは、前の職務に関して賄賂を収受しても、本罪ではなく単純収賄罪が成立する。

元公務員

―あっせん収賄罪―

第197条の4 （あっせん収賄）

公務員が**請託**を受け、他の公務員に職務上不正な行為をさせるように、又は相当の行為をさせないように**あっせん**をすること又はしたことの報酬として、賄賂を収受し、又はその要求若しくは約束をしたときは、5年以下の懲役に処する。

あっせん収賄罪とは

公務員が請託を受け、他の公務員をしてその職務上不正な行為をさせ又は相当の行為をさせないようにあっせんし、あるいはあっせんしたことの報酬として賄賂を収受・要求・約束したときに成立する。

あっせん収賄罪の主体

① 公務員である。

② 公務員が積極的にその地位を利用してあっせんしたことは必要ではないが、少なくとも公務員としての立場であっせんすることを要する。

判｜例

○ 本罪が成立するためには、公務員が積極的にその地位を利用してあっせんすることは必要でないが、少なくとも公務員としての立場であっせんすることを必要とする。
(最決昭43.10.15)

用｜語　「請託」とは

公務員に対して、他の公務員をして、その職務上不正な行為をさせ、又は相当の職務行為をさせないようにあっせんすることを依頼することをいう。

用｜語　「あっせん」とは

一定の事項について請託者と他の公務員との間に立って仲介し、便宜を図ることである。

判｜例

○ 公務員が、請託を受けて、公正取引委員会が私的独占の禁止及び公正取引の確保に関する法律違反の疑いで調査中の審査事件について、同委員会の委員長に対し、これを告発しないように働き掛けることは、「職務上相当の行為をさせないように」あっせんすることに当たる。
(最決平15.1.14)

便宜とは

① 贈賄者のための便宜であると第三者のための便宜であるとを問わない。

② ある公務員が、その地位を利用してあっせんする場合に限らず、公務員としての立場であっせんすれば、友人その他の私的関係を利用する場合であってもよい。

③ 親族関係を利用する等、公務員としての立場を全く離れた私人として働き掛け

るような場合には、本罪は成立しない。

なによ

頼みが
あるんじゃが

成立しない

妻　　　夫

あっせん行為の意義

① 過去のものでも将来のものでもよいが、将来のあっせ
ん行為について賄賂を収受・要求・約束した場合には、
後にそのあっせん行為が行われたと否とを問わず、本罪
が成立する。

② あっせん行為は、相手方である公務員に直接働き掛け
ることを必要とする。

③ 公務員、非公務員を問わず、第三者に働き掛け、その
第三者の影響力を行使して公務員に職務上の不正行為等
をさせる場合には、本罪は成立しない。

④ ただし、その第三者と共謀関係があったり、間接正犯的な行為であれば本罪が
成立するものと解される。

結局、断られちゃった
もんね…

成立する

罪数について

① 賄賂を要求して約束し、その後に収受した場合は、単に一罪の収賄罪となる。

② 賄賂の供与を申し込んで約束し、その後に供与した場合も、一罪の贈賄罪とな
る。

③ 趣旨を異にする数個の職務行為に関するものであるときは、各賄賂の授受ごと
に独立して贈・収賄罪が成立し、併合罪となる。

④ 賄賂の申込みが反復され、その後贈賄があった場合については、その反復が同
一贈賄目的を達成しようとする単一の意思に出たものと認められる限り、単に贈
賄罪一罪が成立するにすぎない。

⑤ 一個の行為をもって数人の公務員に贈賄した場合には、各公務員ごとに贈賄罪
が成立し、各罪は観念的競合となる。

⑥ 公務員が他人を恐喝して財物の交付を受けた場合、その事実関係からみて、当
該公務員の犯意が真に職務執行をする意思がなく、ただ単に職務執行に名を借り

ただけで相手方から財物を脅し取ることに目標が置かれている場合は、恐喝罪のみが成立する。

⑦　これに対して、自己の職務に関連して相手方から財物の交付を受けようとして恐喝手段を用いた場合には、恐喝罪と収賄罪の観念的競合となる。

⑧　公務員がその職務に関し、他人を欺いて財物の交付を受けた場合も、犯意がその職務執行に名を借りて相手を欺き財物をだまし取る意図であるときは、詐欺罪のみが成立する。

⑨　これに対して、職務に関連して相手方から財物の交付を受ける意図で欺いたときには、詐欺罪とともに収賄罪も成立する。

⑩　公務員が公務所の所有物を業者に不正に手交し、その謝礼として業者から金員を受け取った場合は、当該公務員は窃盗罪の刑責を負うとともに、その謝礼が主観的・客観的に公務員の職務執行に関する報酬として授受したものと評価されれば、収賄罪も成立する。

⑪　加重収賄罪において、収賄者の不正の行為が（業務上）横領罪を構成する場合には、両罪が成立し、観念的競合の関係になる。

⑫　横領罪が成立し、横領行為の結果得たぞう物の分配として利益を収受するにすぎない場合には、収賄罪は成立せず、横領罪のみが成立する。

⑬　単純収賄罪・受託収賄罪の場合には、不正の行為が収賄罪の成立要件ではないので、両罪が成立する場合には併合罪となる。

判 例

観念的競合とされた事例

○　公務員が、ぞう物であることを知りながら、これを賄賂として収受した場合には、収賄罪のほかにぞう物収受罪（盗品等無償譲受け罪）が成立し、観念的競合となる。
（大判明44.3.30）

○　加重収賄罪の場合に、不正の行為が公文書偽造罪を構成するならば両罪が成立し、観念的競合となる。
（東京高判昭41.3.10）

―没収及び追徴―

第197条の5　（没収及び追徴）
　犯人又は情を知った第三者が収受した賄賂は、没収する。その全部又は一部を没収することができないときは、その価額を追徴する。

没収及び追徴の意義

① 　贈・収賄罪に関して、刑法第197条の5は、「犯人又は情を知った第三者が収受した賄賂は、没収する。その全部又は一部を没収することができないときは、その価額を追徴する。」と規定している。

② 　これは、総則における裁量没収の規定に対する特則としての必要的没収・追徴を定めたもので、特に不正の利益を犯人に帰せしめない趣旨で設けられたものである。

用 語 「犯人」とは

共犯者も含まれる。

用 語 「情を知った第三者」とは

賄賂であることを知っている犯人以外の者をいう。

没収の対象となるもの

① 　収受された賄賂に限られる。

② 　提供されたが収受されなかった場合、あるいは申込みをしたが収受を拒否された場合の賄賂などは、本条の必要的没収の対象とならない。

用 語 「没収することができないとき」とは

① 　芸者による接待等、賄賂の性格上もともと没収不能の場合

② 　収受された後に費消滅失や混同加工し、賄賂との同一性が認められなくなるため没収不能になる場合

③ 　収賄した金員を金融機関に預金した場合も同一性が認められずに没収不能となるが、そのような場合には追徴することとなる。その場合の追徴の額は、賄賂の授受時における賄賂の金額による。

判 例

○ 　法人の代表者が情を知っているときは、その法人が情を知った第三者に当たる。
（最判昭29.8.20）

○ 　提供されたが収受されなかった賄賂であっても、犯罪組成物件として刑法第19条により任意的にこれを没収することはできる。
（最判昭24.12.6）

―贈 賄 罪―

> **第198条（贈賄）**
> 　第197条から第197条の４までに規定する賄賂を供与し、又はその申込み若しくは約束をした者は、３年以下の懲役又は250万円以下の罰金に処する。

贈賄罪とは

① 　収賄罪が公務員の職務違背を本質とするのに対して、公務員をその職務違背へ誘惑する行為を処罰し、もって公務執行の公正を保持するとともに、その社会的信用を確保しようとする点に特色がある。

② 　本罪は、贈賄罪とあっせん贈賄罪とに分かれる。

③ 　贈賄罪は単純・受託・加重・事前・第三者・事後の各収賄罪に規定されている賄賂を供与し又はその申込み若しくは約束をすることによって成立する。

④ 　贈賄罪は、実質的には収賄行為に加功することになるが、特に贈賄罪が独立の犯罪として規定されていることからみると、これを収賄罪の共犯として取り扱う趣旨でないことは明らかであるから、刑法総則における共犯例は適用されない。

⑤ 　贈賄罪の成立は、対応する収賄罪の成立条件に左右され、

　ア　受託・事前・第三者・事後収賄罪等に対応する贈賄罪については請託の存否

　イ　事前収賄罪に対する贈賄罪においては、明文の規定はないものの、相手方が公務員となること

　が、それぞれ処罰条件と解されている。

贈賄罪の主体

① 　贈賄罪の主体には制限がなく、公務員であるとそれ以外の者であるとを問わない。

② 　また、贈賄者に収賄者の職務権限に対応する何らかの義務があることを必要とするものでもない。

申込罪の成立について

　請託を要件とする収賄罪に対応する場合には、請託がなされた以上、公務員が請託を拒否しても、犯罪は成立する。

あっせん贈賄罪について

① 　あっせん収賄罪に規定されている賄賂を供与し又は申込み若しくは約束をすることによって成立する。

② 　あっせん収賄罪に対応する贈賄罪であり、あっせん収賄罪においても前記した事前収賄罪等と同様、請託の承諾があることが犯罪成立要件となっているが、申込罪については請託がなされた以上、相手方が拒絶しても犯罪は成立する。

③ 　なお、本罪における行為は、あっせん収賄罪の構成要件との対比上、公務員に対して職務上の不正行為をさせ又は相当の行為をさせないようにあっせんをすることを請託して、賄賂の供与・申込み・約束をすることが必要である。

17
殺人に関する罪

―殺　人　罪―

> **第199条（殺人）**
> 　人を殺した者は、死刑又は無期若しくは 5 年以上の懲役に処する。

殺人罪の客体

　生命ある自然人である。

生命ある自然人とは

① 　出生から死亡に至るまでの間の自然人をいう。

② 　人の始期は、胎児の身体の一部が母体から露出したとき（一部露出説＝通説・判例）をいう。

③ 　本罪の客体たる人は、犯人の犯行当時において生活機能を保有していれば足り、早産のために発育不良で将来生長の希望のない嬰児であっても、ひん死の傷病者、老衰した高齢者等であってもよい。

④ 　人の終期は、従来、心臓の鼓動が永久的に終止したとする脈拍終止説が通説とされていたが、心臓の鼓動停止、自発呼吸の非可逆的停止、瞳孔反応等の消失という 3 つの徴候を総合して判定するという総合説（三徴候説）が多数説となっている。また現在は、脳死説も強く主張されている。

殺人罪の行為

①　その手段・方法を問わない。

②　射殺・撲殺・絞殺・毒殺等、およそ他人の生命を断絶し得る手段・方法を用いた一切の行為について、本罪の実行行為が認められる。

判　例

○　胎児が生活機能を備えて母体からその一部を露出した以上、いまだ完全に呼吸を始めていなくとも、あるいはたとえ仮死の状態であったとしても、本罪の客体となる。

(大判大 8 .12.13)

殺人の例

①　不作為による殺人

　　幼児を養育する義務を負う者が殺意をもって、殊更にその生存に必要な食物を与えず、死に至らしめるような場合

②　間接正犯

　ア　医師が患者を殺そうとして、薬と偽って看護師を使って毒薬を飲ませたような場合

　イ　相手方が通常の意思能力もなく、自殺が何であるかを理解せず、しかも自分の命ずることには何でも服従することを利用し、首つりの方法を教えて首つりをさせた場合

　ウ　被害者にその意思決定の自由を失わせる程度の威迫を加えて自殺させたような場合

③　原因において自由な行為による殺人

　　飲酒すれば凶暴になる性癖のあることを自覚しながら、殺人を予期してあえて飲酒し、心神喪失に陥って人を殺害する場合

殺人と不能犯との区別について

　殺人の実行行為は、それ自体に被害者の死という結果が発生するおそれのある定型的な危険性を含むものでなければならないから、危険性を欠いた行為は、たとえ殺意をもって行われても不能犯となる。

判例

○　扶養義務者が、殺意をもって嬰児に授乳せず、飢餓の状態に陥らせて死亡させた場合は、殺人罪となる。　　　　　　　　　　　　　　　　（大判大15.10.25）

○　被害者が通常の意思能力もなく、自殺の何たるかを理解せず、しかも被告人の命ずることは何でも服従するのを利用して、その被害者に縊首の方法を教えて縊首させ、死亡するに至らしめた所為は、殺人罪に当たる。　　　　　　　（最決昭27.2.21）

不能犯の例

①　人を呪い殺せるものと信じて丑の刻参りをした場合

②　硫黄に殺人力があると信じて硫黄の粉末をみそ汁に混ぜて飲ませたりする行為

殺人罪の着手時期

①　殺人の実行行為の着手時期は、行為者が殺意をもって他人の生命に対する現実的危険性のある行為を開始したときである。

②　殺人の意思で被害者に向かって銃の狙いを定めたとき又は被害者の面前で刀を振りかざしたときに、着手を認めることができる。

③　主観・客観の両側面から実行の着手を考慮する折衷説及び構成要件的事実に直接密接する行為があったときに実行の着手を認めるいわゆる密接行為説のいずれの立場を採っても、

　ア　銃による場合は、殺意をもって銃を取り出した時点

　イ　刃物による場合は、殺意をもって相手の面前で刀剣等のさやを抜き払った時点

で実行の着手が認められる。

> ## 判例
>
> ○ 他人を毒殺する目的で毒物をみそ汁に投入したが、たまたま使用分量を誤ったため致死量に達せず殺害するに至らなかったときは、犯罪供用物の使用が拙劣であったためであり、絶対に犯罪手段となり得ない行為をした場合と同視できないから不能犯ではない。　　　　　　　　　　　　　　　　　　　　　　　　（大判大 8 .10.28）
> ○ 殺人の目的で、紙製擬革品のバンドを被害者の頸部に掛けて絞めつけたが、たまたまそのバンドが切れたため目的を遂げなかったような場合は、殺害の結果が発生する危険が十分あるから不能犯ではない。　　　　　　　　　　　　　　　（最判昭23. 9 .18）

毒殺による場合の着手時期

不特定の人を殺害する目的で毒入りの飲食物を置く行為は、その置かれた場所、包装の状況等、諸般の事情を総合的に判断して、拾得者が飲食する危険性が客観的に認められれば、置かれた時点をもって殺人の実行の着手がある。

殺人罪の既遂時期

① 本罪は、殺人の実行行為により、死亡という結果が発生したときに既遂となる。

② 殺人の実行行為と被害者の死亡という結果との間に因果関係があることが必要である。

③ 殺人と死亡の間に因果関係が欠ける場合は未遂にとどまる。

④ 因果関係がある限り、その間の時間の長短は本罪の成否に影響がなく、実行行為の後、数か月を経て被害者が死亡でもよい。

因果関係について

通説は、相当因果関係説の立場を採っているが、判例は条件説の見地に立つものが主流である。

判例

○ 相手方がその毒物を飲食し得る状態に置いたときに実行の着手が認められる。例えば、毒薬混入の砂糖を郵送した場合には、相手方がこれを受領したときに毒物を飲食することができる状態に置いたものであるから、毒殺行為の着手があったものと解することができる。 （大判大7.11.16）

○ 特定人を殺害する目的で毒入りジュースを農道わきに分散配置した場合、その配置行為は殺人罪の予備行為であり、被害者らによって拾得飲用される直前に殺人の実行の着手があったものと解すべきである。 （宇都宮地判昭40.12.9）

○ 被告人が、被害者に対し、硬いゴムハンマーで頭部を複数回強打して気脳症を発症させ、又は、その後、さらに、頸部を圧迫して窒息させ、又は、包丁で頸部を切り付けて失血させて殺害し、死体の頭部、両腕部、両大腿部を切り離した上、川に投棄した場合、上記死因の全てを択一的に認定した上、そのうち、犯情の軽いものに従って量刑判断するのが相当である。 （福岡高判平27.7.8）

殺人罪の故意

① 本罪が成立するためには、殺人の故意（殺意）がなければならない。

② いかに人の死亡という結果が発生したとしても、故意がなければ殺人罪は成立せず、過失致死罪（刑法210条）あるいは傷害致死罪（刑法205条）にとどまる。

③ ここにいう故意の内容は、客体に関しては単に生命ある人であることの認識があれば足りる。

④ 行為に関しては、殺人の手段である行為によって死の結果が発生する可能性のあることの認識があればよい。

⑤ 殺人の故意は、確定的故意に限らず、未必的故意、条件付故意、あるいは概括的故意であってもよい。

違法性阻却事由について

正当防衛又は緊急避難によって人を殺した場合には、違法性が阻却される。

判例

○　殺人罪が成立するには、犯人が自己の意思活動によって被害者の死亡を惹起するに至るであろうこと、又はそのおそれのあることを予見しながら、あえてその意思活動をすることを決意し、これを実行することを要する。　　　　　　　　（大判大11.5.6）

○　条件付きの殺害の意思であっても、死の結果を認識している以上、殺意があるといえる。　　　　　　　　　　　　　　　　　　　　　　　　　　　　（大判大14.12.1）

○　殺害の対象者が特定していない場合にも、殺人罪の故意は成立する。

（大判大6.11.9）

○　自動車検問中、職務質問のため、走行中の自動三輪車に手をかけてぶら下がった状態の巡査を振り落として即死させたときは、未必の故意による殺人罪が成立する。

（大津地判昭37.5.17）

罪数について

①　構成要件該当性の回数が標準とされるが、その際、特に被害者の数が重視される。

②　これは、生命という一身専属的法益は、独立に評価されるものであるからである。

③　数人を殺害したときは、その人数だけの殺人罪が成立することとなる。

④　殺人の際、被害者の着用していた衣服を損壊しても、衣服の損壊行為は殺人行為に必然的に伴うものであるから、それは殺人罪に吸収され、別に器物損壊罪を構成しない。

判例

◎観念的競合とされた場合

○　二人の被害者に対する殺人を教唆し、被教唆者がこれを実行した場合には、たとえ、その教唆が同時に行われても、2個の殺人教唆罪が成立し、観念的競合となる。

（大判明44.11.10）

○　放火を殺人の手段としたときは、殺人罪と放火罪の観念的競合である。

（仙台高秋田支判昭32.5.21）

◎併合罪とされた事例

○　殺人を犯した者が、その罪跡を隠ぺいするため死体を遺棄した場合は、殺人罪と死体遺棄罪は併合罪であって、牽連犯ではない。　　　　　　　　（大判昭11.1.29）

◎強盗罪との関係

○　債務者が債務を免れる目的で債権者を殺害し、事実上支払の請求をできない状態に陥らしめた場合は強盗殺人罪である。　　　　　　　　　　　（最判昭32.9.13）

○ 強盗犯人が殺意をもって被害者を殺害し財物を強取した場合は、強盗殺人罪が成立する。 (大判昭8.11.30)

◎住居侵入罪との関係
○ 他人の住居に侵入して人を殺害した場合は、住居侵入罪と殺人の牽連犯である。 (大判大12.11.10)
○ 住居侵入の後、偶発的に殺人行為を行った場合であっても、住居侵入罪と殺人罪は牽連犯である。 (大判昭5.1.27)

―殺人予備罪―

第201条（予備）
　第199条の罪を犯す目的で、その予備をした者は、2年以下の懲役に処する。ただし、情状により、その刑を免除することができる。

殺人予備罪の意義
① 殺人予備罪は、殺人を犯す目的でその予備行為をした場合に成立する罪である。
② 予備とは、実行の着手に至る前の犯罪の準備的行為をいう。
③ 人を刺殺するための刀剣を購入するとか、毒殺の目的で毒薬を購入するような行為がこれに当たる。
④ 人を殺すことを日記に書いたりするような殺意の単純な表示は、いまだ殺人予備に当たらない。

判 例
○ 殺意は、条件付でも、未必的でもよい。 (大阪高判昭39.4.14)
○ 予備行為を行った後、殺人罪の実行の着手をしたときは、予備罪はこれに吸収される。 (大判昭7.11.30)
○ 殺人の予備行為を行った以上、その後何らかの事情によってこれを中止したとしても、既に予備行為がなされたことに変わりがないから、殺人予備罪が成立する。 (大判大5.5.4)

―自殺関与罪及び同意殺人罪―

> **第202条（自殺関与及び同意殺人）**
> 　人を教唆し若しくは幇助して**自殺**させ、又は人をその嘱託を受け若しくは
> その承諾を得て殺した者は、6月以上7年以下の懲役又は禁錮に処する。

自殺関与罪とは

　自殺関与罪等のうち、自殺教唆・幇助罪は、人を教唆あるいは幇助して自殺させ
た場合に成立する罪である。

用 語 「自殺」とは

① 　自由な意思決定に基づいて行為者自身がその生命を断絶すること
　　である。
② 　ただし、幼児を道連れにする無理心中などの場合は、通常の殺人
　　罪である。

自殺教唆とは

　自殺の意思のない者に対し、自殺の決意を与
えて自殺を遂行させることをいう。

あなたはだんだん
自殺したくなるー

何してんですか!!

判 例

> ○ 　共同自殺（心中）を企てた者の一方が死亡し、他方が生き残った場合、生き残った
> 　者は、自殺教唆罪又は自殺幇助罪の刑責を負うこととなる。　　　　　（大判大15.12.3）
> ○ 　追死の意思がないにもかかわらず、それがあるかのように被害者を欺罔し、同人を
> 　自殺させた場合は、通常の殺人罪となる。　　　　　　　　　　　　（最判昭33.11.21）

教唆の手段

① 　勧誘、欺罔、威迫、命令、指揮、指示、哀願、懇情、利益の供与等、教唆の手
　　段には制限がない。
② 　また、明示的なものに限らず、黙示的な方法によってもよい。

③　ただし、欺罔・威迫等の程度が著しいときは、殺人罪の間接正犯となる。

自殺幇助とは

①　既に自殺の決意のある者に対して、その自殺行為に援助を与えて自殺の実現を容易にすることである。

②　なお、自殺を教唆し、かつ、幇助したときには、自殺教唆罪の包括的一罪となる。

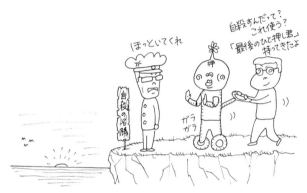

判 例

○　自殺幇助は、自殺の決意を有する者に対して、その方法を指示し、器具を提供する行為をいう。　　　　　　　　　　　　　　　　　　　　（大判大11.4.27）

○　自殺の意思をもつ者に対し、自殺行為を容易にした以上、幇助行為は、それが積極的手段によるものと消極的なものとを問わず、また、有形的な方法であると無形的なものであるとを問わない。　　　　　　　　　　　　　　　（東京高判昭30.6.13）

○　妻と共に練炭自殺を図った合意による心中事案について、承諾殺人罪ではなく、自殺幇助罪が成立する。　　　　　　　　　　　　　　　　　（東京高判平25.11.6）

同意殺人罪とは

①　他人の自殺行為の実行に直接手を貸す行為（例えば、切腹時における介錯など）は幇助でなく、自殺者の嘱託又は承諾があるときは、同意殺人罪となる。

②　同意殺人罪は、被殺者からその殺害を依頼され、これに応じて被殺者を殺害（嘱託殺人）し、あるいは、

被殺者から殺害されることについての同意を得てこれを殺害（承諾殺人）した場合に成立する罪である。

③　同意殺人罪が成立するための要件は、

　ア　被殺者自身から嘱託・承諾があったこと。

　イ　判断能力を有し、自由かつ真意に出た嘱託・承諾であること。

　ウ　嘱託・承諾は、行為者が相手方に対して殺害行為を開始したときに存在すること。

　エ　嘱託は明示的になされること。

であるが、承諾については、明示・黙示を問わない。

同意殺人罪の着手時期

①　行為者が被殺者の殺害に着手したときである。

②　単に殺害の嘱託・承諾を受けただけでは犯罪とはならない。

判　例

　○　嘱託殺人は、被害者の嘱託を受けて自ら手を下す行為、自殺幇助は、被害者の自殺の意思を実行するため、方法を指示したり器具を提供する行為である。

（大判大11.4.27）

　○　被害者が真意に基づく嘱託・承諾をしていないのに、これがあるものと誤信した場合には、同意殺人の意思で普通殺人の結果を発生させたという事実の錯誤であって、刑法第38条第2項により普通殺人の故意は阻却され、同意殺人罪が成立する。

（大判明43.4.28）

第203条（未遂罪）

　第199条及び前条の罪の未遂は、罰する。

[18] 傷害に関する罪

―傷　害　罪―

> **第204条（傷害）**
> 　人の身体を傷害した者は、15年以下の懲役又は50万円以下の罰金に処する。

傷害罪とは

① 　傷害罪は人の身体を違法に侵害する罪である。

② 　身体の安全は、生命と並ぶ個人的法益ではあるが、個人の安全なくして社会の平穏な生活はあり得ないから、本罪は社会的国家的法益を保護する趣旨も内包しているといえる。

③ 　傷害の意義について、次のような学説がある。

　ア　人の身体の完全性を害すること。

　イ　人の生理的機能に障害を与えること。

　ウ　身体の完全性の侵害と生理的機能への障害の付与のどちらも傷害となる。

④ 　外傷の存在は、傷害の要件ではない。

⑤ 　判例は、次が傷害に当たるとしている。

　ア　疲労倦怠若しくは胸部の疼痛（大判大11.10.23）

　イ　失神状態の惹起（大判昭8.9.6）

ウ　病毒の感染（大判明41.2.25）

エ　身体表皮の剥離（大判大11.12.16）

オ　歯齦の炎症（福岡高判昭25.9.13）

カ　眼の充血、周辺の腫脹（大判昭8.12.16）

判｜例

○　傷害とは、他人の身体に対する暴行によりその生活機能に障害を与えることをいう。
（最決昭32.4.23）

○　日常生活において社会通念上看過される程度の極めて軽微な損傷は、構成要件的に傷害とならない。
（名古屋高金沢支判昭40.10.14）

○　髪の毛1本を切断するとか、他人を一時的に人事不省に陥らせても、後日、精神状態に何らの障害を残さないような場合には、傷害罪ではなく暴行罪となる。
（大判大15.7.20）

○　病院で勤務中ないし研究中であった者に対し、睡眠薬等を摂取させたことによって、約6時間又は約2時間にわたり意識障害及び筋弛緩作用を伴う急性薬物中毒の症状を生じさせた行為は、傷害罪を構成する。
（最決平24.1.30）

傷害を生じさせる方法

①　通常、暴行が用いられる。

②　一般的には、人の身体に対する有形力の行使であるが、暴行以外の無形的方法あるいは不作為による傷害もある。

暴行以外の無形的方法による傷害の例

性行為によって性病を感染させたり、人を恐怖に陥れて精神障害を起こさせたり、あるいは病気を悪化させたりする場合がある。

暴行以外の無形的方法による傷害について

①　無形的な方法による行為者に傷害罪の刑責を負わせるには、行為者に傷害の故意があったことを要する。

② 無形的行為者が、傷害の結果を未必的にすら認識・認容しなかった場合には傷害罪の刑責を負わせることができず、過失傷害罪（刑法209条）の刑責を問うことになる。

③ 不作為による傷害が認められる例としては、子供が危険な場所に近づくのを放置して負傷させるとか、病人に医薬を与えないで病状を悪化させる場合などがある。

あら!?ゴメンナサイ

BEN!

このあと転んでケガ　故意がないため傷害罪にならない

④ 不作為者に傷害罪の刑責を問うには、作為義務違反と傷害という結果があり、かつ、その間に因果関係がなければならない。

傷害罪の成立要件

① 傷害罪が成立するためには、暴行その他の加害行為と傷害という結果の間に因果関係のあることが必要である。

② ただし、傷害の手段が暴行である場合には、通常、暴行は傷害の結果を生ずる危険性を内包するから、因果関係が問題となることは比較的少ない。

オイラが必要だが

加害行為

因果関係

傷害

傷害罪の故意

傷害罪には2つの故意の形態がある。

① 暴行罪の結果的加重犯としての傷害罪

ア　暴行の故意をもって暴行し、その結果、傷害を発生させた場合

イ　傷害の結果が発生しなければ暴行罪が成立する。

② 故意犯としての傷害罪

ア　傷害の故意で、暴行又はその他の方法により傷害を発生させた場合

イ　傷害の故意で暴行を加えたが傷害が発生しなかった場合は、傷害未遂罪の規定がないことから、暴行罪が成立する。

ウ　暴力行為等処罰ニ関スル法律第1条ノ2にいう、いわゆる加重傷害罪は暴行に着手したが傷害の結果が発生しない場合に、同罪の未遂罪が成立する。

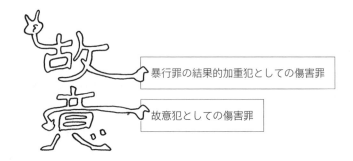

暴行罪の結果的加重犯としての傷害罪

故意犯としての傷害罪

判｜例

○　被害者が暴行を避けて逃げる途中、つまずいて転倒し負傷した事案につき、右傷害の結果は、被告人の暴行によって生じたものと判示し、因果関係を肯定した。

(最判昭25.11.9)

被害者の同意と違法性の阻却について

①　被害者の同意に基づく傷害が、犯罪となるか違法性が阻却されるかという問題がある。

②　学説では、

　ア　被害者の同意に基づく傷害については、構成要件に該当しないとする説

　イ　原則として違法性を欠くが、場合により違法となるとする説

　ウ　違法性を阻却しないとする説

　があるところ、イ説が有力である。

③　なお、同意による傷害を罰する条文としては、同意堕胎罪（刑法213条）及び自己加害を罰する堕胎罪（刑法212条）がある。

判｜例

○　指を切るいわゆる「エンコ詰め」は、公序良俗に反するものであって違法性は失われない。

(仙台地石巻支判昭62.2.18)

罪数について

判｜例

◎単純一罪とされた事例

○　同一被害者に対する傷害は、同一意思に基づく限り、数個の行為があっても傷害罪の単純一罪となる。

(大判大7.7.26)

◎併合罪とされた事例
　○　別個独立の意思に基づいた行為により複数の被害者に対してそれぞれ傷害を与えた場合は、たとえそれが同一の動機に基づきほとんど時と場所を同じくして行われたとしても、被害者ごとに法益の侵害があると認められ、各傷害は併合罪となる。
（大判明43.5.19）

◎観念的競合とされた事例
　○　職務執行中の警察官に対し暴行を加え、負傷させた場合は、公務執行妨害罪と傷害罪との観念的競合である。　　　　　　　　　　　　　　　　　　（大判明42.7.1）
　○　決闘によって人を傷害した場合、決闘致傷罪とは観念的競合に立つ。
（大判昭6.7.31）
　○　約4か月間又は約1か月間という一定の期間内に、被告人が、限定された場所で、共通の動機から繰り返し犯意を生じ、主として同態様の暴行を反復累行し、その結果、被害者の身体に傷害を負わせた行為は、包括一罪と解することができる。
（最決平26.3.17）

―傷害致死罪―

第205条（傷害致死）
　身体を傷害し、よって人を死亡させた者は、3年以上の有期懲役に処する。

傷害致死罪とは
　傷害の結果として人を死に致らしめる罪である。

傷害致死罪の故意
① 本罪は、結果的加重犯である。
② すなわち、暴行の故意による暴行罪が実現された後に傷害の結果が発生すれば、暴行罪の結果的加重犯としての傷害罪が成立する。
③ さらに、死亡の結果が発生すれば傷害罪の結果的加重犯として傷害致死罪が成立する。
④ 結果的加重犯は重い結果についての故意を必要とせず、しかも故意のないときに成立する。
⑤ 暴行ないし傷害の故意を必要とする点で過失致死罪（刑法210条）と異なり、致死の結果に対する認識がない点で殺人罪（刑法199条）と異なる。

因果関係について

①　本罪が成立するためには、軽い基本的事実（暴行又は傷害）についての故意を必要とするほか、軽い基本的行為と重い結果（致死）との間に因果関係がなければならない。

②　結果犯については、実行行為と結果との間に因果関係が存在することによって構成要件が充足し、既遂となる。

③　刑法上の因果関係については、次の3説がある。

　ア　条件説

　　　その行為がなければ、その結果も発生しなかったであろうという事実的な条件関係がある限り、因果関係を認めるとする説

　イ　原因説

　　　結果に対する諸条件に優劣を決め、重要なものだけを原因と認めるとする説

　ウ　相当因果関係説

　　　経験則に照らして、その行為からその結果が生ずることが相当と認められる場合に因果関係を認めるとする説

④　ウの相当因果関係説が通説であるが、判例は、おおむね条件説の立場に立っている。

> **判　例**
>
> ○　被害者が傷害に起因する身体衰弱のため死亡した場合、傷害致死罪となる。
> （大判明43.10.3）
> ○　軽傷を負った被害者が余病を併発して死亡した場合、傷害致死罪が成立する。

（大判昭6.8.6）

○　突き飛ばされた被害者が左血胸等の傷害を負い、その傷害に対する医師の投与した薬剤の作用により左胸膜炎を惹起し死亡した場合、傷害致死罪を構成する。

（最決昭49.7.5）

○　暴行を受けた被害者が憤激し、脳出血を起こして死亡した場合、傷害致死罪が成立する。

（大判大14.12.23）

○　暴行を避けようとした被害者が、池に落ち込み露出した岩石に頭部を打ち付け、くも膜下出血により死亡した場合、傷害致死罪が成立する。　　（最決昭59.7.6）

○　傷害の犯人が、被害者が既に死亡していると誤信して水中に被害者を投げ込んで溺死させた場合は、傷害致死となる。　　　　　　　　　（大判大7.11.30）

○　身体の傷害により人を死亡させた後に死体を遺棄した場合、死体遺棄の行為は必ずしも傷害致死の行為に伴うものではないので、傷害致死罪のほかに死体遺棄罪（刑法190条）が成立し、両罪は併合罪となる。　　　　　　　　（最判昭34.2.19）

―現場助勢罪―

第206条（現場助勢）

　前2条の犯罪が行われるに当たり、**現場**において**勢い**を助けた者は、自ら人を傷害しなくても、1年以下の懲役又は10万円以下の罰金若しくは科料に処する。

現場助勢罪とは

　傷害罪、傷害致死罪の行われる現場での助勢行為を独立に処罰するもので、いわゆるやじ馬的助勢行為がその対象となる。

現場助勢罪の行為

　傷害行為が行われている現場において、勢いを助けることである。

用語 「現場」とは

　傷害・傷害致死の結果を生ずべき暴行が開始されてから結果発生に至るまでの時間と場所をいう。

判　例

○　実行行為に加担していない者に対して現場共謀が成立するためには、その者が実行行為者の犯行を自己の犯罪意思を実現する手段としたと評価し得るような事実関係の存在が不可欠であることはいうまでもないし、その者に積極的な幇助行為や助勢行為すら認められない場合に現場共謀の成立を認めるには慎重を期すべきであって、それ相応の事実関係の確定が必要であるところ、被告人は、友人である実行行為者らの暴行を制止しなかったにすぎず、物理的な支援行為は一切なく、上記暴行を自己の犯罪意思実現の手段としたと評価し得るような事実関係は認め難く、共謀の成立は認められない。

(東京高判平18. 8 .15)

用　語　「勢いを助けた」とは

① 　「やっちまえ。」とか「たたきのめせ。」というように、はやしたてる行為をいう。

② 　犯罪意思を強化させるやじ馬的な声援であれば足り、言語であると動作によるとを問わない。

③ 　また、助勢行為により実行行為者の行為に容易ならしめた事実がなくともよい。

④ 　ただし、単なる声援とはいえない強度の応援をして、実行行為を容易にした場合には、傷害罪の幇助犯となる。

⑤ 　また、助勢した者が自分で暴行や傷害行為を行ったときは、本罪ではなく、傷害罪の共同正犯又は同時犯となる。

現場助勢罪の故意

① 　暴行を行う者があることを知って、その犯行中、現場において助勢行為を行う意思があれば足りる。

② 　特定の者を教唆し又は幇助するという意思は必要としない。

③ 　傷害の発生に対する認識も必要ない。

―同時傷害罪―

> **第207条（同時傷害の特例）**
> 二人以上で暴行を加えて人を傷害した場合において、それぞれの暴行による傷害の軽重を知ることができず、又はその傷害を生じさせた者を知ることができないときは、共同して実行した者でなくても、共犯の例による。

同時傷害罪とは

① 同時傷害罪は、傷害罪に関して設けられた特別規定である。

② すなわち、二人以上の者が意思の連絡なくして他人に暴行を加え、傷害の結果を生じた場合において次のようなときは、共同して実行した者でなくとも共犯となる。

　ア　傷害の軽重を知ることができないとき

　　　甲・乙のいずれもが暴行を加え、被害者に軽重の差がある数個の傷害を与えたが、誰がどの程度の傷害を生じさせたか判明しないときは、本罪が適用となる。

　イ　傷害を生じさせた者を知ることができないとき

　　　甲・乙のいずれもが暴行を加え、被害者に１個又は数個の傷害を与えたが、それが誰の暴行によるかが判明しないときは、本罪が適用となる。

○Ａ・Ｂ・Ｃに意思の連絡なし
○甲の傷害が、Ａ・Ｂ・Ｃの誰の行為によるのか分からない

本条の制定趣旨

　本条は、二人以上の者が、同時期に同一客体に対して暴行を加えて傷害の結果が発生した場合、各行為者と傷害の結び付きの立証が困難であることから、暴行を加えた者の全てに共同正犯の規定を適用して処断することとし、立証の困難性を救済したものである。

判 例

○　本条は、傷害致死罪にも適用される。　　　　　　　　　（最判昭26.9.20）
○　共犯関係にない二人以上の暴行による傷害致死の事案において、同時傷害の特例である刑法207条適用の前提となる事実関係が証明された場合には、各行為者は、自己の関与した暴行が死因となった傷害を生じさせていないことを立証しない限り、当該傷害について責任を負い、更に同傷害を原因として発生した死亡の結果についても責任を負う。　　　　　　　　　　　　　　　　　　　　　（最決平28.3.24）
○　傷害致死保護事件において、甲、乙及び丙が共謀の上、被害者に対し暴行を加えたのに引き続き、少年が甲、乙及び丙と共謀し、甲が被害者に対し更に暴行を加えた結果、一連の暴行により被害者に外傷性くも膜下出血等の傷害を負わせて死亡させた行為について、同時傷害の特例を適用して、少年を傷害致死罪の共同正犯とした。
　　　　　　　　　　　　　　　　　　　　　　　　　　　（東京高決平27.11.10）

―過失傷害罪―

第209条　（過失傷害）
1　**過失**により人を**傷害**した者は、30万円以下の罰金又は科料に処する。
2　前項の罪は、告訴がなければ公訴を提起することができない。

過失傷害罪とは

　本罪は、過失によって他人の身体を侵害する犯罪である。

過失傷害罪の行為

「過失により人を傷害」することである。

① 法律上の注意義務に違反してなされた行為であることを要する。作為・不作為を問わない。

② 傷害の結果・暴行について認識のないことを要する。認識のある場合は傷害罪となる。

用 語 「過失」とは

① 「過失」とは、行為の当時の客観的状況の下において結果の発生を予見し、これを回避するために何らかの作為又は不作為に出るべき注意義務があるのに、これを怠ることをいう。

② 注意義務の有無は、通常人を標準として決すべきである。

用 語 「傷害」とは

傷害罪（刑法204条）と同じであり、人の身体の生理的機能に障害を与えることをいう。

判 例

○ 過失の要件は、結果の発生を予見することの可能性とその義務及び結果の発生を未然に防止することの可能性とその義務である。　　　　　　（最決昭42.5.25）

○ 過失犯において結果発生の予見が可能であるとは、特定の構成要件的結果及び結果発生に至る因果関係の基本的部分の予見が可能であることを意味し、内容の特定しない一般的・抽象的な危惧感ないし不安感を抱く程度では足りないが、結果及び因果の過程の詳細な予見が可能であることまでは要しない。　　　　（札幌高判昭51.3.18）

○ 普通自転車を運転中、動静注視義務等を怠った過失により自車を歩行者に衝突させて傷害を負わせたという過失傷害の事案について、空走距離を考慮に入れなかった点で原判決の過失の構成の仕方が不適切であるとして、事実誤認を理由に破棄した。

（東京高判平22.7.1）

因果関係について

実行行為者の注意義務違反の行為と傷害の結果との間に因果関係があることが必要である。ただし、因果関係を具体的に予見できなくても、予見可能性が認められれば、過失犯として責任が問われる。

親告罪について

　過失傷害罪は親告罪である（刑法209条2項）。

―過失致死罪―

第210条（過失致死）

　過失により人を死亡させた者は、50万円以下の罰金に処する。

過失致死罪とは

　本罪は、過失によって他人の生命を侵害する犯罪である。

過失致死罪の行為

　「過失により人を死亡」させることである。

非親告罪

　過失致死罪は非親告罪である。

判　例

　○　多量に飲酒するときは病的酩酊に陥り、心神喪失の状態において他人に犯罪の害悪を及ぼす危険のある素質を有することを自覚する者が、飲酒を抑止又は制限する等その危険の発生を未然に防止する注意義務を怠って飲酒し、心神喪失状態で人を殺害したときは、過失致死の罪責を免れない。　　　　　　　　　　　（最判昭26.1.17）

―業務上過失致死傷等罪―

第211条（業務上過失致死傷等）
　業務上必要な注意を怠り、よって人を死傷させた者は、5年以下の懲役若しくは禁錮又は100万円以下の罰金に処する。**重大な過失**により人を死傷させた者も、同様とする。

業務上過失致死傷罪とは

　業務上過失致死傷罪（刑法211条前段）は、行為者の過失が業務上のものである場合における過失致死傷罪の加重類型である。

刑が加重される根拠

　行為主体が業務者であるため、通常人とは異なって重い注意義務が課されている。

業務上過失致死傷等罪の主体

　死傷の結果を惹起しやすい業務に従事する者である（不真正身分犯）。

用 語 「業務」とは

① 「業務」とは、本来、人が社会生活上の地位に基づき反復継続して行う行為であり、かつ、その行為は他人の生命・身体に危害を加えるおそれのあるものをいう。

② 「業務」は、主たる職業であることを要せず、本務であると兼務であるとを問わない。

③ 業務は反復継続的に行われるものでなければならない。しかし、継続して従事する意思があれば、1回の行為でも業務となる。

④ 業務は適法なものでなくともよいから、無免許運転者による自動車の運転も業務になる。

業務上過失致死傷等罪の行為

業務を行う際に要求される注意義務に違反し、人を死傷に至らしめることである。

判 例

○ 業務とは、本来、人が社会生活上の地位に基づき反復継続して行う行為であり、かつ、その行為は他人の生命・身体に危害を加えるおそれのあるものであることを要するが、行為者の目的がこれによって収入を得ることにあると、その他の欲望を満たすことにあるとを問わない。 (最判昭33.4.18)

○ 業務には、主たる業務のほか、それに附随する事務をも含む。 (大判昭10.11.6)

○ 業務には、人の生命・身体の危険を防止することを義務内容とする業務も含まれる。 (最決昭60.10.21)

○ 自動車運転免許一時停止処分を受けていて、法令に定められた運転資格がない場合でも、反復継続して自動三輪車を運転することは、業務である。 (最決昭32.4.11)

○ 業務上の過失により、胎児に病変を発生させ、出生後、それに起因してその者を死亡させた場合、人である母体の一部に病変を発生させて人に死の結果をもたらしたものであり、業務上過失致死罪が成立する。 (最決昭63.2.29)

○ ガス抜き配管内で結露水が滞留してメタンガスが漏出したことによって生じた温泉施設の爆発事故について、設計担当者に結露水の水抜き作業に係る情報を確実に説明すべき業務上の注意義務があった。 (最決平28.5.25)

○ 曲線での速度超過により列車が脱線転覆し多数の乗客が死傷した鉄道事故について、本件事実関係の下では、鉄道会社の歴代社長らに業務上過失致死傷罪が成立しない。 (最決平29.6.12)

○ 山岳ガイドの業務に従事していた被告人が、有料登山ツアーを企画、主催し、天候悪化の中、引率した女性登山客4名を低体温症で死亡させるに至ったという遭難事故について、過失判断の前提としての予見の内容としては、遭難事故となる危険性のあるような天候の悪化の可能性で足り、それ以上に、現に生じたような著しい天候の悪化の可能性は予見の対象とはならないとして、被告人に過失を認め、業務上過失致死の責任を認めた。 (東京高判平27.10.30)

因果関係

　業務上必要な注意を怠った過失行為と死傷との間には因果関係がなければならない。ただし、因果関係を具体的に予見できなくても、予見可能性が認められれば、過失犯として責任が問われる。

罪数について

　一個の業務上過失行為によって複数人を死傷させたときは、本罪の観念的競合になる。

> 判例
>
> ○　潜水指導者であった被告人が、夜間、潜水の講習指導中、不用意に受講生らのそばから離れ、同人らを見失った行為は、受講生を海中で空気を使い果たして溺死させかねない危険性を有し、その後に、指導補助者及び受講生の不適切な行動によって受講生が溺死した場合、それは被告人の行為から誘発されたものであり、被告人の行為と被害者の死亡との間には因果関係が認められる。　　　　　　（最決平4.12.17）
> ○　一個の業務上過失行為によって複数人を死傷させたときは、本罪の観念的競合になる。　　　　　　（大判大2.11.24）
> ○　鉄道トンネル内で発生した火災について、炭化導電路の形成という実際の因果経過を具体的に予見できなくても、電力ケーブルに発生する誘起電流が本来流れるべきでない部分に長期間流れ続けることにより火災発生に至る可能性があることを予見できた以上、予見可能性が認められる。　　　　　　（最決平12.12.20）

用 語　「重大な過失」とは

①　「重大」とは、結果が重大なことをいうのではなく、注意義務違反が重大なことをいう。

②　どの程度に達すれば重過失になるのかということは、一般人の常識をもって判断する。

用 語　「人を死傷させた」とは

　その意味については、業務上過失致死傷罪と同じである。

業務上の過失と重過失

　業務上の過失と重過失とは、本質を同じくするので、業務上過失致死傷罪が成立する場合には、重過失致死傷罪は成立しない。

> **判　例**
>
> ○　「重大な過失」とは、注意義務違反の程度が著しい場合をいい、発生した結果の重大性、結果発生の可能性が大であったことは必ずしも要しない。
>
> （東京高判昭57.8 .10）
>
> ○　無免許で、飲酒酩酊の上で運転をして、人の雑踏する場所に自動車を乗り入れ、しかも前方注視を怠った場合には、重大な過失があるものというべきである。
>
> （最決昭29.4 .1 ）
>
> ○　乳児である実子を自動車内に放置して熱中症により死亡させた事案について、故意がないとして主位的訴因の保護責任者遺棄致死罪の成立を否定し、予備的訴因の重過失致死罪の成立を肯定した。　　　　　　　　　　　　　（名古屋地判平19.7 .9 ）

■傷害罪■

設問 1

　甲が乙に暴行を加えたところ、逃げようとした乙が足をつまずかせて転び、頭部を負傷した。甲の刑責は何か。

【結　論】傷害罪の刑責を負う。

【争　点】暴行か傷害か。

【関係判例】

○　条件説を示した判例

　　大判大 3.4.6

○　相当因果関係説を示した判例

　　広島高岡山支判昭24.12.27

【理　由】暴行によって傷害が生じたと認められることから、本罪が成立する。

Point ▶

条件説	大判大 3.4.6	実行行為と結果発生の間に、もし前者がなかったならば後者も存在しなかったであろうという必然的条件関係が認められる限り、因果関係がある。
相当因果関係説	広島高岡山支判昭24.12.27	社会生活上の経験に照らし、通常その行為からその結果が発生することが相当だと認められる場合に、因果関係が認められる。

設問 2

　甲は、乙を脅すつもりで日本
刀を振り回したところ、手元が
狂って乙を死なせてしまった。
甲の刑責は何か。

【結　論】傷害致死罪の刑責を負う。

【争　点】傷害致死罪か過失致死罪か。

【関係判例】大判昭17.4.11

【理　由】傷害罪は、傷害の故意で行われる場合だけでなく、暴行の故意で行われ
　た結果的加重犯の場合にも成立することから、被害者が死亡した場合には、傷害
　罪の結果的加重犯である傷害致死罪が成立する。

19 暴 行 罪

第208条（暴行）

　暴行を加えた者が人を傷害するに至らなかったときは、２年以下の懲役若しくは30万円以下の罰金又は拘留若しくは科料に処する。

暴行罪とは

　人の身体に不法な有形力を行使し、傷害の結果を生じない場合に成立する。

判　例

　○　本罪の暴行は、必ずしも傷害の結果を惹起すべきものであることを要しない。

(大判昭 8.4.15)

用 語 「暴行」とは

①　一般に、物理的な力の不法な行使を意味する。

②　刑法各条における暴行の概念は、その向けられた対象や程度によって異なり、おおむね次の４つに区別される。

　ア　最広義の暴行

　　(ｱ)　人に対すると物に対するとを問わず、不法な有形力の行使の一切をいう。

　　(ｲ)　内乱罪（刑法77条）、騒乱罪（刑法106条）、多衆不解散罪（刑法107条）における暴行がこれに当たる。

　イ　広義の暴行

　　(ｱ)　人を対象として不法な有形力が行使される場合であるが、必ずしも直接的に人の身体に加えられることは必要でない。

　　(ｲ)　物に対する有形力の行使の場合は、人の身体に対して物理的に感応することによって、間接的に人に対する有形力の行使として評価されることを要する。

　　(ｳ)　公務執行妨害罪（刑法95条）における暴行がこれに当たる。

　ウ　狭義の暴行

　　(ｱ)　最も典型的な暴行であり、人の身体に対する有形力の行使を意味し、物に対する有形力の行使が除外される。

（イ）　暴行罪（刑法208条）における暴行がこれに当たる。

エ　最狭義の暴行

（ア）　人の反抗を抑圧し、又は困難にする程度の、強度の有形力の行使を意味する。

（イ）　不同意性交等罪（刑法177条）、強盗罪（刑法236条）における暴行がこれに当たる。

暴行の態様

① 人に対する暴行の態様としては、殴る、ける、突く、押す、引くなど、人の身体に直接的に不法な攻撃を加える形態で行われるのが通常である。

② しかし、このような物理的な力の行使でなくとも暴行とされる場合がある。

③ 例えば、狭い室内で日本刀を振り回す行為や、他人に向かって投石したり、足元に向けて拳銃を発砲する行為はいずれも暴行に当たる。

判 例

暴行の例

○ 被服をつかんで引っ張り、電車に乗せない行為　　　　　　（大判昭8.4.15）

○ 巡査があごひもをかけてかぶっていた帽子を奪い取る行為

（東京高判昭26.10.2）

○ 食塩を顔や胸にふりかける行為　　　　　　　　　　（福岡高判昭46.10.11）

○ 通行人の数歩手前に石を投げる行為　　　　　　　　（東京高判昭25.6.10）

○ 室内で、日本刀を振り回す行為　　　　　　　　　　　　（最決昭39.1.28）

○ 鍬を振り上げて追いかける気勢を示す行為　　　　　　　（最判昭25.11.9）

○ 進行中の自動車に石を投げて、窓ガラスを破損する行為　（東京高判昭30.4.9）

○ 太鼓等を打ち鳴らす等により、振動力を人体に作用させる行為

（最判昭29.8.20）

○ 高速道路上で並進中の自動車に対し嫌がらせのために幅寄せする行為

（東京高判昭50.4.15）

有形力とは

① 物理的な力を意味する。

② いわゆる暴力の行使に限らず、光・熱・電気・臭気・音等のエネルギーを作用させることも、有形の一種として暴行に含まれる。

③ 悪口による精神的な加虐行為、食物の不投与による身体衰弱の黙認などは、暴行の概念に含まれない。

④ 例えば、腐った丸木橋の上を渡らせて転落させるいわゆる「詐称誘導」は、被害者の行為を利用した暴行罪の間接正犯となる。

判 例

○ 暴行とは、人に向かって不法なる物理的勢力を発揮することで、その物理的力が人の身体に接触することは必要でない。例えば、人に向かって石を投じ又は棒を打ち下せば、たとえ石や棒が相手方の身体に触れないでも暴行は成立する。

(東京高判昭25.6.10)

暴行の程度

① 暴行は、通常、相手方に肉体的・生理的苦痛を与えるが、必ずしもこれが要件ではない。

② 投石行為や、つばを吐き掛ける行為等、単に嫌悪感を催させるにすぎない行為も暴行となる

が、心理的苦痛を含めて何らかの苦痛を与えることが要件となる。

③ なお、暴行罪における暴行は、傷害の結果に至る可能性があることは必要でない。

暴行罪の故意

① 暴行罪は、暴行の故意による場合と傷害の故意による場合がある。

② 暴行罪の既遂形態は、暴行の故意で暴行し、しかも傷害の結果を発生しない場合である。

③ 傷害罪の未遂形態は、傷害の故意で暴行を加えたが傷害の結果が発生しない場合である。

罪数について

① 「暴行を加える。」と脅迫した上で、殴打するなどの暴行を加えた場合は脅迫罪は成立せず、暴行罪一罪が成立する。

② 暴行罪における暴行行為が、暴行を構成要件的行為とする他の犯罪（強盗罪、

不同意性交等罪等）の手段として行われたとき
は、それらの犯罪に吸収される。

判例

脅迫罪との関係

○　人に暴行を加え、その後、更に脅迫した場合、暴行罪と脅迫罪とは併合罪となる。
（東京高判昭61.3.27）

公務執行妨害罪との関係

○　暴行を手段とする公務執行妨害罪は、暴行罪を吸収する。　　（大判昭2.2.17）

暴力行為等処罰二関スル法律との関係

○　暴力行為等処罰法第1条第1項の犯罪は、同条項列挙の罪の特別加重犯であるか
ら、多衆の威力を示し、又は数人共同して暴行罪を犯し、よって人を傷害した場合
は、傷害罪のみが成立し、暴力行為等処罰法違反の罪は成立しない。
（最決昭32.12.26）

○　数人共同して二人以上に対しそれぞれ暴行を加え、一部の者に傷害を負わせた場
合には、傷害を受けた者の数だけの傷害罪と暴行を受けるにとどまった者の数だけ
の暴力行為等処罰二関スル法律第1条違反の罪が成立し、それぞれ併合罪となる。
（最決昭53.2.16）

■暴行罪■

設問 1

　甲は、好意を抱いていた乙女からふられたことの腹いせに、乙女の髪の毛の一部（毛先を数センチ）をライターで焼き切った。甲の刑責は何か。

【結　論】暴行罪の刑責を負う。

【争　点】暴行罪か傷害罪か。

【関係判例】

○　最決昭32.4.23

○　名古屋高金沢支判昭40.10.14

【理　由】

○　一般的に、傷害の要件は、人の生理機能に傷害を与えることとされている。

○　毛髪の一部切除は日常生活に支障を来すことがなく、客観的な損害も軽微であるから傷害罪は成立せず、暴行罪となる。

設問 2

　甲は、友人のＡに対し、「ぶっ殺してやる」と脅迫しながら、顔面を殴打して暴行を加えた。甲の刑責は何か。

【結　論】暴行罪の刑責を負う。

【争　点】脅迫しながら暴行した場合、二罪が成立するか、一罪か。

【関係判例】名古屋高判昭29.7.20

【理　由】脅迫が暴行に先行あるいは同時に行われた場合、脅迫罪は暴行罪に吸収される。

20 凶器準備集合及び結集罪

第208条の2　（凶器準備集合及び結集）
1　二人以上の者が他人の生命、身体又は財産に対し共同して害を加える目的で集合した場合において、凶器を準備して又はその準備があることを知って集合した者は、2年以下の懲役又は30万円以下の罰金に処する。

凶器準備集合・凶器準備結集罪とは

① 昭和31年から32年頃にかけて暴力団の対立抗争事件が相次いで発生した当時の社会情勢の中で、凶器を用いて行われる集団暴力犯罪を事前に封圧するため、昭和33年の刑法一部改正（同年法律第107号）で証人等威迫罪（刑法105条の2）と共に新設された罪である。

② 本罪の性格は、個人の生命・身体・財産の安全が第一次的な法益であるが、公共的な社会生活の平穏も第二次的な法益である。

凶器準備集合罪の構成要件的状況

① 構成要件そのものではないが、行為が一定の状況の下で行われることを構成要件の要素としているものであり、犯罪成立の前提条件である。

② 本罪の「構成要件的状況」は、二人以上の者が共同加害目的、つまり他人の生命、身体又は財産に対し、共同して害を加える目的で集合したことが必要である。

○　本罪は、殺人、傷害、建造物損壊、器物損壊などの各罪の予備犯的な性格を有する
とともに公共危険犯的な性格をも併せ持っている。　　　　　　　　　（最決昭45.12.3）

（用語）「共同して害を加える目的」とは

①　集合した二人以上の者がこのような加害行
為の目的をもっていることを要するが、集合
後にその目的が生じた場合でもよい。

②　「共同して害を加える目的」とは、広く共
同正犯と認められる形態によって加害行為を
行う目的があれば足り、必ずしもその加害行
為を現場において共同して行う目的は必要と
しない。

③　加害の目的は必ずしも積極的なものでなくともよく、相手方が襲撃してきた際
にこれを迎撃しようという受動的なものでもよい。

判例

○　集団員の多数が、予想される機動隊の阻止に対抗し、これに攻撃を加えるため角材
を携え石塊を持つ等凶器を準備していることを認識しながら、これに気勢をそえる目
的で、角材を携えてその集団に加わった者は、自ら攻撃を加える意図がなくても、刑
法第208条の2第1項にいう「共同して害を加える目的」を有する。

（大阪高判昭46.4.26）

○　本罪は、いわゆる共謀共同正犯の形をとる場合をも含む。　　（東京高判昭49.7.31）

○　いわゆる迎撃形態の凶器準備集合罪において共同加害目的があるというためには、
行為者が、相手方からの襲撃の蓋然性ないし切迫性を認識している必要はなく、相手
方からの襲撃のありうることを予想し、襲撃があった際には、これを迎撃して相手方
の生命、身体又は財産に対し共同して害を加える意思を有していれば足りる。

（最判昭58.11.22）

○　迎撃目的で凶器を準備する行為は、正当防衛に当たらない。　（最決昭52.7.21）

加害行為の対象である「他人の生命、身体又は財産」とは

① 制限的列挙とされているから自由や
名誉等は含まれない。

② 加害行為は、「他人の生命、身体又
は財産」に対して行われるものでなけ
ればならない。

③ 加害行為の対象たる財産も、無体財
産や財産上の利益は含まれない。

加害行為とは

① 殺人、傷害、建造物損壊、器物損壊等をいうところ、本罪が社会的法益をも包
含しているところから、放火罪、出水罪のような社会的法益に対する罪や、公務
執行妨害罪のような国家的法益に対する罪である場合も含まれる。

② 財産に対して害を加える行為の中でも、窃盗、強盗その他の財産の奪取行為は、
これに含まれない。

凶器準備集合罪の行為

凶器を準備して集合すること又は凶器の準備があることを知って集合することで
ある。

用 語 「凶器」とは

性質上の凶器だけでなく、用法上の凶器も含む。

性質上の凶器とは

銃砲刀剣類等のように、その器具本来の性質上、人を殺傷する用に供されるため
に作られたものである。

用法上の凶器とは

①　包丁、かま、鉄棒等のように、性質上の凶器ではないが、用法によっては人を殺傷することができるものをいう。

②　性質上の凶器が本罪にいう凶器に当たることについて問題は生じないが、用法上の凶器が全て本罪にいう凶器に当たるものではない。

③　凶器の大きさ・数量・形状・性質・用途、準備した集団の人数・目的等から総合的に判断しなければならない。

④　よって、ステッキ、縄、手ぬぐいなどは、本罪にいう凶器には当たらない。

⑤　爆発物や火炎瓶等は凶器に含まれるが、青酸カリ、塩酸、硫酸等の劇毒物そのものについては、凶器とはいえない。

⑥　ただし、このような劇毒物であっても、それが牛乳瓶やコーラ瓶などに入れられたもので、その数量・用途・目的、さらには集団の人数・性格等から、それが攻撃的なものと認められれば、本罪にいう凶器に当たるものと解される。

> 判例
>
> ○　「凶器」は、人を殺傷すべき特性を持つ用具であって、銃砲、刀剣類等その本来の性質上の凶器であるもののほか、用法上、人の殺傷に用いられるものとして社会通念上危険の感を抱かせる、いわゆる「用法上の凶器」を含む。　（東京高判昭46.7.9）
> ○　長さ1メートル前後の角棒は、用法上の凶器である。　　　　（最決昭45.12.3）
> ○　用法上の凶器が本罪にいう凶器に当たるかどうかについては、その凶器が社会通念に照らし、人の視聴上直ちに危険の感を抱かせるに足るものであるか否かがその判断基準となる。　　　　　　　　　　　　　　　　　　　　（大判大14.5.26）
> ○　他人の殺傷に用する目的で準備されたダンプカーは、他人の殺傷に利用される外観を呈しておらず、社会通念に照らし、ただちに他人をして危機感をいだかせるに足りないため、「凶器」にはあたらない。　　　　　　　　　　　（最判昭47.3.14）

用語　「準備して」とは

①　準備の場所と集合の場所とが同一である必要はないが、凶器の置かれた場所が加害行為に使用するのに著しく困難か又は不可能な場所であるときは「準備して」とはいえない。

②　「準備して」とは自分で準備することをいうが、準備は必ずしも集合前にされる必要はない。

用 語 「準備があることを知って」とは

① 既に凶器が準備されていることを認識していることをいい、その認識は確定的なものである必要はなく、未必的な認識で足りる。

② 「その準備があることを知って」とは、他の者が凶器の準備をしていることを知りながら集合した場合等のことをいう。

判 例

○ 凶器を「準備して」とは、凶器を必要に応じていつでも加害行為に使用し得る状態に置くことをいう。 （東京高判昭39.1.27）

用 語 「集合した」とは

二人以上の者が、共同加害目的をもって、時と場所を同じくして集まることをいう。

集合の態様

自ら凶器を準備して集合する場合と、集合している他の者が凶器を準備しているのを知った上で集合する場合がある。

凶器準備集合罪の故意

① 二人以上の者が共同加害の目的で集合しているという状況についての認識があること。

② 認識が存在する以上、単に気勢を添える目的で集合したにすぎない、いわゆる随行者も本罪の主体となる。

判 例

○ 集合とは、二人以上の者が共同の行為をする目的で一定の時刻、一定の場所に集まることである。 （東京高判昭39.1.27）

○ すでに、一定の場所に集まっている二人以上の者が、その場で凶器を準備し、又はその準備のあることを知ったうえ、他人の生命、身体又は財産に対し共同して害を加える目的を有するに至った場合も、「集合」に当たる。 （最決昭45.12.3）

> **第208条の2（凶器準備集合及び結集）**
> 2　前項の場合において、凶器を準備して又はその準備があることを知って**人を集合させた者**は、3年以下の懲役に処する。

凶器準備結集罪とは

① 凶器準備結集罪は、凶器準備集合罪の対向関係において、独立の罪として規定したものである。

② 結集罪と集合罪の教唆犯・幇助犯とは区別されなければならない。

③ 単に一個人に対して集合するように勧誘する行為は、集合罪の教唆犯か幇助犯であるが、集合させる行為によって、少なくとも二人以上の者が集合した場合に結集罪が成立すると解される。

集合させる者とは

必ずしも集合行為の主導的な立場にある者に限定されないが、実務上は主導的な立場・役割にある者が多い。

凶器準備結集罪の構成要件的状況

① 「前項の場合において」ということであり、凶器準備集合罪と同じ構成要件的状況が必要である。

② 二人以上の者を共同加害の目的をもって集合させたことが必要である。

③ この構成要件的状況においては、集合した者に凶器の準備について認識がなくても集合させた者が凶器を準備し、あるいはそれを知って集合させれば、その者について本罪が成立する。

凶器準備結集罪の行為

凶器を準備し、又は凶器の準備のあることを知って集合させることである。

用語 「集合させた」とは

二人以上の者に対し、共同の目的で時及び場所を同じくする状態を作り出すことをいい、必ずしも集合状態を作り出す前提として人の場所的移動を必要としない。

両罪の罪質について

① 集合罪、結集罪ともに継続犯であり、行為者が凶器を準備し又はその準備があることを知って集合している間、犯罪は継続する。

② したがって、集合状態が続いている限り、現に罪を行っている現行犯人として現行犯逮捕することができる。

判例

○ 凶器準備結集罪にいう「人を集合させ」るとは、必ずしも人の場所的移動を必要とするものではなく、既に集合している二人以上の者に対し、加害目的を付与してその目的を共通にさせる場合をも含む。　　　　　（名古屋高金沢支判昭36.4.18）

○ 進んで出撃しようとしたのではなくても、相手が襲撃してきた際には、これを迎撃し、相手を共同して殺傷する目的をもって、凶器を準備し身内の者を集合させたときは、刑法第208条の2第2項の罪が成立する。　　　　　　　　　　（最決昭37.3.27）

○ 凶器準備集合罪は、個人の生命、身体または財産ばかりでなく、公共的な社会生活の平穏をも保護法益とするものと解すべきであるから、右「集合」の状態が継続するかぎり、同罪は継続して成立しているものと解するのが相当である。

（最決昭45.12.3）

罪数について

① 集合罪又は結集罪は、目的とする加害行為の予備行為となるから、共同加害の対象によって殺人予備罪・放火予備罪等が成立し、これらの罪とは観念的競合となる。

② 　準備された凶器が、爆発物取締罰則、火薬類取締法、銃砲刀剣類所持等取締法
　　等の違反の罪に当たる場合は、これらの法律違反の罪と集合罪又は結集罪は併合
　　罪となる。

> **判 例**
>
> **観念的競合とされた事例**
> 　○ 　凶器準備集合罪は、殺人予備罪とは保護法益を異にする。したがって、凶器準備
> 　　集合の段階においては、両罪が成立し、両者は想像的競合の関係に立つ。
> 　　　　　　　　　　　　　　　　　　　　　　　　　　　　（甲府地判昭38.3.28）
>
> **併合罪とされた事例**
> 　○ 　凶器準備集合の罪とその継続中における暴力行為等処罰ニ関スル法律第１条違反
> 　　の罪とは、併合罪の関係にある。　　　　　　　　　　　　　（最決昭48.2.8）
> 　○ 　凶器準備集合罪と公務執行妨害罪との関係は、牽連犯ではなく、併合罪である。
> 　　　　　　　　　　　　　　　　　　　　　　　　　　　　（東京高判昭48.5.29）

21 逮捕及び監禁に関する罪

―逮捕・監禁罪―

> **第220条（逮捕及び監禁）**
> 不法に人を逮捕し、又は監禁した者は、3月以上7年以下の懲役に処する。

逮捕・監禁罪とは

① 不法に人を逮捕・監禁することによって成立し、基本類型としての逮捕監禁罪（刑法220条）と、結果的加重犯としての逮捕等致死傷罪（刑法221条）が規定されている。

② 本罪はいわゆる継続犯であり、被害者の自由の拘束が続く限り犯罪は継続し、その法益侵害の状態が除去されない間は犯罪の実行中となる。

③ 犯行が行われている間はいつでも現行犯逮捕できるし、公訴の時効（刑訴法250条）も進行しない。

逮捕・監禁罪の客体

自然人に限られる。

自然人とは（積極説・通説）

① 生後間もない嬰児のように、全く任意の行動をなし得ない者は客体とならないが、いまだ歩行ができなくても這うことができるような幼児は、本罪の客体となる。

② 自然的意味において任意に行動し得る者であれば、責任能力・行為能力、あるいは意思能力を欠く者（例えば、5、6歳の幼児、精神病者）も本罪の客体となり得る。

③ また、行動の自由が必ずしも現実的に存在することは必要でなく、その可能性があれば足りるから、一時的に行動の自

由を失っている者（例えば、泥酔者、睡眠中の者）も本罪の客体となる。

> | 判 | 例 |
>
> ○ 生後約1年7か月を経たばかりの幼児であっても、自力で、任意に座敷を這いまわっ
> たりすることができる場合は、監禁罪の客体となり得る。　　（京都地判昭45.10.12）

被害者の認識について

　被害者が逮捕・監禁された事実を認識しているかどうかに関係なく、本罪が成立
する。

逮捕・監禁罪の行為

　本罪の行為は、不法に人を逮捕又は
監禁する行為である。

> | 判 | 例 |
>
> ○ 逮捕監禁は、いずれも人の身体行動の自由を侵害する行為であるから、多少の時間
> が継続することを要する。したがって、瞬時の拘束は、暴行罪を構成するにすぎない。
> 　　　　　　　　　　　　　　　　　　　　　　　　　　　　　　　　（大判昭7.2.29）

逮捕と監禁の差異

① 人の身体を直接的に拘束すること
　が「逮捕」である。
② 間接的拘束が「監禁」である。
③ 「監禁」とは、一定の場所に拘束
　することをいう。
④ 「逮捕」とは、一時的な身体の拘
　束をいい、「監禁」のような、場所
　的制限はない。

犯罪の態様と区別

① 逮捕に引き続いて監禁が行われる場合が多く、実務上、両者を明確に区別する
　ことは必ずしも容易ではない。
② 法文上、両行為は同一条項に規定されており、罪質・刑罰とも同一であること

から、強いて両者を区別する実益はないと考えられる。

判　例

○　人を逮捕し、引き続いて監禁した場合には、これを包括的に観察して刑法第220条の単純な一罪が成立し、両罪が牽連犯又は連続犯となるわけではない。

（最判昭28.6.17）

用　語　「逮捕」とは

① 　人の身体に対して直接的な拘束を加え、その行動の自由を奪うことである。

② 　その方法としては、ロープ等で手足を縛るなどの有形的方法が典型であるが、脅迫したり、だましたりするなどの無形的方法によっても可能である。

③ 　拳銃を突き付けて行動の自由を奪ったり、情を知らない警察官をして無実の者を逮捕させたりした場合（第三者を利用する間接正犯）などの行為も当たる。

逮捕・監禁罪の未遂について

　本罪の未遂を処罰する規定がないことから、逮捕・監禁行為が未遂に終わった場合には、その手段となった暴行・脅迫が別個独立の犯罪として成立する。

用 語 「監禁」とは

①　人が一定の区域から出ることを不可能又は著しく困難にし、その行動の自由を奪い、人の行動の自由を場所的に拘束することをいう。

②　監禁罪は、その罪質上、逮捕罪と同様に多少の時間にわたり継続して人を拘束することを成立要件とする。

③　監禁場所となる一定の区域は、人の行動の自由を拘束することができる場所であれば足りる。

④　必ずしも居室や倉庫のような区画された場所であることを要しないから、オートバイの荷台も監禁場所になる。

⑤　監禁といえるためには、必ずしも被監禁者の自由の拘束が完全なものであることを要しない。

⑥　相手がその場所から容易に脱出できる状態にあるときには、監禁とはいえないが、一応は脱出の方法があっても生命・身体の危険を冒すか又は常軌を逸した非常手段を講じなければ脱出できないような状態の下であれば、監禁といえる。

⑦　一応は脱出の可能性があるが、被害者が、転落や水没等の危険を冒さなければ疾走中のオートバイの荷台や海上の瀬から脱出することが困難な状態に置かれていた場合は、監禁罪が成立する。

判 例

　○　被害者を自動車に乗せ、これを時速25ないし35キロメートルで走行させ、その間約
　　　１分以内であったとしても、監禁罪を構成する。　　　　　（名古屋高判昭35.11.21）
　○　被害者を乗せたオートバイを疾走させて、その生命・身体に対する危険なしに降車
　　　できないようにした場合は、監禁罪となる。　　　　　　　　　　（最決昭38.4.18）
　○　海中に孤立する瀬（陸地からの最短距離が約25メートル）に被害者らを脅迫したり
　　　暴行を加えたりして無理に上がらせた上、これを置き去りにして船で帰ったため、被
　　　害者らを約１時間半、そこから脱出不能にさせた場合は、監禁罪となる。
　　　　　　　　　　　　　　　　　　　　　　　　　　　　　　　（長崎地判昭33.7.3）

監禁の方法

① 　監禁罪の本質は、人の行動の自由を拘束す
ることにあるから、その手段・方法を制限す
る理由はなく、有形的方法であると無形的方
法であるとを問わない。

② 　監禁は、暴行・脅迫を手段とする有形的方
法はもちろん、人の恐怖心・羞恥心を利用し
たりするものや偽計によって被害者の錯誤を
利用したりする等、無形的方法によるものでもよい。

監禁行為について

① 　不作為によっても行われる。

② 　自己の過失によって人を倉庫内に閉
じ込めてしまった者が、その事実を知っ
た後もあえてこれを放置する場合も監
禁行為になる。

③ 　事情を知らない第三者を利用しても
行われ、情を知らない警察官をして被

害者を留置させるというような、間接正犯の形態の場合も監禁罪が成立する。

判 例

　○　監禁罪は、その方法が有形的であると、無形的であるとを問わない。
　　　　　　　　　　　　　　　　　　　　　　　　　　　　　　　（大判昭7.2.12）
　○　「監禁」は、暴行または脅迫によってなされる場合だけではなく、偽計によって被
　　　害者の錯誤を利用してなされる場合をも含む。　　　　　　　　（最決昭33.3.19）

逮捕・監禁罪の要件

① 逮捕監禁罪は、不法に人を逮捕・監禁することによって成立する。

② 逮捕・監禁が不法になされたものかどうかは、違法性阻却の一般原理に従ってその行為が社会的に相当かどうかによって判断される。

社会的相当性の判断者の一例

正当防衛又は緊急避難と認められる場合

違法性が阻却され、本罪は成立しない。

被害者の承諾がある場合

被害者の承諾によっても違法性が阻却される場合があるが、被害者の承諾は、任意に基づくものでなければならず、強制による場合や承諾・同意事項の内容について錯誤があり、正しく理解していなかった場合には、被害者の承諾や同意があったとはいえない。

判　例

○ 私人が現行犯人を逮捕する場合に、司法警察職員に引き渡す意図ではなく、被逮捕者を脅迫して金品を脅し取る目的であったときは、その逮捕行為は違法性を阻却されない。　　　　　　　　　　　　　　　　　　　　　　　　（仙台高判昭26. 2 .12）

○ 自己の部屋に不法に侵入した者を現行犯逮捕したが、以前にも窃盗の被害を受けたことがあったため、この者を追及し被害を弁済させようと考え、同人をガウンのひもで縛り、更に後ろ手に両手錠を掛けて追及し、深夜から朝方にかけて約 8 時間にわたって同室に監禁した場合には、正当行為あるいは社会的相当行為として違法性を阻却される余地はない。　　　　　　　　　　　　　　　　　　　（東京高判昭55.10. 7 ）

○ 雇主は、未成年の雇人に対して当然に懲戒権を有するものではないから、作業を怠ったという理由で未成年者である雇人を荒縄で制縛する行為は逮捕罪を構成する。　　　　　　　　　　　　　　　　　　　　　　　　　　　　　（大判大11. 3 .11）

○ 法令に基づく逮捕行為については、ある程度の実力行使を伴うのが通常であって、逮捕に際し実力行使があったからといって直ちに違法性のある逮捕とはされない。　　　　　　　　　　　　　　　　　　　　　　　　　　　（東京高判昭26. 5 .26）

罪数について

① 本罪の保護法益である個人の行動の自由は一身専属的な法益であるから、本罪

は、逮捕・監禁された被害者1名ごとに成立する。

② 逮捕と監禁の関係については、前記で述べたように同一法条に規定された同一性質のもので、単にその態様を異にするだけにすぎないから、人を逮捕して引き続いて監禁した場合には、逮捕罪と監禁罪とを包括した逮捕・監禁罪が成立し、両罪の牽連犯ではない。

③ 逮捕・監禁が未遂に終わった場合には、本罪の未遂を処罰する規定がないことから、暴行罪又は脅迫罪が成立することとなる。

④ 強要罪の規定は、暴行・脅迫を手段とする犯罪に対して一般法の性質をもつものであるから、逮捕・監禁罪が成立する場合には強要罪の適用は排除される。

⑤ 逮捕・監禁の当然の結果として、機械的に行うべき権利が妨害されたにすぎない場合には、逮捕・監禁罪のみが成立すると解される。

⑥ 略取罪と逮捕・監禁罪とは、ともに人身の自由を侵害するという面をもつが、略取に際して逮捕・監禁が行われれば略取罪と逮捕・監禁罪が成立し、両罪は、観念的競合の関係に立つと解される。

⑦ 人を略取した後、引き続いてこれを監禁した場合、両罪は併合罪の関係になる。

⑧ 暴行・脅迫による逮捕・監禁が、殺人行為、強取行為又は不同意性交等行為の一部とみられる場合、この逮捕・監禁の行為は、殺人罪、強盗罪又は不同意性交等罪の構成要件行為としての暴行・脅迫に含まれるから、殺人罪、強盗罪又は不同意性交等罪のみが成立し、別に逮捕・監禁罪は成立しない。

⑨ 監禁行為の継続中に新たに生じた犯意に基づく殺人、強盗又は不同意性交等はもちろん、殺人、強盗又は不同意性交等の手段として用いられた逮捕・監禁行為であっても、殺人行為、強取行為又は不同意性交等行為の一部とみられない場合には、殺人罪、強盗罪又は不同意性交等罪のほかに逮捕・監禁罪が成立し、両罪の関係は併合罪となる。

⑩ 不同意性交等の目的で被害者を自動車に押し込み、その脱出を妨げつつ自動車を運転して山中に行き、首を絞めるなどの暴行を加えて性交等をしたり、人を殺害する意図で被害者を監禁し、その後これを殺害したりする場合は、逮捕・監禁罪との併合罪である。

⑪ 住居侵入罪との間に牽連犯の関係が認められている他罪（殺人罪、不同意性交等罪、傷害罪、威力業務妨害罪等）と同様に、住居侵入罪と逮捕・監禁罪との間においても通常の手段・結果の関係にあるといえるので、牽連犯になると解される。

⑫　公務執行中の公務員に対して、その公務を妨害する意図で当該公務員を逮捕・監禁した場合には、公務執行妨害罪と逮捕・監禁罪の観念的競合となる。

判 例

観念的競合とされた事例
○　一個の行為で同時に同一場所に複数の者を逮捕・監禁した場合には、被害者の数だけの逮捕監禁罪が成立し、これらの罪は観念的競合となる。　（最判昭28.6.17）

暴行・脅迫罪との関係
○　逮捕監禁の手段としてなされた暴行・脅迫は、逮捕監禁罪に吸収され、別罪を構成しない。　（脅迫につき、大判昭11.5.30）
○　暴行・脅迫が監禁の機会にされた場合でも、監禁の状態を維持・存続させるための手段としてではなく、全く別の動機原因から行われたときは、監禁罪のほかに暴行罪又は脅迫罪が成立する。　（最判昭28.11.27）

牽連犯とされた事例
○　人を逮捕監禁した後、証書類の作成を強要した場合には、逮捕・監禁罪と強要罪との牽連犯になる。　（最判昭34.4.28）

併合罪とされた事例
○　逮捕監禁に及ぶ以前に殺意を固めて逮捕監禁後に殺人を行った場合は、逮捕監禁罪と殺人罪が共に成立し、両罪は併合罪である。　（最判昭63.1.29）
○　恐喝の手段として監禁が行われた場合であっても、両罪は、犯罪の通常の形態として手段又は結果の関係にあるとは認められず、牽連犯の関係にはなく、併合罪である。　（最判平17.4.14）
○　不法監禁罪と強姦致傷罪とは、たまたま手段・結果の関係にあるが、通常の場合においては、不法監禁罪は通常強姦罪の手段であるとはいえないから、不法監禁罪と強姦致傷罪は、牽連犯ではなく、併合罪である。　（最判24.7.12）
○　傷害の手段として監禁し、傷害を加えた場合でも、両者は牽連犯を構成せず、併合罪となる。　（最決昭43.9.17）

―逮捕等致死傷罪―

第221条（逮捕等致死傷）
　前条の罪を犯し、よって人を死傷させた者は、傷害の罪と比較して、重い刑により処断する。

逮捕等致死傷罪とは

　本罪は、逮捕・監禁罪を犯し、よって人を死傷させることによって成立する結果的加重犯である。

逮捕等致死傷罪の成立要件

① 基本的行為である逮捕・監禁と、重い結果である死傷との間に因果関係があることが必要である。

② 被害者が、その逮捕・監禁状態から脱出しようとして自らの行為によって死傷の結果を生じた場合においても、本罪が成立する。

③ また、本罪の成立のためには、基本的行為である逮捕・監禁罪が成立していなければならない。

判 例

○ 重い結果である死傷について、過失ないし予見可能性を必要としない。
(大判昭3.4.6)

○ 本罪が成立するためには、人の傷害又は死亡が逮捕監禁の結果として発生したこと、すなわち人の死傷が逮捕監禁そのもの又は少なくともその手段としての行為そのものから生じたことが必要である。
(名古屋高判昭31.5.31)

○ 人を監禁し、その機会に暴行を加え死傷に至らしめた場合でも、その暴行が逃亡を防ぐ手段としてなされたといった監禁状態を維持存続させるために加えられたものではなく、全く別個の動機原因から加えられたものであるときは、監禁と死傷との間には因果関係が存在しないから本罪は成立せず、監禁罪と傷害罪又は傷害致死罪との2罪が成立して併合罪となる。
(最判昭28.11.27)

○ 被害者の背後から腕で同人の首を絞め付け、手ぬぐいで口をふさぎ、ロープで被害者の両手を肩まで上げて各手首を縛った上椅子にくくり付け、さらに両足を縛り手ぬぐいを用いて猿ぐつわをして短刀を突き付けるなどして被害者を監禁し、その際の暴行により、両手・両足関節部内出血、右手右足背部挫創等の傷害を負わせた場合は、本罪が成立する。
(東京地判昭47.4.27)

○ 走行中の自動車に監禁されていた被害者が、逃走するため運転台のドアを開けて路上に飛び降り、夢中で駆け出して国道を横断中、折りから進行してきた他の自動車に衝突して負傷した場合は、本罪が成立する。
(東京高判昭42.8.30)

○ 不法に被害者を監禁し、その結果、被害者に外傷後ストレス障害（PTSD）を発症させた場合について、監禁致傷罪の成立が認められた。
(最決平24.7.24)

逮捕・監禁行為が適法であった場合

① その行為によって人を死傷に至らしめた場合であっても本罪は成立せず、死傷に対する過失が認められ得る場合は、過失致死傷罪（刑法209条・210条）が成立するにとどまる。

② 逮捕・監禁行為自体が適法であっても、その際、通常の逮捕・監禁行為に伴うもの以外

の暴行を加えた場合には、暴行及びその結果である傷害の罪を免れない。

逮捕等致死傷罪の刑罰

①　本罪は、傷害の罪と比較してその重きに従って処罰される。

②　すなわち、

　ア　逮捕監禁致傷罪の場合は、刑法第204条
　　　（傷害）の法定刑

　イ　逮捕監禁致死罪の場合には、刑法第205
　　　条（傷害致死）の法定刑

　とそれぞれ比較して、その上限下限とも重い
　方の刑罰を法定刑とする。

　ウ　致死の場合は、上限下限とも重い刑法第205条の刑によって処断される。

　エ　致傷の場合は、上限は刑法第204条の刑（15年以下の懲役）が適用され、下
　　　限は刑法第220条の刑（3月以上の懲役）が適用されることになる。

③　なお、この場合、罰金・科料は科されない。

■逮捕監禁罪■

設問1

　甲は、別れたＡ女が他の男性と結婚することを知って嫉妬し、自宅にむりやり連れ込んだが、Ａ女が帰宅しようとしたため、カミソリを突きつけて「俺から逃げられると思うなよ。おまえをとった写メもネットにのせる。それでもいいなら逃げてみろ」と言って仕事に出掛けた。その際、ドアは無施錠であった。甲の刑責は何か。

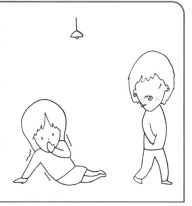

【結　論】監禁罪の刑責を負う。

【争　点】鍵をかけない家屋で監禁罪が成立するか。

【関係判例】最決昭34.7.3

【理　由】施錠をせずにいつでも逃げることができ、しかも監視もしていなかったとしても、脅迫によって後難を恐れてその場から逃げることができない心理状態に追い込んだ以上、監禁罪が成立する。

設問2

　暴力団員の甲と乙は、組を抜けると言い出したＡを事務所に連行し、事務所内において殴る蹴るの暴行を加えて死亡させた。甲と乙の刑責は何か。

【結　論】逮捕監禁罪と傷害致死罪の共同正犯の刑責を負う。

【争　点】逮捕監禁致死罪か傷害致死罪か。

【関係判例】最判昭28.11.27

【理　由】逮捕監禁致死傷罪は、逮捕監禁の行為の結果によって致死傷が生じなければならない。したがって、逮捕監禁した後に傷害を与えて死亡させたのであるから、逮捕監禁罪と傷害致死罪が成立し、両罪は併合罪となる。

22

脅迫に関する罪

―脅　迫　罪―

> 第222条（脅迫）
> 1　生命、身体、自由、名誉又は財産に対し害を加える旨を告知して人を脅
> 　迫した者は、2年以下の懲役又は30万円以下の罰金に処する。
> 2　親族の生命、身体、自由、名誉又は財産に対し害を加える旨を告知して
> 　人を脅迫した者も、前項と同様とする。

脅迫及び強要罪とは

①　脅迫罪及び強要罪は、いずれも個人の自由に対する罪である。

②　脅迫罪は、結果の発生を必要としない危険犯である。

③　これに対し、強要罪は、意思決定の自由と意思活動の自由も侵害する犯罪（侵
　害犯）であり、しかも未遂が処罰される点に両罪の違いがある。

④　脅迫罪は、相手方又はその親族の「生命、身体、自由、名誉又は財産に対し害
　を加える旨を告知して人を脅迫した」場合に成立する。

⑤　強要罪は、脅迫又は暴行を加えて人に義務のないことを行わせ又は権利の行使
　を妨害した場合に成立する。

脅迫罪の既遂時期

　害悪を加えることが相手方に告知されたとき
に既遂に達する。

脅迫の主体等

①　主体に制限はない。

②　客体は自然人である。

③　告知された内容を全く理解し得ない幼児、精神病者等を除く。

④　脅迫をするとは、人を畏怖させる目的で、相手方又はその親族の生命・身体等に対して、害悪を加えることを告知することである。

⑤　本罪における脅迫は、刑法上のいわゆる狭義の脅迫を意味しており、告知された害悪が人を畏怖させるに足りる程度のものでなければならない。なお、相手方が実際に畏怖したことを要しない。

用語　「親族」とは

①　民法上の親族（民法725条）と同一である。

②　相手方又はその親族以外の者に対する害悪の告知や、死亡した親族の名誉に対する害悪の告知は、それが間接的に相手方又はその親族の生命・身体等を害する危険のあるときに限り、本罪を構成する。

判例

○　法人の代表者、代理人等に対し、危害を加える旨告知しても、法人に対する脅迫罪は成立しない。ただし、法人に対する加害の告知が、現にその告知を受けた自然人自身に対する加害の告知に当たると評価され得る場合にのみ、その自然人に対する脅迫罪が成立する。　　　　　　　　　　　　　　　　　　　　　　　（大阪高判昭61.12.16）

○　脅迫罪は、危害を加えるべきことを不法に通告することをもって成立し、被通告者が畏怖の念を起こすことを要しない。　　　　　　　　　　　　　（大判明43.11.15）

○　虚無人の名義をもって害悪を告知しても脅迫罪は成立する。　（大判明43.11.15）

○　被告人が、同一被害者に対し、一定の支配関係の下に同一意思で継続的に行った複数の同種の犯行については、各行為の罪数評価において、併合罪ではなく包括一罪にすべきとし、これを各行為ごとの併合罪と評価した原判決には法令適用の誤りがあるとしたものの、その誤りが判決に影響を及ぼすものではないとした。

（名古屋高判平26.10.22）

保護法益

①　列挙された「生命、身体、自由、名誉又は財産」については、基本的には限定的列挙と解されている。

②　ただし、判例上は個別的事情によって広く解釈され、貞操を「自由」に含め、村八分を「名誉」及び「自由」に対する加害であると判断している。

脅迫罪とは

①　告知内容を脅迫というためには、告知された害悪の発生について、行為者が直接又は間接的に左右できる地位、能力をもっていることが必要である。

②　行為者の支配力等がない害悪の内容を告知したとしても、本罪の脅迫には当たらない。

判例

○　「村八分」の決議をなすことは、人の人格を蔑視し共同生活に適しない一種の劣等者として待遇しようとするものでその名誉を毀損し、右決議を通告することは、将来引き続き相手方に対し不名誉の待遇をしようとする害悪の告知にほかならず、脅迫罪を構成する。

（大判昭9.3.5）

害悪の告知について

①　告知される害悪の内容については制限はない。

② 告知された害悪が実現によって犯罪となることも、違法であることも必要ではない。

③ 害悪が一定の条件によって実現する旨を告知した場合も、単に害悪が及ぶ可能性をほのめかす告知も、脅迫である。

④ 害悪は、直接的、間接的に行為者によって行われるものとして告知されることを要する。

害悪の程度について

① 害悪を告知する方法に制限はない。

② 人を畏怖させるに足りるものであることを要する。

③ したがって、何人も畏怖しないような告知は、脅迫とはいえない。

④ 人を畏怖させるものかどうかについては、相手方の境遇、年齢、その

他の事情を考慮するべきであるし、言語による脅迫の場合には、告知者の態度、人柄、その他の状況に照らして理解しなければならない。

判 例

○ 告知された害悪が、刑法上の名誉毀損罪の構成要件を欠くために同罪が成立しない場合でも、本罪の成立を妨げないし、誣告された者が真にその意思がないのに、誣告者を畏怖させる目的をもって告訴をする旨を告知する行為も脅迫である。
（大判大 3 .12. 1 ）

○ もし、その職に就くときは生命に危害を加えるべき旨を告知し、その境遇上畏怖の念を生じるおそれがある場合も成立する。
（大判大11. 4 .25）

○ 害悪の告知は、告知者自身が現実に加害する旨を告知することは必要ではなく、第三者をして害を加えさせる旨を告げる場合も脅迫となり得る。
（大判昭10. 6 .24）

○ 第三者の行為により害悪を加えることを告知した場合であっても脅迫罪は成立するが、第三者は、虚無人でもよい。
（大判昭 7 .11.11）

○ 自己が、第三者の加害行為の決意に影響を与え得る地位にあることを相手方に知ら

せる行為は害悪の告知になるが、その場合、現実にそのような地位にあるか否かを問わない。　　　　　　　　　　　　　　　　　　　　　　　　　　　　（大判昭10.11.22）

○　人を畏怖させるに足りる害悪の告知といえるかどうかは、一般的見地から客観的に決定されるべきであって、相手方の主観に左右されない。
　　　　　　　　　　　　　　　　　　　　　　　　　　　　（広島高松江支判昭25.11.29）

○　警察官に対し「我々に対してつまらぬことをするとどうなるか分かっているか、人民裁判でまた会おう。」と告げることは、脅迫罪に当たる。　　（東京高判昭29.9.9）

○　二つの派の抗争が熾烈になっている時期に、一方の派の中心人物宅に、現実に出火もないのに、「出火御見舞申上げます、火の元に御用心」という趣旨の文面の葉書を郵送したときは、脅迫罪が成立する。　　　　　　　　　　　　　　（最判昭35.3.18）

○　脅迫罪における害悪の告知は、被害者に対し直接にする必要はなく、被告人において脅迫の意思をもって害悪を加えるべきことを知らしめる手段を施し、被害者が害悪を被むるべきことを知った事実があれば足りる。　　　　　　　　　（最判昭26.7.24）

脅迫罪の故意

①　告知内容を認識し、相手方又はその親族の生命・身体等に害を加えるべきことを告知することによって、人を畏怖させようとすること。

②　例えば、電話番号を間違え、他の者を脅迫しても本罪が成立する。

③　加害の対象となる者を誤解し、「おまえの子供のＢの身体に害を加える。」旨をＡに告知したところ、現実には、ＢはＡのおいであったとしても、本罪が成立する。

④　Ａを脅迫しようとして実際はＢを脅迫した場合には、いわゆる具体的事実の錯誤（客体の錯誤）であるから、故意を阻却されない。

―強　要　罪―

第223条（強要）

1　生命、身体、自由、名誉若しくは財産に対し害を加える旨を告知して脅迫し、又は暴行を用いて、人に**義務のないことを行わせ**、又は**権利の行使を妨害**した者は、3年以下の懲役に処する。

2　親族の生命、身体、自由、名誉又は財産に対し害を加える旨を告知して脅迫し、人に義務のないことを行わせ、又は権利の行使を妨害した者も、前項と同様とする。

3　前2項の罪の未遂は、罰する。

強要罪の主体及び客体

脅迫罪の場合と同様、制限はない。

強要罪の行為

①　相手方又はその親族の生命・身体等に対して、害を加えるべきことをもって脅迫すること。

②　暴行を用いて、人に義務のないことを行わせること。

③　暴行を用いて、人の権利を妨害すること。

脅迫の意義

①　脅迫罪における脅迫と同じである。

②　脅迫又は暴行を加えられる者と、義務のないことを行わせ又は行うべき権利を妨害される者とは、必ずしも同一人であることを要しない。

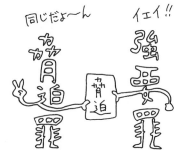

暴行の意義

① 暴行は、人の行動の自由を束縛するに足りるものでなければならないが、人に対するものであれば足り、人の身体に直接加えられることを要しない。

② 物や第三者に対する暴行であっても、それが同時に相手方に対する暴行としての意味をもつときは、本条の暴行となる。

用語 「義務のないことを行わせ」とは

犯人に、何らの権利・権能がないにもかかわらず、相手方に作為、不作為又は受忍を余儀なくさせることをいう。

判例

○ 「人に義務のないことを行わせ」とは、自分に何らの権利がなく、したがって、相手方にその義務がないのに、暴行・脅迫を用い、強いて作為、不作為又は受忍をさせ

　　ることをいう。 （大判大 8 . 6 .30）

強要する行為の態様

　強要する行為は、法律行為であると事実行為であるとを問わないから、法律上その義務のない者に対し、誓約書等の作成交付、物品の貸与、パーティー券の販売等を強要すれば本罪が成立する。

用 語 「権利の行使を妨害」するとは

① 被害者が法律上許されている作為、不作為を行うことを妨げることをいう。

② その権利は、道徳上の権利では足りないが、法律上明文をもって規定された権利であることは必要なく、個人の自由として法的保護を受けるべき範囲内であれば足りる。

③ 婚姻届の提出を妨げたり、投票、会議を妨害するような行為のほか、家族で郷里に帰ろうとするときに、「留守中、火をつけてやる。」と脅迫し、旅行を断念させた場合も本罪が成立する。

判 例

　○ 強要された行為の一部分が法律上の義務に基づくものであっても、他の部分が義務に基づかないものであるときは、本罪が成立する。 （大判大 2 . 4 .24）

　○ 告訴することを中止させる行為も、本罪を構成する。 （大判昭 7 . 7 .20）

　○ 新聞記者が、料理店の営業者に対して自分の意思に逆らう場合には、営業者若しくは料理店に関し不利益な事項を自分の新聞に掲載することを告げるのは、脅迫に当たる。 （大判昭 7 . 7 .20）

強要罪の故意

① 本罪は故意犯である。

② 暴行・脅迫をもって、

　ア　人に対して義務なきことを行わせること

　イ　権利の行使を妨害すること

　の認識があれば足りる。

強要罪の着手時期

　着手時期は、強要の目的で暴行又は脅迫を加えたときであり、相手方がこれによって現実に作為、不作為の意思決定をする必要はない。

強要罪の既遂時期

① 　暴行・脅迫と行為との間に因果関係を欠くときは、未遂罪が成立する。

② 　被害者が何ら畏怖せず、ただ同情によって義務なきことを行った場合は、未遂となる。

他罪との関係

　恐喝罪・強盗罪・逮捕罪・監禁罪・略取誘拐罪・不同意性交等罪・不同意わいせつ罪・職務強要罪が成立するときは、法条競合により本条は適用されない。

判 例

　○ 　手段たる暴行・脅迫の結果、被強要者による作為・不作為が生じたときに強要罪は既遂に達し、暴行・脅迫を加えたが、これを果たさなかったときは未遂となる。

（大判昭 7 . 3 .17）

■脅迫罪■

設問 1

　甲は、Aを脅かしてやろうと考え、A宅の玄関前に抜き身の日本刀をぶら下げてAの名前を書いた名札を付けた。甲の刑責は何か。

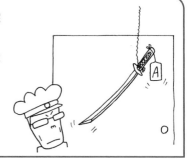

【結　論】脅迫罪の刑責を負う。

【争　点】日本刀をぶら下げる行為が脅迫罪に当たるか。

【理　由】日本刀を玄関先にぶら下げて、相手方の名前を書いた名札を付ける行為は、一般的に人を畏怖させる行為であるから、Aが現実に畏怖したかどうかを問わず、脅迫罪が成立する。

Point ▶ 脅迫の種類

最広義の脅迫	公務執行妨害罪　騒乱罪　多衆不解散罪　等	恐怖心を感じさせる目的をもって何らかの害悪を告知すれば足り、害悪の内容、性質、程度を問わず、通知の方法、相手方が恐怖したかどうかも問わない。
広義の脅迫	脅迫罪	相手方又は親族の生命、身体、自由、名誉、財産、貞操に対する害悪を告知することをいい、仮に、親しい友人に対する害悪の告知をしても該当しない。
狭義の脅迫	強要罪　恐喝罪	害悪の告知によって相手方が現実に畏怖し、その害悪の告知によって作為、不作為の行為が強制されること。
最狭義の脅迫	不同意性交等罪　強盗罪	相手方の抵抗を抑圧する程度の畏怖心が生じる害悪の告知が行われること。

23 略取、誘拐及び人身売買に関する罪

略取罪及び誘拐罪とは

略取及び誘拐の罪は、人をその本来の生活環境から離脱させて自己又は第三者の実力支配内に移すことを内容とする犯罪であり、自由に対する罪の一種である。

保護法益

略取又は誘拐された者（以下「被拐取者」という。）の自由が保護法益であるが、それが未成年者、精神障害者であるときには、親権者等の保護監督権も法益に含まれる。

略取罪及び誘拐罪の行為

① 本罪の行為は、略取又は誘拐である。
② 略取と誘拐を合わせて、拐取という。

略取とは

　他人を、その意思に反して現在の生活環境から離脱させ、自己又は第三者の支配下に移すことである。

誘拐とは

　他人を自己又は第三者の支配下に移す手段が、欺罔又は誘惑であるという点が異なるだけで、他は全て略取と同様である。

欺罔とは

　虚偽の事実を告げて、相手を錯誤に陥らせることである。

判 例

○　「略取」とは、暴行又は脅迫を手段として他人の意思に反し、その生活環境から離脱させ、自己又は第三者の事実的支配の下におく行為をいい、その程度は、相手方の反抗を抑圧するに足りるほど強度のものであることを要しない。

(広島高岡山支判昭30.6.16)

○　誘拐の手段としての欺罔は、被拐取者に直接加えられる必要はなく、被拐取者が未成年である場合は、その保護者・監督者に対して加えられてもよい。

(大判大13.6.19)

○　誘惑とは、欺罔の程度に至らないが、甘言を用いて相手の適正な判断を誤らせることをいう。　(東京高判昭32.8.24)

─未成年者略取及び誘拐罪─

第224条（未成年者略取及び誘拐）

　未成年者を略取し、又は誘拐した者は、3月以上7年以下の懲役に処する。

未成年者拐取罪とは

① 　未成年者を拐取することによって成立する。

② 　本罪は、暴行等を行い、18歳未満の者の身体を自己等の支配下に置く罪である。

判 例

　○ 　母の監護下にある2歳の子を別居中の共同親権者である父が有形力を用いて連れ去った略取行為につき違法性は阻却されない。　　　　　　　　　　（最決平17.12.6）

用 語 「未成年者」とは

18歳未満の者をいう（民法4条）。

※ 「民法の一部を改正する法律」（平成30年法律第59号）により、令和4年4月1日から、18歳未満に変更。

未成年者拐取罪の故意

① 　拐取者において、被拐取者が未成年者であることを未必的にせよ認識した上で拐取することが必要であるが、親権者等の保護監督権侵害の事実まで認識する必要はない。

② 　構成要件上、特定の動機・目的の存在を必要としない。

③ 　たとえ動機が憐憫の情による場合や保護あるいは養育する目的であっても、不法に相手方を実力支配下に置く意思があれば、本罪が成立する。

罪数について

① 未成年者を営利、わいせつ又は結婚の目的で拐取した場合は営利目的等拐取罪、身の代金取得の目的で拐取した場合には身の代金目的拐取罪、国外移送の目的で拐取した場合には国外移送目的拐取罪が成立し、本罪はこれらの罪に吸収される。

② 暴行・脅迫が略取の手段であれば、未成年者略取罪に吸収される。

―営利目的等略取及び誘拐罪―

> **第225条**（ [営利目的]等略取及び誘拐）
>
> 　営利、わいせつ、結婚又は生命若しくは身体に対する加害の目的で、人を略取し、又は誘拐した者は、1年以上10年以下の懲役に処する。

営利目的等拐取罪とは

① 営利、わいせつ、結婚又は生命若しくは身体に対する加害の目的をもって人を拐取することによって成立する。

② 本罪は、営利、わいせつ、結婚又は生命若しくは身体に対する加害の目的で、暴行等を用いて人を支配下に置く行為を処罰するものである。

③ 本罪は目的犯であるから、拐取行為が営利、わいせつ、結婚の目的をもって行われることが必要である。

用 語 「営利目的」とは

　財産上の利益を自ら得又は第三者に得させる目的をいい、その利益が継続的・営業的であることや、取得する利益が不法なものであることを要しない。

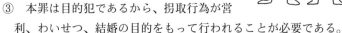

判 例

○ 営利の目的をもって誘拐したときは、被拐取者が成年者であると未成年者であるとを問わず、誘拐罪が成立する。　　　　　　　　　　　　　　（大判明44.3.31）

○ 営利誘拐罪は、営利の目的をもって他人を誘拐することによって成立し、現実に営利の目的を遂げたか否かは犯罪の成否に影響しない。　　　　　　（大判大14.4.11）

利益とは

① 拐取行為自体によって取得される利益に限らず、拐取行為に対する第三者からの対価ないし報酬を含む。

② また、被拐取者自身の負担において得られる利益であってもよい。

③ 被拐取者をストリッパーとして劇場経営者に引き渡して受ける報酬や、被拐取者を売春婦として働かせて得る収益等も、ここにいう利益である。

わいせつの目的とは

① 被拐取者をわいせつ行為の主体ないし客体とする目的をいい、性欲を満たす行為の全てを含む。

② 異性間で行われると同性間で行われると、また、拐取者自身のためにすると第三者のためにするとを問わない。性交等もここにいうわいせつの概念に含まれる。

判 例

○ 姦淫の目的で人を誘拐した場合は、刑法第225条に該当する。

（名古屋高金沢支判昭32.3.12）

結婚の目的とは

被拐取者を拐取者自身又は第三者と結婚させる目的である。

用 語 「結婚」とは

法律上の婚姻であることを必要としないから、内縁の妻とする目的で拐取しても本罪が成立する。

用　語「生命若しくは身体に対する加害の目的」とは

自己又は第三者が対象者を殺害し、傷害し、又はこれに暴行を加える目的をいう。

営利目的等拐取罪の既遂時期

被拐取者が行為者又は第三者の実力的支配下に置かれたときに既遂となり、本条所定の目的を遂げたかどうかは関係がない。

罪数について

① 営利等目的で人を拐取し被拐取者を利用して第三者に詐欺をした場合は、本罪と詐欺罪の併合罪になる。

② 営利等目的で数人を同時に拐取した場合、自由は一身的法益であるから、観念的競合となる。

③ わいせつ目的で拐取したが、さらに営利の目的で他の場所に拐取した場合は、同一法益を侵害しただけであるから、包括一罪である。

―身の代金目的略取誘拐罪―

> 第225条の2 （身の代金目的略取等）
>
> 1 　近親者その他略取され又は誘拐された者の安否を憂慮する者の憂慮に乗じてその財物を交付させる目的で、人を略取し、又は誘拐した者は、無期又は3年以上の懲役に処する。

身の代金目的拐取罪の意義

① 本罪は、拐取者身の代金取得等罪、身の代金目的拐取幇助罪及び身の代金目的被拐取者収受罪、収受者身の代金取得等罪とともに、昭和39年法律第124号によって新設された罪である。

② 本罪は、近親者その他被拐取者の安否を憂慮する者の憂慮に乗じ、その財物を交付させる目的で人を拐取することによって成立する。

③ この目的があれば、交付を要求する相手方が特定していたかどうか、相手方が現実に憂慮したかどうか、現実に財物の交付を受ける可能性があったかどうかなどは、本罪の成否に影響を及ぼさない。

用語 「近親者その他略取され又は誘拐された者の安否を憂慮する者」とは

① 被拐取者と密接な人間関係にあるため、その生命又は身体に対する危険を親身になって心配する者をいう。

② 親子、夫婦、祖父母と孫、兄弟姉妹などの近親関係にある者のほか、親族関係はなくても、里親と里子、住み込み店員と店主の関係など、近親者に類する密接な生活関係にある者も含まれる。

用語 「憂慮に乗じてその財物を交付させる目的」とは

① 被拐取者の安否を心配している近親者等の心理状態を利用して、それらの者が占有する財物を交付させることを目的とする場合をいう。

② 被拐取者自身や第三者の占有する財物を交付させる場合は、本罪に当たらない。

判　例

○　「近親者その他被拐取者の安否を憂慮する者」には、単なる同情から被拐取者の安否を気づかうにすぎないとみられる第三者は含まれないが、被拐取者の近親でなくとも、被拐取者の安否を親身になって憂慮するのが社会通念上当然とみられる特別な関係にある者はこれに含まれる。　　　　　　　　　　　　　　　（最決昭62.3.24）

○　刑法第225条の2第2項にいう「その財物を交付させる」とは、憂慮する者の所持・管理する財物をその者から交付させることで足り、憂慮する者の所有に属することまでは必要でない。　　　　　　　　　　　　　　　　　　　　（大阪高判昭52.11.15）

罪数について

①　営利目的等拐取罪と本罪の関係は、営利目的の場合には本罪に吸収され、わいせつ・結婚目的の場合は、観念的競合とする説が多数である。

②　財産上の利益を得る目的で拐取したときは、本罪ではなく、営利目的拐取罪が成立する。

③　殺人罪と本罪とは併合罪の関係に立つ。

2　人を略取し又は誘拐した者が近親者その他略取され又は誘拐された者の安否を憂慮する者の憂慮に乗じて、その財物を**交付させ**、又はこれを**要求する行為をした**ときも、前項と同様とする。

拐取者身の代金取得等罪とは

①　人を拐取した者が、近親者その他被拐取者の安否を憂慮する者の憂慮に乗じてその財物を交付させ又はこれを要求する行為をすることによって成立する。

②　本罪の主体は、本条第1項の罪を犯した者に限らず、未成年者拐取罪、営利目的等拐取罪、国外移送目的拐取罪を犯した者を含む。

用語 「交付させ」とは

　相手方の提供する財物を受領する場合のほか、相手方が黙認している状況の下で
その財物を取得する場合も含まれる。

用語 「要求する行為をした」とは

　財物の交付を求める意思表示をすることであり、本罪はその意思表示をしたとき
に既遂となる。

拐取者身の代金取得等罪の未遂について

① 本罪には未遂罪がない。

② 郵便による場合は、意思表示の内容を記載した書面が発信されれば足り、それ
　　が相手方に到達しなくても既遂に達する。

③ 相手方がたまたま被拐取者の安否を憂慮していなかったり、交付に応じなかっ

たりしても本罪が成立する。

罪数について

① 身の代金目的で人を略取誘拐した者が、更に被拐取者を監禁し、その間に身の代金を要求したときは、身の代金目的略取誘拐罪と身の代金要求罪とは牽連犯の関係に、これら各罪と監禁罪とは併合罪の関係に立つ。

② 未成年者拐取罪、営利目的等拐取罪、国外移送目的拐取罪と本罪の関係は併合罪となる。

> 判　例
>
> **牽連犯とされた事例**
> ○　身の代金目的拐取罪を犯した者が更に身の代金要求罪を犯したときは、牽連犯となる。
> 　　　　　　　　　　　　　　　　　　　　　　　　　　　　　　（最決昭58.9.27）
>
> **併合罪とされた事例**
> ○　営利の目的で人を略取した者が身の代金要求罪を犯した場合には、両罪は、併合罪の関係にある。
> 　　　　　　　　　　　　　　　　　　　　　　　　　　　　　　（最決昭57.11.29）

―所在国外移送目的略取及び誘拐罪―

第226条（所在国外移送目的略取及び誘拐）
　　所在国外に移送する目的で、人を略取し、又は誘拐した者は、2年以上の有期懲役に処する。

用　語）**「所在国外」とは**

当該対象者が現に所在する国の領域外を意味する。

ここでいう「国」とは

　我が国が国家承認等をした国にのみ限ることは適当ではなく、事実上国家としての実質を備えた統治主体となり得るか否かによって決すべきものと考えられる。

用|語 「移送」とは

　所在国の領土、領域又は領空外に運び出すことである。

第226条の2 （人身売買）

1　人を買い受けた者は、3月以上5年以下の懲役に処する。

2　未成年者を買い受けた者は、3月以上7年以下の懲役に処する。

3　営利、わいせつ、結婚又は生命若しくは身体に対する加害の目的で、人を買い受けた者は、1年以上10年以下の懲役に処する。

4　人を売り渡した者も、前項と同様とする。

5　所在国外に移送する目的で、人を売買した者は、2年以上の有期懲役に処する。

用|語 「人を買い受けた」とは

　対価を支払って、現実に人身に対する不法な支配の引渡しを受けたことをいう。

用 語 「人を売り渡した」とは

① 対価を得て、現実に人身に対する不法な支配を引き渡したことをいう。

② これは、改正前の刑法第226条第 2 項前段の「人を売買し」との構成要件について、単に売買の約束をしただけでは足りず、実際に人の支配を移転させることを要することを前提とするものである。

判 例

○ 外国人女性 2 名を飲食店経営者に売り渡したとされる人身売買事件につき、被告人らが被害者らを自己の支配下に置いたことの証明はないとして、第 1 審の有罪判決を破棄して無罪を言い渡した。 （東京高判平22. 7 .13）

対価とは

① 金銭以外のものでもよく、財物との交換も売買に当たる。

② また、従前の債務の免除と引換えに人の支配を移転させるような場合も売買に当たると解される。

③ さらに、担保として人身の支配を移転することにより、既に弁済期にある借金の当面の支配を免れたり、

将来における弁済期の延期その他借金弁済上の条件の有利な変更を得たりすることなどは、財産上の利益の対価としての移転があったものとして「売買」に当たる。

人の買受け、売渡しとは

① 人に対する支配を要素とするものである。

② 「人を支配下に置く」とは、物理的、心理的な影響を及ぼし、その意思を左右できる状態に対象者を置き、心身の自由を奪うことをいう。

③ なお、拘束の程度については、被害者の年齢、犯行手段、場所的状況等から総合的に判断されるが、必ずしも被害者の自由を完全に拘束するまでは必要ない。

④ 例えば、外国人女性を売春スナックで稼働させるに際し、

　ア　パスポートを取り上げる。

　イ　指定した住居に住まわせる。

　ウ　報酬を与えない。

　エ　高額の借金を負わせる。

　オ　逃げた場合に危害を及ぼす旨を告知する。

などの状況があれば、外観的に拘束された状況になくても、「人を支配下に置く」といえる。

⑤ また、債権の担保のような形で、一定期間第三者に支配を移転し、後日返還の約束をしているような場合であっても、有償で人身の引渡しがなされ、これを受けた者が一定期間対象者への独立した支配を取得したと認められるのであれば、「買受け」、「売渡し」に該当し得る。

第1項の意義

　第1項は、「人を買い受けた者」を3月以上5年以下の懲役に処することとするものであり、その主観的要件として何らかの目的を有していることを要しない。

第2項の意義

　第2項では、未成年者を成人に比べて厚く保護するとの観点から、対象者が成人である場合よりも未成年者である場合を重く処罰するため、「未成年者を買い受け

た者」を未成年者略取・誘拐の罪（刑法224条）と同様、３月以上７年以下の懲役に処することとした。

第３項の意義

① 　第３項は、営利、わいせつ、結婚、生命・身体加害目的による略取、誘拐の罪（刑法225条）と同様に、これらの目的による人身買受け行為を犯罪とするものである。

② 　すなわち、「営利、わいせつ、結婚又は生命若しくは身体に対する加害の目的で、人を買い受けた者」を１年以上10年以下の懲役に処することとした。

③ 　「営利の目的」、「わいせつの目的」、「結婚の目的」とは、いずれも第225条等の解釈と同様である。

④ 　「生命若しくは身体に対する加害の目的」とは、自己又は第三者が対象者を殺害し、傷害し又はこれに暴行を加える目的をいう。

第４項の意義

　第４項は、目的のいかんを問わず、人身を売り渡す行為について処罰の対象とするものである。

第５項の意義

　第５項は、改正前の第226条第２項前段の構成要件を「日本国外」から「所在国外」に拡大した上、「所在国外に移送する目的」で「人を売買」（人を売り渡す行為及び人を買い受ける行為）した者を２年以上の有期懲役に処することとしたものである。

第226条の３（被略取者等所在国外移送）
　略取され、誘拐され、又は売買された者を所在国外に移送した者は、２年

> 以上の有期懲役に処する。

<h1 style="text-align:center">—拐取幇助罪—</h1>

> **第227条（被略取者引渡し等）**
> 1　第224条、第225条又は前 3 条の罪を犯した者を**幇助する目的**で、略取さ
> れ、誘拐され、又は売買された者を**引き渡し**、**収受し**、**輸送し**、**蔵匿し**、
> 又は**隠避**させた者は、 3 月以上 5 年以下の懲役に処する。

拐取幇助罪とは

　未成年者拐取罪、営利目的等拐取罪、国外移送目的拐取罪、人身売買罪、国外移
送罪を犯した者を幇助する目的で、被拐取者又は被売者を収受若しくは蔵匿し又は
隠避させることによって成立する。

用 語 「幇助」とは

① 　刑法総則の幇助犯（刑法62条）における幇
　助の意味と同一ではなく、拐取行為又は人身
　売買行為が終了した後に本犯の結果を確保す
　るために又はその発見を妨げるために行う、
　事後従犯的行為のことをいう。
② 　拐取行為前又は拐取行為時の幇助行為を含
　まない。

用 語 「引き渡し」とは

　当該対象者の支配を他の者に移転さ
せることをいう。

用 語「収受」とは

　被拐取者又は被売者の交付を受けて
自己の実力支配下に置くことをいい、
有償であると無償であるとを問わない。

用 語「輸送」とは

　当該対象者を一の場所から他の場所に移転させることをいう。

用 語「蔵匿」とは

　当該対象者の発見を妨げる場所を提供することをいう。

用 語「隠避」とは

　蔵匿に当たる場合を除いて、略取・誘拐され又は売買された者の発見を妨げる一
切の行為をいう。

第227条（被略取者引渡し等）

２　第225条の２第１項の罪を犯した者を幇助する目的で、略取され又は誘
　拐された者を引き渡し、収受し、輸送し、蔵匿し、又は隠避させた者は、
　１年以上10年以下の懲役に処する。

身の代金目的拐取幇助罪とは

　身の代金目的拐取罪を犯した者を幇助する目的で、
被拐取者を収受・蔵匿・隠避することによって成立
する。

> **第227条（被略取者引渡し等）**
> 3　営利、わいせつ又は生命若しくは身体に対する加害の目的で、略取され、誘拐され、又は売買された者を引き渡し、収受し、輸送し、又は蔵匿した者は、6月以上7年以下の懲役に処する。

被拐取者収受罪とは

①　営利又はわいせつの目的で、被拐取者又は被売者の身柄を収受することによって成立する。

②　ただし、結婚の目的で収受する場合は除外されている。

> **第227条（被略取者引渡し等）**
> 4　第225条の2第1項の目的で、略取され又は誘拐された者を収受した者は、2年以上の有期懲役に処する。略取され又は誘拐された者を収受した者が近親者その他略取され又は誘拐された者の安否を憂慮する者の憂慮に乗じて、その財物を交付させ、又はこれを要求する行為をしたときも、同様とする。

身の代金目的被拐取者収受罪とは

近親者その他被拐取者の安否を憂慮する者の憂慮に乗じて、その財物を交付させる目的で被拐取者を収受することによって成立する。

収受者、身の代金取得等罪とは

① 被拐取者を収受した者が、近親者その他被拐取者の安否を憂慮する者の憂慮に乗じて、その財物を交付させ又はこれを要求することによって成立する。

② その行為は拐取者身の代金取得等罪と同じである。

第228条（未遂罪）

　　第224条、第225条、第225条の２第１項、第226条から第226条の３まで並びに前条第１項から第３項まで及び第４項前段の罪の未遂は、罰する。

着手及び既遂時期

① 暴行、脅迫、欺罔、誘惑などの手段を開始したときに実行の着手がある。

② 被拐取者を自己又は第三者の実力支配内に移したときに既遂に達する。

③ 一旦被拐取者を実力支配内に移せば、その後被拐取者が逃走しても、また、被拐取者の承諾を得たとしても既遂である。

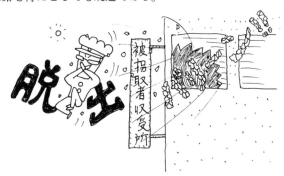

未遂罪について

① 拐取者身の代金取得等罪、収受者身の代金取得等罪以外の罪は、未遂も処罰される。

② なお、上記の両罪は、交付の未遂形態である「要求する行為」を構成要件としているため、未遂を処罰する規定を必要としない。

第228条の 2 （解放による刑の減軽）

　　第225条の 2 又は第227条第 2 項若しくは第 4 項の罪を犯した者が、公訴が提起される前に、略取され又は誘拐された者を**安全な場所**に解放したときは、その刑を減軽する。

解放による刑の減軽

① 身の代金目的拐取罪、拐取者身の代金取得等罪、身の代金目的拐取幇助罪、身の代金目的被拐取者収受罪、収受者身の代金取得等罪を犯した者が、公訴の提起前に被拐取者を安全な場所に解放した場合に、刑の必要的減軽事由となる。

② 本条は、被拐取者の安全な返還を目的とする刑事政策的なものである。

解放減軽の要件

① 公訴の提起前に被拐取者を安全な場所に解放することが要件とされる。

② 「公訴が提起される前」であるかどうかは、各犯人ごとに判断する。

③ したがって、共犯者のある者に対して公訴が提起されても、いまだ公訴を提起されていない他の共犯者は、この規定の適用を受ける。

用 語 「安全な場所」とは

① 　被拐取者が安全に自由を回復し得ると認められる場所をいう。

② 　安全性の有無は、単に地理的位置だけからでなく、解放の時刻・方法、被拐取者の年齢・健康状態等一身的事情などが併せて考えられる。

―身の代金目的略取等予備罪―

> **第228条の3　（身の代金目的略取等予備）**
>
> 　第225条の2第1項の罪を犯す目的で、その予備をした者は、2年以下の懲役に処する。ただし、実行に着手する前に自首した者は、その刑を減軽し、又は免除する。

予備罪について

① 　拐取罪で予備を処罰する規定があるのは、身の代金目的拐取罪だけである。

② 　これは、同罪が極めて危険で悪質な犯罪であり、しかも計画的に実行される場合が多いことから、できるだけ早い段階で検挙して処罰できるようにし、重大な犯罪の発生を未然に防止する刑事政策的意図から設けられている。

予備の例

①　犯行場所や被拐取者に関する情報の収集、
　犯行場所への出発、待ち伏せ、略取用の凶
　器その他の器具の準備、運搬用車両の準備
　等が、それに当たる。

②　なお、予備行為をした者が、実行の着手
　前に自首したときは、その刑が減軽又は免
　除される。

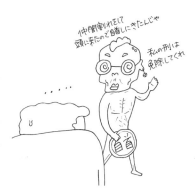

第229条（親告罪）

　第224条の罪及び同条の罪を幇助する目的で犯した第227条第１項の罪並び
にこれらの罪の未遂罪は、告訴がなければ公訴を提起することができない。

親告罪について

　未成年者拐取罪及びこれらの罪を幇助する目的で犯した拐取幇助罪、被拐取者収
受罪が親告罪である。

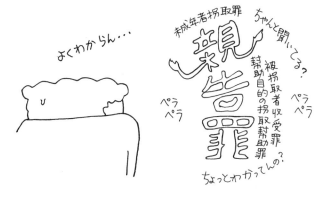

設　問

■略取、誘拐罪■

設問 1

甲は妻乙と別居し、乙は 3 年前から別の男性と同棲しているところ、甲が嫉妬して乙が養育している甲と乙の実子（5 歳）を無理やり誘拐して自宅に連れ帰った。甲の刑責は何か。

【結　論】未成年者略取罪の刑責を負う。

【争　点】自分の子供を誘拐しても成立するか。

【関係判例】東京地判昭37.7.17

【理　由】父母の関係が破綻し、別居期間が長期間の場合、その子供を誘拐した場合、本罪が成立する。

設問 2

甲は、わいせつ目的で 5 歳の乙女を誘拐し、公園のトイレでわいせつ行為をした。甲の刑責は何か。

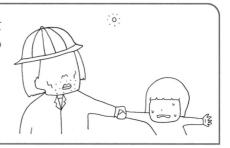

【結　論】わいせつ目的誘拐罪、監禁罪、不同意わいせつ罪の刑責を負う。

【争　点】わいせつ目的で未成年を誘拐した場合、成立するのはわいせつ目的誘拐罪か未成年者誘拐罪か。

【関係判例】大判明44.12.8

【理　由】わいせつ目的で未成年者を誘拐した場合、未成年者誘拐罪はわいせつ目的誘拐罪に吸収されて、わいせつ目的誘拐罪だけが成立する。

設問 3

　甲は、乙女（5歳）をかわいがる目的で誘拐し、自宅で面倒をみていたところ、金が欲しくなって脅迫文をポストに投函したが、脅迫文が乙女の母親に届く前に逮捕された。甲の刑責は何か。

【結　論】未成年者誘拐罪と監禁罪のほかに、拐取者身の代金取得等罪が成立する。

【争　点】脅迫文が相手方に到達する前に逮捕された場合、拐取者身の代金取得等罪が成立するか。

【理　由】拐取者身の代金取得等罪は、脅迫文を郵送する場合、構成要件的行為が「要求する行為」であれば成立することから、脅迫文をポストに投函した段階で本罪が成立する。

24 窃盗罪

> **第235条（窃盗）**
>
> 　他人の**財物**を窃取した者は、窃盗の罪とし、10年以下の懲役又は50万円以下の罰金に処する。

窃盗罪の意義

① 　客体を財物とする典型的な財物罪である。

② 　他人が所有する財物を奪う奪取罪として位置付けられ、強盗罪（刑法236条）と共に特に「盗取罪」といわれている。

窃盗罪の成立要件

　主観的成立要件として「不法領得の意思」が必要とされる領得罪でもある。

どこを狙おうかな♡

> **判例**
>
> ○　窃盗罪の成立に必要な故意があるというためには、法定の犯罪構成要件たる事実の認識のほかに、不法に物を自己に領得する意思のあることを要する。
>
> （大判大4.5.21）

保護法益

① 　本権説（質権、賃借権、留置権など）

　　財物に対する他人の所有権、その他の権利であるとする説

② 　所持説（占有説）

　　単なる財物の占有そのものであるとする説

③ 　所持説が通説とされている。

④ 　最高裁は、たとえ不適法な所持であっても、所持は所持として保護されるべきだとし（最判昭24.2.8）、さらに、このような所持を所有者が奪う行為は窃盗

罪に当たるとして（最判昭35.4.26）、所持説を認めている。

窃盗罪の客体

① 他人が占有する他人の「財物」である。

② 自己の財物であっても、他人の占有に属し又は公務所の命令によって他人が看守しているものは、他人の財物とみなされ（刑法242条）、窃盗罪の客体となる。

> ### 判 例
>
> ○ 正当な権利を有しない者の所持であっても、その所持は所持として法律上の保護を受けるのであって、例えば、窃盗したものだからそれを強取しても処罰に値しないとはいえない。　　　　　　　　　　　　　　　　　　　　　　（最判昭24.2.8）
> ○ 譲渡担保にとった貨物自動車の所有権が債権者に帰属したとしても、債務者側において引き続き占有保管している右自動車を無断で債権者が運び去る所為は、窃盗罪を構成する。　　　　　　　　　　　　　　　　　　　　　　　　（最判昭35.4.26）

管理可能性説

① エネルギー等の無体物であっても、それが不法に侵害されるときは、やはり財産的侵害があったものとして、刑法上保護される。

② エネルギー等の無体物であっても、人がこれを管理、支配し得るものであれば、財物と認める。

③ 電気を財物とみなす規定（刑法245条）は、電気だけではなく、電気と同視される熱気、冷気、水力などにも適用される。

用 語 「財物」とは

① 客観的な経済価値、すなわち金銭的交換価値を有するのが通常であり、そのようなものであれば、その価値の大小に関係なく財物となる。

② 経済価値を有することが財物の絶対的要件ではないから、たとえ金銭的交換価値はなくても、財物となる。

③ 例えば、手紙は、所有者・占有者にとって主観的な価値があると認められることから、刑法上の保護に値する。

④ また、麻薬、銃砲刀剣類のように、一般にその所有又は所持が法令上禁じられている禁制品も、本罪の客体となる。

判 例

○ 窃盗罪の目的物たる財物は、可動性及び管理可能性を有するものをいう。
(大判明36.5.21)

○ 窃盗罪の目的物は、必ずしも経済的交換価値を有する物に限らず、財産権の目的となる物であれば足りる。したがって、消印済みの収入印紙も、これに当たる。
(大判明44.8.15)

○ 外れ馬券のように客観的にも主観的にも全く無価値に等しいもの、あるいは価値はあっても、それが社会通念上、刑法上の保護に値しないほどに価値が僅少な物は財物とはいえない。
(札幌簡判昭51.12.6)

窃盗罪の行為

① 「窃取」である。

② 「窃取」とは、単純な盗取をいう。

③ 「窃」とは、「ひそかに」という意味であるが、その手段・方法は、ひそかに取ろうと公然に取ろうとを問わない。

④ 同じ盗取罪とされる強盗罪とは異なり、暴行・脅迫によることなく、占有者の意思に反して、その財物についての占有を侵害し、目的物を自己又は第三者の占有に移すことである。

⑤ 幼児等を利用する間接正犯の形式の窃取もあり得る。

判 例

○ 窃取とは、物に対する他人の所持を侵し、その意に反してひそかにこれを自己の所持に移すことをいう。
(大判大4.3.18)

○　窃盗罪の成立には、財物占有の移転が、ひそかに行われることを要しない。

(最決昭32.9.5)

○　満13歳に満たない少年に対して、場所を指定し、売って金になるような物をとって来いと命じただけであるが、かかる場合にも窃盗の間接正犯が成立するものと解すべきである。

(仙台高判昭27.9.27)

○　犯人が古着商の店頭において、顧客のように装い主人に対し「上着を見せてくれ」と言い、これに応じ主人の出してみせた上着の着用を試みているうち「ちょっと小便にいって来る」と言って、これを着たまま表へ出て逃走した場合においては、横領または詐欺でなく、窃盗罪を構成する。

(広島高判昭30.9.6)

○　口座及びキャッシュカードを買い取った振り込め恐喝の犯人から現金の払出しを依頼され同カードを使用して現金を払い出した行為は窃盗罪に該当する。

(東京高判平17.12.15)

窃盗罪の着手時期

①　窃取行為、つまり、占有侵害行為の開始のときである。

②　いつ侵害行為が開始されたといえるかについては、客体たる財物の性質・形状及び窃取行為の状況などから判断される。

③　住居等の場合、そこに侵入しただけでは、財物の占有が侵害される危険が具体化したと見ることは困難で  あり、財物に対する事実上の支配を侵すにつき密接な行為をしたときに窃盗の着手があったとされる。他方、土蔵・金庫室等の場合、通常、財物だけが収納されているという特殊性から、錠とか入口を壊すなどの侵入行為を開始すれば、物色行為そのものがなくとも窃盗の着手が認められる。

④　すりについては、財物の存在を確かめるための単なる当たり行為は、窃盗の着手とはいえないが、犯人が実際に財物をすり取ろうとして相手方のポケットの外側に手を触れたのであれば、窃盗の着手があったものと解される。

判 例

○　他人の財物に対する事実上の支配を侵すにつき、密接なる行為をしたときに窃盗罪の着手がある。

(大判昭9.10.19)

○　窃盗現場で客体に対する物色行為を始めたときが窃盗の着手となり、金品物色のためたんすに近づいたときには着手がある。

(大判昭9.10.19)

○　懐中電燈を用いて目的物たる財物の所在を探したときに着手がある。

(最判昭23.4.17)

○　一般に土蔵内には、窃取すべき財物のみがあって他の犯罪の目的となるものがない

のが通常であるから、土蔵に侵入する行為又は侵入しようとした行為は、窃盗に着手したものと解すべきである。　　　　　　　　　　　　　　　（名古屋高判昭25.11.14）
　○　ズボンの尻ポケットから現金をすり取ろうとして手を差しのべ、その外側に触れた以上、窃盗の実行に着手したものである。　　　　　　　　　　（最決昭29.5.6）

窃盗罪の既遂時期

①　学説は、
　　ア　目的物に手を触れたときとする説（接触説）
　　イ　目的物を自己又は第三者の占有に移したときとする説（取得説）
　　ウ　目的物を安全な場所に移転したときとする説（移転説）
　　エ　目的物を自由に処分できる状態に隠匿したときとする説（隠匿説）
　　に分かれているが、通説・判例は、イの取得説を採っている。
②　目的物に対する占有を取得したか否かは、具体的には、目的物の形状・被害者の占有形態（特に支配力の強弱）、犯行場所の状態（特に公開性の程度）、窃取行為の態様などを考慮して、判断すべきである。
③　目的物の形状が小さく、容易に携帯し得る財物については、これを身に付けることによって直ちに既遂に達するが、財物が大きく、そのままでは搬出が困難であるものについては、搬出し得る状態になったときにはじめて既遂となる。

判　例

　○　窃盗既遂の時期は、その犯行当時の具体的な事情によって左右され、犯行場所の状況、物品の大小、時間関係等各事案の実況によって差異を来す。　（最決昭31.6.19）
　○　大型店舗内で相当に大きな形状の複数のプラモデル等をトイレの個室に持ち込みバッグ等に詰めて携帯し持ち去ることが可能な状態に置いた行為は、窃盗罪の既遂が認められる。　　　　　　　　　　　　　　　　　　　　　　　（東京高判平24.2.16）

窃盗罪の故意

① 行為者が財物に対する他人の占有を排除し、自己又は第三者の占有に移すということについて認識・予見するか又はそういう結果になってもやむを得ないと認容することが必要である。

② 窃盗罪の主観的成立要件として、窃取の故意のほか、さらに「不法領得の意思」が必要であるとするのが、通説・判例の立場である。

③ 不法領得の意思は、単に「自分の利益のため」に限らず、「第三者の利益のため」も含まれる。

④ いったん不法領得の意思をもって自己の支配内に移し、しばらく利用した後に廃棄、放置、破壊、隠匿するような場合であっても、不法領得の意思が認められることから、窃盗罪を構成する。

⑤ 他人の自転車を無断で一時使用した後、元の場所に返還しておくというように、原状のまますぐに返す意思で他人の財物を一時無断使用するいわゆる「使用窃盗」は、一般的には不法領得の意思に欠けるとして窃盗罪を構成しないとされている。

⑥ しかし、窃盗の保護法益は、「物の所持」という状態を保護するものであることから、近年の乗り物盗の激増に伴い、「使用窃盗として罪とならないのは、権利者を完全に排除しない場合である。」とする見解が有力である。

⑦ したがって、実務上、乗り物盗については、権利者の占有を完全に排除しているかどうかによって、判断するべきである。

判 例

○ 「不法領得の意思」とは、権利者を排除し、他人の物を自己の所有物と同様にその経済的用法に従い、これを利用し又は処分する意思をいうのであって、永久的にその物の経済的利益を保持する意思があることを必要としない。　　　(最判昭26.7.13)

○ 不法領得の意思とは、自分の所有物のごとく利用する意思をいう。
　　　　　　　　　　　　　　　　　　　　　　　　　　　　(最判昭33.4.17)

○ 日ごろから不仲の校長に紛失の責任を負わせるため、小学校の勅語奉置所から教育勅語を取り出して隠す行為は、単に物を毀棄または隠匿する意思が認められるにすぎず、不法領得の意思を欠き窃盗罪は成立しない。　　　　　　　(大判大4.5.21)

○ 自動車所有名義の変更を妨げるために、自動車登録原簿を陸運事務所から持ち出して他に預ける行為は、不法領得の意思を欠き、単なる隠匿行為であるから、毀棄罪が成立する。　　　　　　　　　　　　　　　　　　　　　　(東京高判昭30.4.19)

○ 乗り物盗については、乗捨ての意思があるときには、不法領得の意思が認められる。
　　　　　　　　　　　　　　　　　　　　　　　　　　　　(大判大9.2.4)

○ 他人の自転車を預り所に預けたまま放置する目的で持ち出した場合は、窃盗罪を構

成する。　　　　　　　　　　　　　　　　　　　　　（東京高判昭28.7.6）

○　他人の自動車を４時間余り無断で乗り回した場合、使用後に元の場所に戻しておく
つもりであったとしても、不法領得の意思が認められる。　　　　　（最決昭55.10.30）

被害者の承諾について

①　窃盗罪は、被害者の意思に反して
その財物の占有を侵害する犯罪であ
るから、被害者が財物の占有の侵害
を承諾しているときには、窃盗罪は
成立しない。

②　他人が不法に占有する自己の物を
無断で取り戻す行為や、財物を他人
から受け取る権利を有する者がその

物を窃取する行為は、自救行為・正当防衛に該当しない限り、違法性を有する行
為として、窃盗罪を構成する。

罪数について

①　本罪の法益は一身専属的ではないから、罪数
は、被害法益の数よりも窃盗行為の数、すなわ
ち占有侵害の数を基本として考えるべきである。

②　単一の犯意に基づく窃取行為のうち、あるも
のは既遂に達し、あるものは未遂に終わった場
合の罪数について、その各窃取がいずれも既遂
に達し単純一罪と認められるような事案のとき
には、一部が既遂、一部が未遂となった場合に
も、全体として窃盗既遂の単純一罪となり、そ
の各窃取がいずれも既遂に達し包括一罪と認め
られるような事案のときには、窃盗既遂と窃盗
未遂の包括一罪となるものと解される。

③　窃盗罪は状態犯であるから、窃盗犯人が目的物を処分・利用しても不可罰的事
後行為となる。

　ただし、新たに別個の法益を侵害する場合には、窃盗罪によって評価されてい
ない新たな違法状態が作出されたといえるので、不可罰的事後行為ではなく、別
罪を構成する。

判 例

一罪とされた事例
○ 数人の所有に係る数個の財物を一人が管理していた場合に、一個の行為でこれを窃取したときは、一個の窃盗罪となる。 　　　　　　　　　　　（福岡高判昭29.3.31）

観念的競合とされた事例
○ 隣接する2か所の桑畑の桑葉を包括的一個の行為で刈り取った場合で、各桑畑の所有者及び占有者が異なるときは、窃盗二罪の観念的競合である。 　　（大判大4.1.27）

包括一罪とされた事例
○ 午後10時ころから翌午前零時ころまでの間に3回にわたって同一倉庫から米俵9俵を持ち出した場合でも、機会を同じくして行われた同種の動作であり、単一の犯意の発現たる一連の動作であるから、包括一罪となる。 　　　　　　（最判昭24.7.23）

併合罪とされた事例
○ 犯行が同一人の占有に向けて数回繰り返された場合でも、その間にかなりの時間的離隔があって、各行為を独立に評価すべきときは、併合罪となる。
　　　　　　　　　　　　　　　　　　　　　　　　　　　　（福岡高判昭24.10.14）
○ 数回の犯行が時間的に接着し、場所及び被害物件の種類を同じくしていても、犯罪意思が異なるときは、併合罪として評価すべきである。 　　（東京高判昭28.4.21）

既遂と未遂が併発した場合
○ 単純一罪と認むべき数次の窃盗行為のうち、一は既遂、他の一は未遂に終わった場合は、全体を通じて窃盗既遂の一罪として処断すべきものと解する。
　　　　　　　　　　　　　　　　　　　　　　　　　　　（札幌高函館支判昭30.5.10）
○ 窃盗並びに窃盗未遂の両所為は、同日時、同一機会に同一の被害者に対して同人の所持せる財物に対して行われたものであるから、これを包括して一罪をなすものと解する。 　　　　　　　　　　　　　　　　　　　　　　　　　（東京高判昭26.12.5）

住居侵入罪との関係
○ 住居に侵入して窃盗を敢行した場合、住居侵入罪と窃盗罪とは牽連犯の関係にある。
　　　　　　　　　　　　　　　　　　　　　　　　　　　　　　　（大判明45.5.23）

文書偽造罪との関係
○ 窃取した文書に加工して文書を偽造・行使したときは、窃盗罪と文書偽造行使罪とは併合罪となる。 　　　　　　　　　　　　　　　　　　　　　（大判大2.2.3）

有価証券偽造罪との関係
○ 小切手用紙を窃取して小切手を偽造した場合、窃盗罪と有価証券偽造罪とは併合罪となる。 　　　　　　　　　　　　　　　　　　　　　　　（東京高判昭35.4.25）

強盗罪との関係
○ ある財物を窃取した後、居直って、更に他の財物を強取したとき（いわゆる居直り強盗）は、前後の行為を包括して全体として一個の強盗罪となる。（大判明43.1.25）

詐欺罪との関係

○　窃盗犯人が、ぞう物（盗品等）を自己の所有物と偽り、第三者を欺いて金銭を交付させたときは、新たな法益侵害を伴うから別に詐欺罪が成立し、これらは併合罪となる。　　　　　　　　　　　　　　　　　　　　　　　　　　　　（最決昭29.2.27）

○　窃取した銀行預金通帳で、銀行員を欺いて預金を引き出したときは、窃盗とは別に銀行に対する詐欺罪が成立し、両罪は併合罪となる。　　　　　　（大判明42.5.11）

○　窃取した小切手を支払銀行に提示して金員を交付させたときは、窃盗罪が成立し、両罪は併合罪になる。　　　　　　　　　　　　　　　　　　　（最決昭38.5.17）

盗品等に関する罪との関係

○　窃盗を教唆した者が、窃盗犯人のためにぞう物の牙保行為（処分あっせん行為）をしたときは、窃盗教唆罪のほか、ぞう物牙保罪（盗品等処分あっせん罪）が成立し、併合罪となる。　　　　　　　　　　　　　　　　　　　　　　　（最判昭24.7.30）

建造物損壊罪との関係

○　建造物損壊は、必ずしも窃盗罪の手段として通常用いられる行為ということはできないから、両罪は、併合罪の関係にあると考えるべきである。　　（最判昭24.2.24）

25 強盗に関する罪

―強　盗　罪―

> **第236条（強盗）**
> 1　暴行又は脅迫を用いて他人の財物を強取した者は、強盗の罪とし、5年以上の有期懲役に処する。
> 2　前項の方法により、財産上不法の利益を得、又は他人にこれを得させた者も、同項と同様とする。

> **第242条（他人の占有等に係る自己の財物）**
> 　自己の財物であっても、他人が占有し、又は公務所の命令により他人が看守するものであるときは、この章の罪については、他人の財物とみなす。

> **第243条（未遂罪）**
> 　第235条から第236条まで、第238条から第240条まで及び第241条第3項の罪の未遂は、罰する。

強盗罪とは

① 　強盗の罪は、財産権を侵害する犯罪であるが、一面では人の生命・身体、又は生活の平穏等の人格的利益を侵害する性質も有している。

② 　刑法第36章は、強盗の罪について、予備罪も含めて6種の形態に分け、規定している。

強盗罪の主体

　主体に制限はない。

強盗罪の客体

　他人の占有に属する「他人の財物」（1項）、又は他人の支配に属する「財産上の利益」（2項）である。

用語 「他人の財物」とは

① 他人が所有する財物の意味で、その他「他人」の中には自然人のほか法人や人格なき社団など、財産を所有・管理できる主体を含む。

② 国や地方公共団体のような公法人も含まれる。

③ また、自己所有の財物であっても、他人の占有に属し又は公務所の命令によって他人が看守している物は他人の所有物とされ、本罪の客体に当たる（刑法242条）。

強盗罪の行為

　暴行又は脅迫を手段として他人の財物を強取し又は財産上不法の利益を得若しくは第三者に得させることである。

強盗罪にいう「暴行・脅迫」とは

① 暴行の概念のうち、最狭義の暴行・脅迫である。

② したがって、本罪の暴行・脅迫の範囲は、暴行罪・脅迫罪の場合よりも狭くなる。

強盗罪にいう「暴行」とは

① 暴行は、人に向けられた物理力の不法な行使であれば足り、必ずしも直接に人の身体に対して加えられるものであることを要しない。

② 直接には物に対して加えられたものであっても、それが被害者の反抗を抑圧し得るものであれば、本罪の暴行となる。

③ 自動車運転者から財物を奪取するために、相手の自動車自体に自車を故意に接触させ、事故発生の危険を同人に感じさせて反抗を抑圧すれば、その不法な物理力行使は暴行に当たる。

④ 暴行・脅迫の相手方は、財物の強取について障害となる者であれば足り、必ずしも財物の所有者又は占有者であることを要しない。単なる看守者であっても、財物奪取遂行に障害となる者あるいは奪取した財物の占有確保に障害となる者であれば、暴行・脅迫の相手方として十分である。

⑤ 自己所有物を他人所有物として擬制している特則（刑法242条）は強盗罪にも適用されるから、自己所有物といえども正当な権限に基づいて他人が占有している場合、その占有者に対して所有者が暴行・脅迫を加え、自己所有物を取り返した場合には、本罪が成立する。

判 例

○ 財物強取の目的をもって他人に対し暴行・脅迫を加えた以上は、強盗罪が成立する。暴行・脅迫を加えられた者が必ずしも財物の所有者、占有者であることを要しない。
(大判大元.9.6)

○ 強盗罪の成立には、目的を遂行するに障害となる者に対してその反抗を抑圧するに足る暴行を加えるということで十分であって、暴行を受けるものが十分な意思能力をもっていることは必要ではない。
(最判昭22.11.26)

強盗罪にいう「脅迫」とは

① 脅迫罪の脅迫と異なり、「本人又は親族の生命・身体・自由・名誉又は財産に対し害を加えること」を要件としない害悪の告知行為である。

② よって、害悪を加えられるべき人や法益の範囲は、脅迫罪よりも広い。

反抗の抑圧とは

① 暴行又は脅迫によって被害者が精神的あるいは身体的に自由を失うに至った状態をいう。

② したがって、強盗罪が成立するためには、人の精神的及び身体的自由が犯人の暴行又は脅迫によって完全に制圧される必要はなく、その自由が著しく制圧され

た状態になれば足りる。

判 例

○ 被害者の性別・年齢、犯行の場所・時刻、犯人の服装・態度その他の具体的事情を
考慮し、社会通念に従って客観的見地からみて、ただ単に当該被害者のみならず、一
般の第三者がその被害者と同じ立場に置かれたならばその第三者をも畏怖させ、反抗
を抑圧し得るほどに強力なものであるかどうか、という点を判断して強盗罪の成否を
決すべきである。 （最判昭24.2.8）

恐喝罪との区別

① 恐喝罪は、相手方の任意の財産的処分行為に
基づいて、財物の交付又は財産上の利益の移転
を受ける犯罪である。

② これに対し強盗罪は、相手方の意思に反して
財物又は財産上の利益を強取する犯罪であるか
ら、強盗罪の手段行為たる暴行・脅迫は、恐喝
罪の手段行為たる恐喝（暴行・脅迫）より強い
程度であることが要件となる。

判 例

○ 強盗罪の成立には、社会通念上、被害者の反抗を抑圧するに足る暴行又は脅迫を加
え、それによって被害者から財物を強取した事実が存すれば足りるのであって、相手

方が暴行・脅迫によってその精神及び身体の自由を完全に制圧されることを必要としない。　　　　　　　　　　　　　　　　　　　　　　　（最判昭23.11.18）

○　強盗罪か恐喝罪かの判断は、暴行・脅迫の態様、犯行の場所、時刻等の現場の状況、犯人の服装、態度、体格、人数、それに被害者の性別、年齢、性格、健康状態、精神状態等の具体的事情すべてを考慮したうえで、その暴行・脅迫が客観的見地からみて被害者の反抗を抑圧するに足りる程度に強力なものであったか否かを判断することにより決せられる。　　　　　　　　　　　　　　　（名古屋高判昭35.9.21）

用 語）「強取」とは

①　暴行・脅迫により、相手方の反抗を抑圧して、財物を自己又は第三者の占有に移すことをいう。

②　強取があったといえるためには、犯人の暴行・脅迫による被害者の反抗抑圧と財物奪取の間に因果関係が存在しなければならない。

因果関係について

①　学説の中には、通常人の反抗を抑圧するに足りる暴行・脅迫を加えたにもかかわらず、被害者がたまたま気丈な人物であったため恐怖心を生じたものの、反抗を抑圧されない状態で財物を交付したとか、憐憫の情から財物を与えたような場合には、強盗罪の実行行為の一部は行われたが強取がなかったものとして、強盗未遂罪（刑法243条）とするべきとする説がある。

②　しかし、判例は、このような場合にも暴行・脅迫と財物奪取との間に因果関係を認め、強盗既遂罪を認めている。

判 例

○ 反抗を抑圧されている被害者が知らないうちに目的物を奪う行為も強取といえる。
(最判昭23.12.24)

○ 刑法第236条第1項所定の強盗罪を判示するには、暴行又は脅迫をもって他人の財物を強取する犯罪を構成する具体的事実を特定し、同条項適用の基礎を明らかにする程度に判示するをもって足りる。それゆえ、同罪の既遂なるを判示するには、その手段たる暴行又は脅迫とその結果たる財物強取との間に因果関係があることを看取し得る程度に判示するをもって足り、更にその因果関係の詳細を説示する必要はない。
(最判昭23.9.9)

財物奪取に着手した後に「反抗を抑圧する程度の暴行・脅迫」を用いた場合

① 被害者が反抗を抑圧された状態で財物を奪われたとみられる限り、現実の奪取行為は、暴行・脅迫の前に行われても差し支えない。

必要とあれば暴行・脅迫を加えてでも財物を奪取する意図を当初から持ち、被害者の隙を突いて財物を奪取したところ、それに気付いた被害者からその財物を奪還されそうになったので、反抗を抑圧する程度の暴行・脅迫を加えてその奪還を防ぎ、財物取得の結果を確保した場合には、強盗罪が成立し、事後強盗罪（刑法238条）ではない。

② いわゆる「居直り強盗」について

窃盗の実行行為中に相手方に発覚したため、強盗の犯意が生じて暴行・脅迫を行い、更に財物を強取する行為（いわゆる居直り強盗）は、当然に強盗罪を構成する。

判 例

○ 暴行・脅迫を用いて財物を奪取する犯意の下に、まず財物を奪取し、次いで被害者に暴行を加えてその奪取を確保した場合は、強盗罪を構成するのであって、窃盗がその財物の取還を拒いで暴行をする場合の準強盗ではない。 (最判昭24.2.15)

不同意性交等犯人に対する金員の交付と強盗罪の成否

不同意性交等の目的で暴行・脅迫され、反抗が抑圧された状態に陥った者が、犯人が速やかに退去することを願って金品を提供した場合、その提供行為は明らかに不任意の提供であるから、これを受領する行為は、畏怖状態に乗じて金品を強取したものと認められる。

単純暴行後の強盗罪の成否

生意気だという理由で暴行を加えた後に、金品奪取の意思を生じた場合は、改めて被害者の反抗を抑圧する程度の暴行・脅迫が必要である。

判 例

○ 強姦犯人が、その現場において、婦女が畏怖に基づき提供した金品を取得する行為は、強盗罪が成立する。　　　　　　　　　　　　　（大判昭19.11.24）

第236条（強盗）

1 〔略〕

2 前項の方法により、財産上不法の利益を得、又は他人にこれを得させた者も、同項と同様とする。

財産上の利益とは

① 1項にいう財物以外の財産的利益を意味し、いわゆる2項詐欺罪（刑法246条2項）、2項恐喝罪（刑法249条2項）の規定にいう財産上の利益と同義である。

② 財物以外の財産的利益をいう。

③ 財産上の利益を取得する態様

　ア 債務を消滅させたり、債務の履行を一時的に免れたりする態様である。

　イ タクシーに乗車して目的地まで赴く場合のように、被害者から一定の役務の提供を受ける態様である。

　ウ 土地売買契約を結んで自己が買主となる場合のように、犯人が債権を取得し被害者に債務を負担させる態様である。

④ 得られた財産上の利益自体が不法なものであるという意味ではなく、不法に財産上の利益を得るという意味である。

財産的処分について

① 詐欺罪・恐喝罪と同様に、被害者が何らかの財産的処分行為を行わなければならないかという点については、判例は、財産的処分行為不要説を採っている。

② 被害者の処分行為を必要としないとしても、犯人が財産上の利益を取得したといえるためには、財産上の利益が、行為者又は第三者によって、法律上又は事実上取得しなければならない。

債権者を殺害しても債務の状態が全く変わらない場合

既に履行期が到来しており債権者から訴訟を提起されていたり、証拠書類一式が弁護士に預けられていて弁護士から支払請求が行われていたりする場合には、その債権者を殺害したとしても殺人罪の成立は格別、2項強盗行為に基づく強盗殺人罪は成立しない。

判　例

○　タクシー運転手の首を絞めて暴行を加え、その場から逃走して料金請求を不能にし、料金の支払を免れ不法の利益を得た場合は、暴行と不法利得との間に因果関係があることから、2項強盗罪が成立する。　　　　　　　　　　　　　　（大判昭6.5.8）

○　債務者が債務の支払を免れる目的で債権者を殺害した場合においては、相続人の不存在又は証憑書類の不備等のため、債権者側による債権の行使を不可能もしくは著しく困難にした場合のほか、履行期の到来又は切迫等のため、債権者側による速やかな債権の行使を相当期間不可能にした場合にも、財産上不法の利益を得たと認め得る。

（大阪高判昭59.11.28）

強盗罪の実行の着手時期

①　財物を強取する目的又は財産上の利益を取得する目的で、被害者の反抗を抑圧するに足りる程度の暴行・脅迫が開始されたときである。

②　現に被害者の反抗を抑圧するに足りる暴行・脅迫があった以上、現実に相手方が反抗を抑圧されず、そのため財物奪取の目的を遂げなかったとしても、実行行為の着手があるから、強盗未遂罪が成立する。

屋内強盗の実行を目的とする場合の着手時期

①　他人の住居に侵入しただけでは足りず、財物奪取のため現に暴行又は脅迫を加えなければならない。

②　また、いわゆる居直り強盗の場合においても、暴行・脅迫に先立って財物を窃取しただけでは足りず、居直って暴行・脅迫を加えなければならない。

1項強盗罪の既遂時期

① 　通説・判例は、窃盗罪と同様に取得説を採っている。すなわち、犯人が被害者の占有を排除し、犯人又は第三者が占有を取得したときに既遂に達する。

② 　強盗罪は、被害者の反抗を抑圧するに足りる程度の暴行・脅迫を手段として行われるから、財物に対する占有の取得が窃盗の場合より早期に実現されることが多い。

③ 　被害者側の反抗を完全に抑圧した状態の下では、その犯行場所が被害者側の支配の及ぶ領域内であっても、犯人が財物に対する排他的支配を得たと認められる。

④ 　屋内での犯行の場合、窃盗罪の場合には屋外搬出の用意を完了したときに既遂を認めるのが一般的であるが、強盗罪の場合にはその段階に至らなくても成立する。

2項強盗罪の既遂時期

① 　本質的には1項強盗罪の場合と異なるところはなく、暴行・脅迫を手段として財産上不法の利益を得たと認められたときに、既遂に達する。

② 　具体的には、暴行・脅迫を加えて相手方の反抗を抑圧し、その財物を奪取（財

産上不法の利益を取得）することの表象・認容があればよい。

> **判例**
>
> ○　強盗の目的で会社の事務所に押し入り、居合わせた事務員全部を縛って、そこにあった洋服類を着込み、その他の物は荷造りをして持ち出すばかりにした以上は、それらの物を屋外に持ち出さなくても、強盗の既遂をもって論ずべきである。
>
> (最判昭24.6.14)
>
> ○　在宅の家人5人全部を縛り上げ、目隠しをした後、1時間にわたり家内の金品を取り出し、現金をポケットに入れ、衣類等をリュックサック等につめ込んだときは、金品を自己の実力支配内においたことは明らかであるから、金品を戸外に持ち出す前に現場で逮捕されたことは強盗既遂罪の成立に影響がない。　(最判昭24.12.3)
>
> ○　住居侵入後キャッシュカードの窃取に着手しいつでも容易にその占有を取得できる状態に置いた上で、同キャッシュカードの占有者に脅迫を加えて同キャッシュカードの暗証番号を強いて聞き出した行為につき、刑法236条2項の強盗罪の成立が認められた。　(東京高判平21.11.16)

強盗罪の故意

①　本罪の場合も、窃盗罪の場合と同様、主観的要件として故意のほかに不法領得の意思を必要とする。

②　暴行・脅迫が、相手方の反抗を抑圧するに足りる程度のものであることまで認識する必要はなく、暴行・脅迫についての表象・認識があれば足りる。

違法性阻却事由について

①　違法占有者から自己所有物を取り返すために強取の方法を用いたときの強盗罪の成否については、単に暴行罪・脅迫罪が成立するにすぎないとする説がある。

②　これに対し、自救行為・正当防衛などの違法性阻却事由のない限り、本罪を構成するとする説がある。

③　判例は、恐喝罪について、相手方から財物を取得する権利を有する場合であっても、その取得のために用いられた恐喝行為が、権利の濫用に当たる場合には恐喝罪が成立するとしていることから、実務上は、後説によるべきものと解される。

判　例

○　強盗の犯意には、暴行・脅迫により他人の財物を奪取する意思をもって足り、その奪取する財物の種類・数量等について認識することを要しない。　（大判大15.2.24）

○　奪取した財物中に当初行為者が目的としなかった財物が含まれていてもよい。

（大判大2.10.21）

○　フィルムを抜き取るためにカメラを奪い、フィルムを抜き取った後にこれを返還したとしても、奪取した後にカメラの所有者のように振る舞った以上、不法領得の意思の存在を認めざるを得ず、本罪が成立する。　（最判昭38.7.9）

○　本来の所有者が、財物の返還を当該財物の不法占有者に迫った場合において、その要求行為が客観的にみて社会通念の限度を超え、恐喝罪の構成要件たる暴行、脅迫に至ったのであれば、恐喝罪が成立すると言わざるを得ない。　（大判昭9.8.2）

罪数について

①　強盗の目的で住居に侵入してまず財物を窃取し、それでは不足だとして更に強取する場合のように、同一の機会に窃盗と強盗とが同一の占有を侵害する形で行われた場合には、両罪が盗取罪としての共通性を有することからみて、包括一罪として強盗の既遂罪となる。

②　当初から強盗をする故意の下に財物奪取に引き続き暴行・脅迫が行われた点で、強盗既遂罪としての包括評価が可能になる。

③　1項強盗と2項強盗との関係においては、同一機会に財物と財産上の利益とを得た場合には、刑法第236条の強盗罪一罪が成立する。

④　タクシー強盗において料金の支払を免れるとともに売上金を奪取した場合は、包括して同法第236条の強盗罪一罪が成立する。

⑤　暴行・脅迫が強盗の手段として行われた場合は、当然その暴行・脅迫は強盗罪に吸収される。

⑥　また、暴行・脅迫を加えた後、新たに強盗の犯意を生じ、同一被害者に対して暴行・脅迫を継続して財物を強取した場合であっても、結局、前者の暴行・脅迫は強盗罪に吸収されて強盗罪一罪が成立する。

⑦ 逮捕・監禁行為であっても、その逮捕・監禁行為が、強盗の手段たる暴行・脅迫に当たると認められる程度である場合には、別に逮捕・監禁罪を構成しない。

⑧ 住居に侵入し、家人を縛り上げて金品を強奪する緊縛強盗の場合、たとえ数時間にわたる監禁状態が継続しても、その緊縛行為が強盗の手段としての暴行であるならば、強盗罪一罪が成立するにすぎない。

⑨ 強盗罪の包括一罪を認めるためには、

　ア　2個の異なる行為が相接続する機会において順次行われたものであること（2個の暴行・脅迫行為の接続性）。

　イ　当初の暴行・脅迫による恐喝がその程度を超えて強盗に発展したこと（財物奪取の手段行為の同質性）。

　ウ　相手方に暴行を加えて金品を取るという共通の犯意があること（犯意の同一性）。

　の3つの要件を全て充足していることが必要であり、その1つでも欠ける場合には、恐喝罪と強盗罪の併合罪となる。

⑩ 銃砲刀剣類不法所持罪と強盗罪とは、構成要件も保護法益も全く異なる犯罪であるから、強盗の暴行・脅迫の手段として、拳銃・猟銃等の銃器類や、あいくち・日本刀などの刀剣類を用いた場合、原則として強盗罪とは別個に銃砲刀剣類不法所持罪が成立し、両罪は併合罪となる。

⑪ 強盗犯人が、日本刀を用いて抵抗しようと試みる被害者からこれを奪い、被害者制圧の目的で一時的に日本刀を所持したにとどまる場合のように、銃砲刀剣類の所持を開始した時点が暴行の着手時点とほとんど時間的に接着していれば、両罪は観念的競合となり、重い強盗罪の刑によって処断される。

⑫ 代金踏み倒しの意思で飲食の後、暴行により代金の支払を免れる行為はいかに処断されるかについては、下級審判例ではあるが、1項詐欺罪＋2項強盗罪とするもの（札幌高判昭32.6.25）、2項強盗罪一罪とするもの（大阪地判昭57.7.9）、1項詐欺罪＋暴行罪とするもの（神戸地判昭34.9.25）に分かれている。

判　例

罪数の基準

○　数人に暴行を加えた場合であっても、強盗罪により侵害される法益、すなわち、財産権の管理の主体が単一である場合には、その罪は一個と解さなければならない。脅迫を受けた者がAとBの両名であったとしても、財物を奪われた者がAのみである以上、強盗罪の成立は一個と解すべきである。　　　　　　　　　　　　（東京高判昭32. 8 .26）

観念的競合とされた事例

○　同一機会を利用して、数人の被害者からそれぞれの財物を強取した場合、原則として、それぞれの被害者ごとに強盗罪が成立するが、その行為を一個の行為として評価することができるとき、例えば一個の脅迫によって数人から財物を強取すれば、強盗罪の観念的競合である。　　　　　　　　　　　　　　　　　　　　　（最判昭22.11.29）

単純一罪とされた事例

○　一人の占有に属する数人の所有物を同時に強取するときは、単純一罪である。
　　　　　　　　　　　　　　　　　　　　　　　　　　　　　　（福岡高判昭25.10.16）

包括一罪とされた事例

○　暴行・脅迫を加えてでも、財物を奪取しようとの意思をもち、強盗の目的で住居に侵入し、金品を窃取した後に引き続いて家人に暴行・脅迫を加えて金品を強取しようとしたが、これを遂げなかった場合については、先行の窃盗既遂と後の強盗未遂を包括して、単一の強盗既遂罪が成立する。　　　　　　　（広島高松江支判昭32. 5 .27）

居直り強盗における窃盗罪との関係

○　窃盗の目的で住居に侵入して金品を窃取した後に家人に発見され、強盗の故意をもって家人に暴行・脅迫を加えたが、財物を強取できなかったいわゆる居直り強盗事案につき、先行の窃盗既遂と後行の強盗未遂とを包括して強盗未遂罪が成立する。
　　　　　　　　　　　　　　　　　　　　　　　　　　　　　　（東京高判昭28.10.23）

住居侵入罪（刑法130条）との関係

○　他人の家宅内に侵入して強盗を実行した場合には、住居侵入罪と強盗罪は牽連犯で

ある。 (大判大11.10.27)

公務執行妨害罪（刑法95条1項）との関係

○　公務員が職務を執行するに当たり、これに暴行・脅迫を加え、その反抗を抑圧して所持品を強取したときは、強盗罪と公務執行妨害罪が成立し、両罪は観念的競合になる。 (大判大6.4.2)

○　前日に行った強盗行為と、そのぞう物を陸揚げする際に逮捕を免れるため犯した公務執行妨害罪及び傷害罪とは、観念的競合ではなく併合罪となる。 (最判昭32.7.18)

傷害罪との関係（刑法204条）

○　被害者に暴行を加えて傷害を負わせ、さらに、その後犯意を新たにして金品を強奪したときは、強盗傷人（致傷）ではなく、傷害罪と強盗罪の併合罪である。

(仙台高秋田支判昭33.4.9)

暴行罪（刑法208条）との関係

○　暴行が強盗の犯意形成の前後にまたがり、傷害の結果がいずれの暴行によって生じたものか判定できない場合は、傷害が強盗の犯意を生じた後の暴行に起因することの証明がないかぎり犯人を強盗傷人罪に問擬することは許されないとの理由から、全体を単純傷害と強盗の混合した包括一罪であるとし、重い強盗罪の刑によって処断すべきである。 (仙台高判昭34.2.26)

逮捕監禁罪との関係

○　被害者を監禁してから金品の所在を聞き出すために、被害者を一定の場所に閉じ込めてその身体的行動の自由を奪った場合には、その監禁行為を強盗の手段行為と認めることはできないので、監禁罪が別個に成立し、強盗罪と併合罪の関係に立つ。

(東京高判昭37.12.26)

詐欺罪（刑法246条）との関係

○　無銭飲食を終えた後、飲食代金の支払を免れるため、代金請求権者に対し暴行・脅迫を加え、請求権者をして支払請求を断念させ、代金支払を免れたという場合のように、人を欺いて財物を交付させた上、その財物受供与から生ずる債務の履行を免れるために暴行・脅迫を加え、債務の履行を事実上免れた場合には、暴行又は脅迫を用いて債務を免れた点で、詐欺罪と異なる法益を侵害するため、たとえ同一の財産的被害を二重に評価する結果になろうとも、詐欺罪と別個に強盗利得罪が成立し、両罪は併合罪である。 (札幌高判昭32.6.25)

○　欺罔の手段を用いて飲食物を提供させる行為と暴行・脅迫によってその代金支払を免れる行為とは、それぞれ別個独立の法益侵害行為とみるべきであるから、飲食物に対する詐欺罪が成立することは、その後の2項強盗罪の成立を何ら妨げるものではないというべきである。 (大阪地判昭57.7.9)

○　被告人が被害者を欺罔して飲食物を提供させ、被害者が、被告人に対し飲食物の提供をやめ、勘定を締めて代金の支払を請求したときにおいて、1項詐欺が完成し、その後においては、右の飲食物について重ねて移転せらるべき利益は存在しないのであるから、被告人が被害者を殺害したのは強盗殺人ではなくて、詐欺と殺人との併合罪であると解しなければならない。 (神戸地判昭34.9.25)

恐喝罪（刑法249条）との関係

○　恐喝ならびに強盗傷人の二罪は、順次相接続する機会になされたもので、当初の暴行による恐喝が、やがて次の段階にその程度を超えて強盗に発展したもので、相手方に暴行を加えて畏怖させて金品を取るという点において両者共通の要素を含むものであるから、法律の適用においてこれを包括して重い強盗傷人の一罪として取り扱ったとしても、必ずしも失当とはいえない。
（東京高判昭34.8.27）

銃砲刀剣類不法所持罪との関係
○　包丁などの凶器を強盗の用具として使用するためにのみ一時的に不法所持したにすぎず、しかも社会的事実としても一個の行為とみられるときは、観念的競合と解することができる。
（大阪高判昭24.12.19）

不同意わいせつ罪（刑法176条）との関係
○　不同意わいせつ（判決時：強制わいせつ）目的で被害者を緊縛した後、新たに財物取得の意思を生じた場合において、被害者が緊縛されたまま反抗が抑圧されている状態に乗じて財物を取得したときは、新たな暴行・脅迫がなくとも、強盗罪が成立する。
（東京高判平20.3.19）

―強盗予備罪―

第237条（強盗予備）
　強盗の罪を犯す目的で、その予備をした者は、2年以下の懲役に処する。

強盗予備罪とは
①　強盗予備罪は、強盗罪を犯す目的でその準備をすることによって成立する。
②　強盗の予備行為が処罰の対象とされるのは、強盗罪が財産等を侵害する犯罪であると同時に、人の生命・身体に対する危険性を有し、傷害又は殺人行為を伴うおそれのある悪質な犯罪であるからである。
③　強盗予備が成立するためには、単なる内心の決意にとどまらず、決意の存在が客観的に認識できるような事実の存在が必要である。
④　強盗を実行することを仲間で謀議・計画している段階等においては、いまだ強盗の決意が具体的に存在したかどうか客観的に認められず、言わば陰謀の段階であるので、強盗予備罪を構成しない。
⑤　なお、予備罪は、予備的行為が予備罪の構成要件を充足した時点で既遂となるから、予備罪に未遂はあり得ない。

判例

○ 本罪にいう「強盗の罪を犯す目的」には、事後強盗を目的とする場合も含む。
（最決昭54.11.19）

○ 強盗予備とは、行為者が金品の強奪を企て、その着手を準備する行為をいう。
（名古屋高金沢支判昭30.3.17）

○ 強盗を計画し、被害者宅へ凶器を携帯して赴き、表戸をたたいて家人を起こす行為
は強盗予備罪となる。　　　　　　　　　　　　　　　　　　　（最判昭29.1.20）

○ 金品の強奪を共謀し、凶器を携帯してはいかいする行為は、強盗の予備罪である。
（最判昭24.12.24）

○ 強盗予備罪には中止犯の規定（刑法43条）の準用を認めるとする主張もあるが、予
備罪は予備罪としていったん成立してしまえばそれだけで完成する性質の罪である以
上、中止未遂の観念をいれる余地はない。　　　　　　　　　　（最判昭29.1.20）

罪数について

　本罪と銃砲刀剣類不法所持罪との関
係は、基本的には、強盗罪と銃砲刀剣
類不法所持罪と同様に、併合罪となる。

判│例

強盗罪（刑法236条）との関係
○　強盗を遂行する意思で、その予備行為をなし、その意思の発動として、これに接着して強盗を実行したときは、右の予備行為は、当然、強盗の実行行為に吸収され、強盗既遂もしくは未遂の一罪が成立するにとどまる。　　　　（名古屋高判昭47.12.6）
○　強盗予備行為をした場合であっても、その故意とは別個新たな故意に基づき強盗を実行した場合は、当初の強盗予備は後の強盗罪に吸収されず両罪は併合罪となる。
（最判昭26.4.3）

住居侵入罪（刑法130条）との関係
○　強盗の目的で他人の住居に侵入する行為は、強盗予備罪及び住居侵入罪に当たり、両罪は別個の法益保護を目的とするので観念的競合である。　　（東京高判昭25.4.17）

―事後強盗罪―

第238条（事後強盗）
　窃盗が、財物を得てこれを取り返されることを防ぎ、逮捕を免れ、又は罪跡を隠滅するために、暴行又は脅迫をしたときは、強盗として論ずる。

事後強盗罪とは

①　窃盗の既遂又は未遂の犯人が、
　ア　財物を得た後に、それを取り返されるのを防ぐため
　イ　逮捕を免れるため
　ウ　罪跡を隠滅するため
　のいずれかの目的で、反抗を抑圧するに足りる程度の暴行・脅迫を相手方に加えることによって成立する。

②　本罪を犯した犯人が、その機会において人を殺傷したり、あるいは相手の同意を得ずに性交等をしたときは、後述する強盗致死傷罪（刑法240条）、強盗・不同意性交等罪（刑法241条）等が成立する。

事後強盗罪の主体

① 窃盗犯人に限られる。

② したがって、本罪は一種の身分犯である。

③ 窃盗行為が既遂に達したことは、本罪の成立要件ではないが、行為者が少なくとも窃盗の実行に着手した者であることを要する。

事後強盗罪の性格について

① 本罪は、

　ア　財物を得てこれを取り返されることを防ぐ目的

　イ　逮捕を免れる目的

　ウ　罪跡を隠滅する目的

　で暴行・脅迫を加えることを要件とする、いわゆる目的犯である。

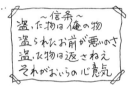

> 判 例
>
> ○ 事後強盗罪の成立には、窃盗犯人が窃盗の実行行為に着手したことを要する。
> （東京高判昭24.12.10）
> ○ 深夜、他人の家屋内に侵入したが、物色行為を開始しないうちに家人に見付かったため「騒ぐと殺すぞ。」と脅して逃走したとしても、窃盗の着手がない以上、事後強盗罪は成立せず、住居侵入罪と脅迫罪が成立するにすぎない。（東京高判昭45.12.25）

用 語 「財物を得てこれを取り返されることを防ぎ」とは

暴行・脅迫によらずに得た財物を、取り返されるのを阻止することである。

いわゆる「居直り強盗」について

　窃盗の実行に着手したものの、いまだ財物を窃取したとはいえない段階で家人等に発見されたので、その財物を奪取するため家人等に暴行・脅迫を加えて財物を奪取したというような、いわゆる「居直り強盗」は、財物の取返しを防ぐ目的で暴行・脅迫を加える犯罪ではないので、本罪ではなく強盗罪（刑法236条）である。

逮捕を免れる目的

　窃盗犯人が一時的に取り押さえられたとしても、その身柄拘束の状態が不確実な段階にあるため、より確実な身柄拘束状態へ移行する前に逃走しようとして加える暴行・脅迫も、逮捕を免れる目的に基づく暴行・脅迫に当たる。

罪跡を隠滅する目的とは

① 後日、窃盗犯人として捜査機関に検挙され、処罰されることになると認められる物証等を隠滅しようとする意図である。

② 窃盗犯人が自分の身元を証明するもの等、物証となり得るものを被害者等から奪取するために暴行・脅迫を加える場合がこれに当たる。

③ 暴行・脅迫の相手方は、財物を取り返されることを防ぎ、逮捕を免れ、又は罪跡を隠滅する目的を達成するために必要と認められる全ての者を含むことから、窃盗の被害者のみに限定されない。

判 例

○ 「逮捕を免れる」目的とは、窃盗未遂又は既遂の行為者が被害者などから取り押さえられて身柄を拘束されるのを阻止しようとする意図である。そして、逮捕を免れる目的の中には、自己を逮捕から免れさせる目的のほか、共犯者を逮捕から免れさせる目的も含まれる。　　　　　　　　　　　　　　　　　（東京高判昭31.5.10）

○ 窃盗行為を目撃し又は追呼の声を聞いて追跡してきた第三者に対して暴行・脅迫を加えれば、本罪が成立する。　　　　　　　　　　　　　　　（大判昭8.6.5）

○ 窃盗犯人を逮捕しようとする警察官に対して暴行・脅迫を加えれば、本罪が成立する。　　　　　　　　　　　　　　　　　　　　　　　　　　（最決昭34.6.12）

○ 窃盗犯人が本条所定の目的をもって暴行・脅迫を加えた以上、相手方が実際に財物を取り返そうとしたか、犯人を逮捕しようとしたかの事情を問わない。　　　　　　　　　　　　　　　　　　　　　　　　　　　　（最判昭22.11.29）

用 語 「暴行又は脅迫」とは

　「暴行又は脅迫」とは、相手方に対する有形力の不法な行使、害悪の告知をいい、その程度は相手方の反抗を不能若しくは著しく困難にするものであることを要する。

　その判断は、暴行・脅迫の態様のほか、犯行時刻・場所、周囲の状況、相手方の年齢・性別・体格等も考慮して、その財物取返し・逮捕等の意思を制圧する程度のものであるか具体的に行う必要がある。

事後強盗罪の成立要件

① 本罪は、強盗罪と同一の法的取扱いを受けることから、財物奪取と暴行・脅迫との間には密接な関連性がなければならない。

② 原則として、時間的・場所的に窃盗行為に接着した範囲内で暴行・脅迫が行わ

れたことが必要であるといえるが、多少の時間的・場所的隔離がある場合であっても、犯人が現場から引き続き追跡を受けているなど、窃盗の現場の継続的延長があるとみられる状況の下で暴行・脅迫が行われたときは、窃盗の機会になされた暴行・脅迫である。

判例

○　事後強盗罪の暴行は、相手方の反抗を抑圧する程度のものであることを要するが、反抗を抑圧する程度のものかどうかは、抽象的に決すべきではなく、逮捕されようとする具体的状況に照らし、果たして当該逮捕の攻撃力を抑圧するに足りる程度のものであるかどうかにより決すべきである。　　　　　　　　　　　（大判昭19.2.8）
○　窃盗犯人が、逮捕を免れるため暴行又は脅迫をなしたときとは、窃盗犯人が当該犯行の機会若しくはその犯行現場又はこれと同視すべき場所において、当該窃盗犯人としての逮捕を免れるため暴行又は脅迫をなしたことをいうのであって、仮に時間的に犯行と近接していても、犯行の現場と全然異なる場所において、しかも、当該窃盗犯人としての逮捕を免れるためでなく暴行又は脅迫をなした場合は、これを包含しないものと解する。　　　　　　　　　　　　　　　　　　　　（東京高判昭27.6.26）
○　事後強盗罪が成立するためには、暴行・脅迫が窃盗の機会継続中に行われたものであることを要する。　　　　　　　　　　　　　　　　　　　（東京地判昭42.7.14）
○　被害者らに現場から引き続いて追跡されている途中における暴行・脅迫は、本罪が成立する。　　　　　　　　　　　　　　　　　　　（広島高松江支判昭25.9.27）
○　財物奪取の現場から追跡されたのでないが、時間的にも場所的にもさほど離れていないと認められる状況の下での暴行・脅迫については、本罪が成立する。　　　　　　　　　　　　　　　　　　　　　　　　　　　　　（最判昭30.12.23）

窃盗の機会の認定について

①　「窃盗の機会」を判断するに当たっては、刑事訴訟法上の現行犯・準現行犯の概念をも念頭に置きながら、窃盗行為の時点・場所と暴行・脅迫行為の時点・場所との間における時間的・場所的近接性の有無・程度を検討することが必要である。

②　窃盗犯人が現場で直ちに逮捕され、警察署その他の場所に連行される途中、逮

捕者に暴行を加えて逮捕を免れようとした場合でも事後強盗罪が成立する。

③　窃盗犯人が一時的に取り押さえられたとしても、その身柄拘束の状態が不確実な段階にあり、より確実な身柄拘束状態へ移行する前に逃走しようとして暴行・脅迫を加えた場合でも事後強盗罪は成立する。

判例

○　財物奪取の現場から引き続いて追跡されたのではなく、窃盗犯人がだれにも気付かれずに現場を離脱し、あるいは現場からの追跡を振り切った後、連絡を受けて駆け付けた被害者等に、現場からさほど離れておらず、かつ、時間もさほど経過していない段階で暴行・脅迫を加えた事案については、本罪が成立する。(広島高判昭28.5.27)

○　強盗をして得た財物を船で運搬し、翌晩、神戸で陸揚げしようとする際に警察官に発見され、逮捕を免れるために暴行を加えた場合についても、事後強盗罪が成立する。(最判昭32.7.18)

○　窃盗犯人が、他人の居宅で財物を窃取した後もその天井裏に潜み、犯行の約3時間後に駆け付けた警察官に対し、逮捕を免れるため暴行を加えた事案につき、その暴行は窃盗の機会の継続中に行われたものというべきである。(最決平14.2.14)

事後強盗罪の実行の着手時期

窃盗犯人が財物を得た後、これを取り返されることを防ぎ又は逮捕を免れ若しくは罪跡を隠滅する目的をもって、反抗を抑圧するに足る程度の暴行・脅迫に着手したときが着手となる。

事後強盗罪の既遂、未遂について

窃盗行為が既遂であるか否かによって区別され、犯人が逮捕を免れたかどうかによって区別されるのではない。

判例

○　犯行後、家人に発見され、同家入口から自転車に乗って逃走した侵入窃盗犯人が、家人から直ちに連絡を受けた警察官に、現場近くの警察署前路上で現行犯逮捕されようとした際に暴行を加えて傷害を負わせた場合、警察官が犯人を逮捕しようとしたのが現行犯逮捕に当たることを事後強盗罪成立の要件とし、事後強盗の機会に傷害を与えたとする強盗傷人の成立を認めた。　　　　　　　　　　　　（仙台高判昭27.9.26）

○　窃盗未遂犯人が逮捕を免れんがため脅迫したときは、事後強盗未遂罪が成立する。　　　　　　　　　　　　　　　　　　　　　　　　　　　　（最判昭24.7.9）

○　本罪は、窃盗犯人が所定の目的で暴行又は脅迫を行った場合に成立することとなるので、事後強盗罪が成立するときは、窃盗罪は本罪に吸収されて成立しない。　　　　　　　　　　　　　　　　　　　　　　　　　　　　　（大判明43.11.24）

○　逮捕を免れる目的で、公務執行中の警察官に対して暴行・脅迫を加えたときは、保護法益を異にするので事後強盗罪と同時に公務執行妨害罪が成立し、両罪は観念的競合となる。　　　　　　　　　　　　　　　　　　　　　　　（大判明43.2.15）

○　被告人は、被害者に対して暴行に及ぶことについては原審相被告と意思を相通じたものと認められるとしながら、その暴行の程度について、被告人は、被害者の反抗を抑圧するに足る程度の暴行を加えるに至ることまでも認識認容し、そのことについて原審相被告と意思を合い通じたものとは認められないとした原判決の事実認定は、経験則に照らして、合理性を欠くとして、原審相被告には強盗致傷罪が成立するものの被告人には窃盗及び傷害の各罪が成立するにとどまるとした原判決を破棄した。　　　　　　　　　　　　　　　　　　　　　　　　　　　（最判平21.10.8）

―昏酔強盗罪―

第239条（昏酔強盗）
　人を昏酔させてその財物を盗取した者は、強盗として論ずる。

昏酔強盗罪とは

　人を昏酔させてその反抗を抑圧し、財物を盗取したときに成立する。財物奪取の目的で相手方を昏酔させてその反抗を抑圧した上、財物を奪取するという行為は、その反社会性の評価において窃盗よりは強盗に類する罪質であることから、強盗として評価されるのである。

昏酔強盗罪の主体

① 　本罪は、事後強盗罪とは異なり身分犯ではないから、何人でも本罪の主体になり得る。
② 　本罪の実行に着手した者は、強盗致死傷罪（刑法240条）・強盗・不同意性交等及び同致死罪（刑法241条）の主体にもなり得る。

昏酔強盗罪の行為

　行為は、人を昏酔させてその反抗を抑圧し、その財物を盗取することである。

用 語 「昏酔させて」とは

① 　他人の意識作用に一時的又は継続的な障害を生じさせ、財物についての事実的な支配が困難な状態に至らせることをいう。
② 　意識を残し、運動神経だけをまひさせた場合を含む。

昏酔強盗罪の成立要件

① 　本罪が成立するためには、行為者自身が財物を盗取する目的で、人を昏酔させることを必要とする。
② 　性交等をする目的など他の目的で相手方を昏酔させた後、財物盗取の犯意を生じ、相手方の昏酔に乗じて財物を盗取した場合は、行為者が財物を盗取するために人を昏酔させたわけではないから、本罪は成立しない。

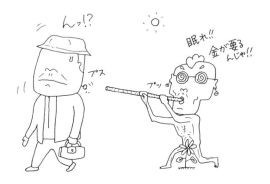

判｜例

○　他人が被害者を昏酔させたのに乗じたり、被害者自身が昏酔又は熟睡しているのに乗じたりしてその財物を奪取する行為は、単に窃盗罪を構成するにすぎない。

(名古屋高判昭29.10.28)

昏酔させる方法について

① 方法には制限がない。

② その例としては、睡眠薬・麻酔薬等を服用させたり、催眠術を施したりするなどの方法が挙げられる。

③ 被害者を昏酔させる方法は、例えば、被害者の知らないうちに睡眠薬を飲物に混入し、これを被害者に飲ませて意識を喪失させたような場合でなければならない。

④ したがって、有形力を行使し、むりやり麻酔薬等を注射する行為、スタンガンを使って電流のショックで運動能力を奪う行為等のように、昏酔させるための手段・行為自体が暴行の一種と認められる態様で実行されるときは、本罪ではなく強盗罪が成立する。

用語 「盗取」とは

① 財物の占有を奪取することをいう。

② 「強取」の語を用いていないのは、占有の奪取が、被害者が昏酔して反抗し得ない状態を利用して行われるからである。

昏酔強盗罪の実行の着手時期

① 被害者の意識作用に一時的又は継続的な障害を生じさせる危険性があると客観的に認められる行為を開始した時点である。

② 被害者を昏酔させるため、麻酔薬を注射しようとして被害者に手を掛ければ実行の着手があったと認められる。

③ 薬物入りの飲食物を被害者に提供したような場合には、被害者がこれを飲食して昏酔に至る現実的危険が認められるから、その提供行為が実行の着手である。

④ 単に薬物を準備した時点あるいは薬物を飲食物に混入したが、いまだ被害者がこれを飲食する現実的な危険性が客観的に認められない時点では、本罪の着手は認められず、強盗予備罪（刑法237条）が成立するにすぎない。

罪数について

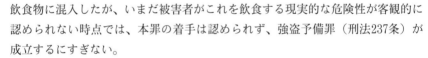

判例

窃盗罪との関係

○ 昏酔強盗を犯す目的で被害者に睡眠薬を服用させたが、その量が少なかったために相手を昏酔させるに至らず、被害者が就寝するまで待った上、その熟睡中に財物を奪取した事案につき、本罪の未遂と窃盗罪の併合罪となるのか、本罪の未遂の包括一罪となるのかという点については、昏酔強盗未遂罪の包括一罪と解すべきであるとした。

(広島高判昭35.10.25)

―強盗致死傷罪―

> **第240条（強盗致死傷）**
>
> 　強盗が、人を負傷させたときは無期又は6年以上の懲役に処し、**死亡させ**たときは死刑又は無期懲役に処する。

強盗致死傷罪とは

① 　強盗犯人が人を負傷させたり、死亡させることによって成立する。

② 　本罪は、強盗罪（刑法236条）と傷害罪（刑法204条）、強盗罪と傷害致死罪（刑法205条）、強盗罪と殺人罪（刑法199条）との結合犯である。

③ 　本条は、強盗の機会において被害者を傷害若しくは殺害するなど残虐な行為を伴うことがあることから、強盗罪の加重類型として設けられたものである。

④ 　刑法第240条には、

　ア 　傷害又は死亡という結果の発生について故意がない犯罪

　　　強盗罪の結果的加重犯たる強盗致傷罪及び強盗致死罪

　イ 　傷害又は死亡という結果の発生につき故意がある犯罪

　　　強盗罪と他の故意犯との結合犯たる強盗傷

　人罪及び強盗殺人罪

　が含まれる。

金を出せ!!

⑤ 　一般に、

　ア 　傷害・殺人の故意を欠く場合を、強盗致傷

　　　罪・強盗致死罪

　と呼び、

　イ 　傷害・殺人の故意がある場合を、強盗傷人

　　　罪・強盗殺人罪

　と呼んで区別している。

⑥ 　本罪の主体

　ア 　強盗犯人、すなわち、強盗罪の実行に着手した者である。

　イ 　強盗に準じて取り扱われる事後強盗・昏酔強盗犯人も含まれる。

　ウ 　強盗予備罪の犯人は、強盗行為に着手していないので当然に除かれる。

強盗致死傷罪の客体

　人であるが、必ずしも強盗行為自体の被害者に限られない。

強盗致死傷罪の行為

「人を負傷させ」又は「死亡させ」る行為である。

> 判｜例
> ○ 本罪は、強盗の機会においては致傷・致死等の残虐な行為を伴うことが少なくない ことから、これらの行為を重く処罰しようとするものである。　　（大判昭 6 .10.29）
> ○ 強盗致死傷罪は、強盗に着手した者であればよいので、強取行為の既遂・未遂のい かんを問わない。　　　　　　　　　　　　　　　　　　　　　（最判昭23. 6 .12）
> ○ 逮捕を免れるために警察官に暴行・脅迫を加え、死傷させれば本罪が成立する。
> 　　　　　　　　　　　　　　　　　　　　　　　　　　　　　（大判明43. 2 .15）

用｜語　「人を負傷させ」とは

① 他人に傷害を与えることをいう。

② 故意に傷害を与える強盗傷人の場合と、結果的加重犯として傷害を生じさせる 強盗致傷の場合を含む。

③ 本罪の傷害の程度については、傷害罪における傷害と同一であるべきとする学 説と、傷害罪の傷害より一段と重いものでなければならないとする学説の対立が ある。

④ 判例の主流は、傷害罪における「傷害」と強盗致死傷罪における「傷害」に違 いはないとしており、通説も本罪を同一に解している。

> 判｜例
> ○ 傷害罪における「傷害」と強盗致死傷罪における「傷害」との間に差異は存しない。
> 　　　　　　　　　　　　　　　　　　　　　　　　　　　　　（大判大 4 . 5 .24）
> ○ 刑法上にいう「傷害」は、傷害罪におけると、強盗致傷罪におけるとによって、そ の意義を異にするものではない。　　　　　　　　　　　　　（大阪高判昭35. 6 . 7 ）

傷害罪における「傷害」とは

①　その生理的機能に障害を与えることと解されている。

②　したがって、

　ア　日常生活に支障を来さず

　イ　傷害として意識されないか、日常生活上看過され

　ウ　医療行為を必要としない軽微な障害

　は、医学上は「傷害」に当たるとしても、刑法上の「傷害」には当たらず、暴行の概念に包含されると解すべきである。

③　昏睡状態が長時間続くようなときには、脳その他の神経中枢に機能的・生理的障害が生じていることも考えられるところ、医師の診断により、その昏睡状態が単なる昏睡状態ではなく、当該機能障害に基づくものであるとの事実が証明されれば、強盗致傷罪を適用することができる。

> **判　例**
>
> ○　被害者が強盗犯人に襟首をつかまれて引き倒され、頭を畳にこすりつけられた際に前額部に針頭大の裂傷や眼瞼等に中等度の浮腫の創傷を受けたが、被害者において皮下出血や疼痛はなく、傷を負ったことの自覚も不明確であって、後刻一応医師の診断を受けたが治療をすることなく、5日間で全治したという場合には強盗致傷罪ではなく、強盗罪が成立するにすぎない。　　　　　　　　　（名古屋高金沢支判昭40.10.14）
>
> ○　致死傷の事実は財物強取の前後を問わない。　　　　　　　　（大判大2.10.21）

用語　「死亡させ」とは

①　暴行の結果的加重犯として人を死に至らせた強盗致死と、強盗犯人が故意に人を殺した強盗殺人を含む。

②　強盗犯人が被害者を死亡させた後に財物を奪取した場合、犯人が強盗の故意をもち、殺害・強取という一連の行為によって被害者の生前の占有を侵害したとみられる限り、本罪が成立する。

判　例

○　強盗以外の犯意の下に人を殺害し、その後に財物奪取の犯意を生じて死者から財物を奪取した場合には、殺人罪と窃盗罪との併合罪が成立する。　　（大判昭16.11.11）

強盗の機会とは

① 　犯人の行為と致死傷の結果との間に、因果関係が存在すればよい。

② 　本罪の致死傷の原因は、財物強取の手段として用いられた暴行だけに限られない。

③ 　ただし、強盗の共犯者同士が犯行の機会に仲間割れして闘争し、仲間を負傷させたとか、暗闇の中で強盗

犯人が財物を物色しているうち、寝ていたえい児を誤って踏んでけがをさせたといった場合には成立しない。

④ 　強盗の機会において行われた行為であり、かつ、被害者に向けられた強盗行為と密接な関連性をもつ行為によって死傷の結果が発生した場合にのみ、本罪を適用すべきである。

⑤ 　犯行の現場を離脱した後に致死傷行為が行われた場合等、どの範囲までが「強盗の機会」かについての判断は、事後強盗罪（刑法238条）における「窃盗の機会」と同じであることを前提として検討するべきである。

判　例

○　致死の原因たる暴行は、必ずしもそれが死亡の唯一の原因または直接の原因であることを要するものではなく、たまたま被害者の身体に高度の病変があったため、これとあいまって死亡の結果を生じた場合であっても、右暴行による致死の罪の成立を妨げない。　　（最判昭46.6.17）

○　被害者が、強盗犯人を追い掛けようとして家屋に身体をぶつけて負傷した場合には、強盗致傷罪は成立しない。　　（神戸地姫路支判昭35.12.12）

○　強盗犯人が短刀を示して被害者を脅したところ、被害者からその短刀を握られたため驚いて思わず短刀を引いた結果、被害者の手指に傷害を負わせた場合は、強盗致傷である。　　（最判昭24.3.24）

○　突き付けられた包丁を被害者が払いのけるために手で包丁をつかんで負傷した場合も、強盗致傷罪が成立する。　　（広島高判昭40.5.11）

○　強盗に追い掛けられた被害者が、民家のガラス戸を突き破って逃げ込んだため負傷した場合のように、被害者自身の行為によって傷害の結果が生じたものであっても強盗致傷罪が成立する。　　（最決昭32.10.18）

○　逃走しようとした強盗犯人が、被害者宅表入口付近において、追跡してきた被害者

の下腹部を日本刀で突き刺して死亡させた場合は、強盗の機会における殺害行為であるから、強盗殺人罪が成立する。 (最判昭24.5.28)

○ 家人2名を殺害した強盗殺人犯人らが、その犯行の発覚を防ぐためにかねてから同人らの顔を見知っているAを殺害しようと共謀し、約6時間後に別の場所で同人を殺害した場合、その殺人行為はもはや強盗の機会における殺人ではないから、先行の強盗殺人とは別個に殺人罪が成立する。 (最判昭23.3.9)

○ 強盗傷人罪を構成するためには、傷害が強盗の機会において加えられたものであることを要し、それは強盗行為と傷害との間に場所的、時間的関係があるのみでなく、傷害が強盗たる身分を有する者によって加えられたこと、すなわち犯人が強盗の犯意を生じた後の傷害であることを要する。 (仙台高判昭34.2.26)

○ 刑法第243条には、同法第240条の罪（強盗傷人・強盗致傷・強盗殺人・強盗致死）の未遂を罰する規定が設けられているところ、本罪の未遂は、強盗犯人が殺意をもって殺害行為をしたが未遂に終わった場合（強盗殺人の未遂）だけであり、強盗傷人・強盗致傷・強盗致死については、その未遂は考えられない。 (大判昭4.5.16)

○ 強盗犯人が被害者に覚せい剤を注射して放置した行為は、強盗とその行為の場所及び時刻が離れていたとしても、強盗に引き続きその罪跡を隠滅するために行われた本件の事実関係の下では、強盗の機会に行われたものということができる。
(東京高判平23.1.25)

罪数について

① 爆弾を投じて同時に数名を死傷させた場合のように、死傷の原因となった暴行行為が単一であるときは、複数の強盗致死傷罪は観念的競合となる。

② 強盗致傷の行為を行った後、これと接着した段階で更に強・窃盗の犯行が重ねられた場合には、後の行為が強盗致傷の余勢を駆って行われたと認められる場合に限り、強盗致傷の行為と包括して一罪と解する。

③ 強盗犯人が殺意をもって人を殺したときは、本罪のみが成立し、殺人罪は法条競合により成立しない。

判例

併合罪とされた事例

○ 強盗致死傷罪においては、財産的利益のほか、被害者の生命・身体の安全という一身専属的利益も重要な保護法益となるのであるから、強盗の際に複数人に対し死傷の結果を発生させた場合は、複数の強盗致死傷罪が成立し併合罪となる。
(最決昭26.8.9)

窃盗罪との関係

○ 窃盗行為の直後に、機会を同一にし、同一の財物奪取の犯意の下に強盗致死傷行為が行われた場合は、全体を包括して一個の強盗致死傷罪が成立する。

(福岡高判昭32.6.5)

○ 強盗殺人犯人が殺人行為の約2日後に自ら死体を隠匿するに際し、新たに被害者の所持品を窃取した事案につき、前段の犯行（殺人行為）と後段の犯行（窃取行為）との間に時間的接着性を欠くときは、包括一罪ではなく、別に窃盗罪が成立する。

(仙台高判昭31.6.13)

放火との関係

○ 強盗殺人を犯した者が罪跡を隠滅するために放火したときは、強盗殺人罪と放火罪の併合罪である。

(大判明42.10.8)

死体遺棄罪との関係

○ 強盗犯人が人を殺害した後、罪跡を隠滅するためにその死体を他の場所に運搬し、土中に埋蔵した場合は、強盗殺人罪と死体遺棄罪との併合罪となる。

(大判昭11.1.29)

―強盗・不同意性交等罪―

第241条（強盗・不同意性交及び同致死）

1 強盗の罪若しくはその未遂罪を犯した者が第177条の罪若しくはその未遂罪をも犯したとき、又は同条の罪若しくはその未遂罪を犯した者が強盗の罪若しくはその未遂罪をも犯したときは、無期又は7年以上の懲役に処する。

2 前項の場合のうち、その犯した罪がいずれも未遂罪であるときは、人を死傷させたときを除き、その刑を減軽することができる。ただし、自己の意思によりいずれかの犯罪を中止したときは、その刑を減軽し、又は免除する。

3 第1項の罪に当たる行為により人を死亡させた者は、死刑又は無期懲役に処する。

第243条（未遂罪）

〔前略〕第241条第3項の罪の未遂は、罰する。

改正の趣旨

平成29年改正前の刑法では、強盗犯人が強姦をした場合に成立し、「無期又は7年以上（20年以下）の懲役」に処するとされていた。しかし、強姦後に強盗の犯意

を生じて強盗した場合には強盗強姦罪は成立せず、強姦罪と強盗罪とが成立し、両罪は併合罪の関係に立ち（最判昭24.12.24刑集３.12.2114）、その処断刑は、「５年以上30年以下の有期懲役」となり、強盗強姦罪よりも軽い処罰になるという不合理があった。

　そこで、平成29年の法改正により、同一機会に強盗の罪と強制性交等の罪が行われた場合、その前後を問わず、「強盗・強制性交等罪」が成立し、改正前の強盗強姦罪と同じ法定刑で処罰することになった。そして、強盗の罪と強制性交等の罪がいずれも未遂に終わった場合には減軽事由に該当し、死亡の結果が生じた場合には、改正前の強盗強姦致死罪と同じ法定刑で処罰されることになったのである。

　さらに、令和５年の法改正により「強盗・不同意性交等罪」となった。

強盗の罪及び不同意性交等の罪

① 　「強盗の罪」

　　改正前の強盗強姦罪にいう「強盗」と同じである。狭義の強盗罪のほか、事後強盗罪（刑法238条）及び昏酔強盗罪（同法239条）も含まれる。

② 　「不同意性交等の罪」

　　監護者性交等罪については除外されている。その理由は、18歳未満の被害者を監護する者が、影響力があることを利用して性交等に及ぶ場合に暴行・脅迫を用いて財物の強取に及ぶことが、実務上想定し難いからである。

③ 　「強盗の罪」と「不同意性交等の罪」の前後関係

　　強盗の罪と不同意性交等の罪が同一機会に行われている以上、本罪の成否にその前後関係は問わない。

　　したがって、

○ 　強盗の罪に着手した後に不同意性交等の罪にも着手した場合

○ 　不同意性交等の罪に着手した後に強盗の罪にも着手した場合

○ 　強盗の罪又は不同意性交等の罪のいずれが先に行われたか不明の場合や両者を同時に着手した場合

　も本罪が成立する。

　　「同一の機会」とは、強盗の罪の行為と不同意性交等の罪の行為の

○　時間的・場所的な状況
○　強盗の罪の被害者と不同意性交等の罪の被
　　害者の関係
○　強盗の罪の行為に向けられた暴行・脅迫を
　　不同意性交等の罪の行為に利用しているか
等の要素により総合的に判断を行う。

未遂罪と減軽事由

① 未遂罪
　ア　強盗の罪が既遂で不同意性交等の罪が未遂
　　　の場合
　イ　強盗の罪が未遂で不同意性交等の罪が既遂の場合
　ウ　強盗の罪及び不同意性交等の罪の双方が未遂の場合
　強盗の罪と不同意性交等の罪が同一の機会に行われた以上、既遂罪が成立する。
　　なお、ウの場合、本条第2項は、刑の減軽事由を規定しているにすぎず、本罪
の未遂罪を処罰することを規定しているわけではない。

② 減軽事由
　　本条第2項は、強盗の罪及
び不同意性交等の罪のいずれ
も未遂にとどまった場合、死
傷の結果が生じなかったとき
に限り、刑を任意的に減軽す
る旨を規定している。
　　また、本項ただし書は、強
盗の罪と不同意性交等の罪の
いずれか一方を行為者が自己の意思により中止した場合（中止未遂）、他方が障
害未遂であっても、その刑を必要的に減軽又は免除すると規定している。

傷害の結果が生じた場合

　改正前の強盗強姦罪については、強盗又は強姦の行為によっ
て傷害の結果が生じた場合でも、別に強盗致傷罪（刑法240条
前段）や強姦致傷罪が成立せず、強盗強姦罪のみが成立し、傷
害の点は情状として考慮すれば足りるとされていた（東京高判
昭57.11.4判タ489.129ほか）。

　強盗・不同意性交等罪についてもこの点は変更がなく、本罪により傷害が生じた場合、本罪のみが成立し、別に強盗致傷罪や不同意性交等致傷罪は成立しない。

死亡した場合

① 死亡の原因について

　改正前の強盗強姦致死罪の死亡は、姦淫行為の際の暴行・脅迫によることが必要であった。

　しかし、平成29年の改正により、次の場合に生じた死亡であれば、強盗・不同意性交等致死罪が成立することとされた。

ア　強盗の罪の行為を原因として死亡の結果が生じた場合

イ　不同意性交等の罪の行為を原因として死亡の結果が生じた場合

ウ　強盗の罪の行為と不同意性交等の罪の行為のいずれを原因として死亡の結果が生じたかは不明であるが、それらのいずれかを原因として死亡の結果が生じたと認められる場合

② 殺意の有無について

　改正前の強盗強姦致死傷は、「強盗が女子を強姦し……よって女子を死亡させたときは……。」と規定されていたとおり、結果的加重犯であり、殺意のない場合にのみ成立していた。

　しかし、改正後の本条第3項は、「第1項の罪に当たる行為により人を死亡させた者は……。」と規定しているとおり、本項の罪は、強盗の罪又は不同意性交等の罪のいずれかにより、殺意をもって人を死亡させた者も含まれる。

　　例えば、強盗犯人が、被害者を不同意性交し、かつ、殺意をもって被害者を殺害した場合、改正前は、強盗殺人罪（刑法240条後段）と強盗強姦罪とが成立した（最判昭33.6.24刑集12.10.2301）が、改正後は、強盗・不同意性交等殺人罪一罪が成立する。

未遂罪について

　刑法第243条が、本項の罪の未遂を罰すると規定していることから、殺意をもって強盗・不同意性交等を行い、被害者を死亡させるに至らなかった場合、強盗・不同意性交等殺人未遂罪が成立する。

26
詐欺に関する罪

―詐　欺　罪―

> 第246条（詐欺）
> 1　人を欺いて財物を交付させた者は、10年以下の懲役に処する。
> 2　前項の方法により、財産上不法の利益を得、又は他人にこれを得させた者も、同項と同様とする。

詐欺罪とは

① 財産犯の奪取罪であるが、強盗罪・恐喝罪のように物を奪う手段として、脅迫又は暴行を加えたり、あるいは窃盗罪のように財物の占有者の意に反し一方的にこれを手に入れる犯罪とは異なる。

② 詐欺罪は、財物奪取の手段として欺く行為を用いる知能犯の一種であり、被害者の処分行為を必要とする点において、被害者の意思に反してその占有を取得する窃盗罪・強盗罪と区別される。

サギです

詐欺罪の客体

他人の占有する他人の財物及び財産上の利益である。

> 判 例
>
> ○ 詐欺罪のように他人の財産権の侵害を本質とする犯罪が処罰されるのは、単に被害者の財産権の保護のみにあるのではなく、かかる違法な手段による行為は社会の秩序をみだす危険があるからである。　　　　　　　　　　（最判昭25.7.4）

占有・財物・財産上の利益の意義について

① 窃盗罪・強盗罪の客体としての財物の中に、不動産は含まれないが、詐欺罪の客体としての財物の中には不動産を含む。

② 詐欺罪の構成要件的行為である財物の交付は、被害者の瑕疵ある意思によって行われる処分行為に基づくものであるから、盗取とは異なり、不動産に対しても

占有の移転が可能である。

詐欺罪の行為

　人を欺いて財物を交付させ（1項詐欺）又は財産上不法の利益を得若しくは他人に得させる（2項詐欺）ことである。

用語 「人を欺いて」とは

　人を錯誤に陥らせるような行為により、相手方にとって、交付の判断の基礎となる重要な事項を偽ることである。

「人を欺く」の手段・方法

① 手段・方法に制限はなく、言語・
　文書・動作を問わない。
② 一般的に人を欺く行為は作為によっ
　て行われることが多い。
③ しかし、人を欺く行為は、作為に
　よるもののほか、不作為によっても
　行われる。

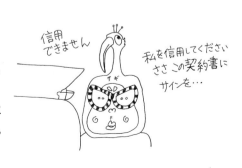

④　金員の借用を申し込むに当たり、返済の意思・能力がないのに期日までに必ず返済すると申し向けるなど、積極的な言語をもって虚偽の事実を告知したり、あるいは、支払の意思・能力がないのに、飲食・宿泊後に代金を支払うように見せ掛けて飲食物を注文し、又は宿泊の申込みをするなど、動作によって欺いたりする行為が詐欺に当たる。

⑤　不作為による場合は、既に相手方が錯誤に陥っていたことが必要であり、それを認識した以上は詐欺行為者に事実を告知する法律上の義務が生じる。

⑥　告知義務は、法令上規定されている場合のほか、契約上・慣習上・条理上認められる場合もある。

判　例

○　飲食店又は旅館で、注文者又は宿泊者が、支払の意思がないにもかかわらず、その事情を告げず、人を欺く意思をもって単純に注文又は宿泊をする行為は、欺く行為である。　　　　　　　　　　　　　　　　　　　　　　　　　　　（大判大 9 .5 .8 ）

○　単純な事実の黙秘によって、人に錯誤を生じさせた場合において、詐欺罪の欺く行為があるというためには、事実を告知すべき法律上の義務のあることを要する。
　　　　　　　　　　　　　　　　　　　　　　　　　　　　　　　　　　（大判大 6 .11.29）

○　あらゆる場合に不作為により欺く行為が認められるわけではなく、法律上その事実を告知すべき義務がある場合に限って認められるが、この義務があるかどうかは法令の規定によって認められ、契約上・慣習上・条理上のものであっても差し支えない。
　　　　　　　　　　　　　　　　　　　　　　　　　　　　　　　　　　（大判昭 8 .5 .4 ）

○　被保険者が、その疾病を隠して保険会社と生命保険契約を締結した場合は、不作為の欺罔行為に当たる。　　　　　　　　　　　　　　　　　　　　　　　（大判昭 6 .7 .16）

○　提供すべき担保物があらかじめ示した見本品と異なり品質が劣るのに、その旨を告げずに金員を借用した場合は、不作為により人を欺く行為に当たる。
　　　　　　　　　　　　　　　　　　　　　　　　　　　　　　　　　　（大判大13. 3 .18）

○　知人名義の国民健康保険被保険者証を提出するなどして診療を申し込んだことが欺罔行為に当たる。　　　　　　　　　　　　　　　　　　　　　　（東京高判平27.10. 8 ）

○　欺く行為の手段は、一般人をして錯誤に陥らせる能力を有するをもって足り、必ずしも巧妙であることを要しない。　　　　　　　　　　　　　　　　（大判大 6 .12.24）

人を欺く行為とは

①　いわゆる商品の誇大広告・宣伝と本罪の人を欺く行為との関係であるが、信義則上あるいは日常生活上一般に見受けられる取引の慣行として容認される程度の駆け引きとして、多少の誇張や事実の秘匿があったとしても、それをもって、直ちに本罪の人を欺く行為とはいえない。

②　商業行為においては、取引における重要な事項について具体的事実を偽った場合にのみ、本罪にいう人を欺く行為に当たる。

③　欺く行為が特定人に向けられる必要はなく、広告詐欺のように不特定多数人に

向けられたものでもよい。

判例

○　財物の「騙取」とは、犯人の施用した欺く手段により他人を錯誤に陥れ、財物を犯人自身又はその代人若しくは第三者に交付させるか、あるいは、これらの者の自由支配内に置かせることをいう。　　　　　　　　　　　　　　　　　　　　（最判昭26.12.14）

○　人を欺く手段が信義則に合するかどうか、すなわち一般通常人の見地から正直であると認められるかどうかによって、人を欺く行為と通常の商業行為とを区別すべきである。　　　　　　　　　　　　　　　　　　　　　　　　　　　（東京高判昭27.2.9）

○　諸般の情況から、被告人の行為が、一般の取引に伴う正直さと公正さを具備するかどうかによって、詐欺罪であるか債務不履行であるかが区別される。　　　　　　　　　　　　　　　　　　　　　　　　　　　（東京高判昭24.12.3）

○　他の者を搭乗させる意図を秘し、航空会社の搭乗業務を担当する係員に外国行きの自己に対する搭乗券の交付を請求してその交付を受けた行為は、その交付の判断の基礎となる重要な事項を偽る行為である。　　　　　　　　　　　　　（最決平22.7.29）

○　誤った振込みがあることを知った受取人が、その情を秘して預金の払戻しを請求することは、詐欺罪の欺罔行為に当たる。　　　　　　　　　　　　　（最決平15.3.12）

欺く相手方について

①　欺く行為の相手方と処分行為をなす者とは、必ずしも同一人であることを要しない。

②　ただし、欺く行為の相手方と処分行為をなす者が一致しない場合には、財産的処分行為が錯誤に基づいてなされることを要し、欺かれた者と財産的処分行為者との間に意思の同一性がなければならない。

判　例

　　○　詐欺利得罪が成立するためには、欺かれた者と被害者とが同一人であることを要しないが、欺かれた者が、被害に係る財産上の利益につき、処分をなし得る権限又は地位を有する必要がある。　　　　　　　　　　　　　　　　　　　　（大判大 6 .11. 5 ）

　　○　銀行員を欺いて預金の払戻しを受ける場合、銀行員は、預金について財産的処分行為をなし得る地位・権限を有する者であるから、本罪が成立する。（大判明44. 5 .29）

　　○　登記官を欺き、自己に所有権移転の登記をさせた場合、登記官は、不動産について何ら財産的処分行為をなし得る地位も権限も有しないから、本罪は成立しない。
　　　　　　　　　　　　　　　　　　　　　　　　　　　　　　　　（最決昭42.12.21）

　　○　被告人が世田谷区の職員をだまして住民基本台帳カードの交付を受けた行為は、その取得行為により、世田谷区に財産的な負担を伴うようなサービスを提供する義務を負わせるものであり、世田谷区に財産上の損害を生じさせ、または、世田谷区の財産上の権利が侵害されるものということができ、詐欺罪が成立する。
　　　　　　　　　　　　　　　　　　　　　　　　　　　　　　　（東京高判平27. 1 .29）

詐欺罪における隠れた構成要件

①　詐欺罪の成立には、「人を欺く→錯誤→財産的処分行為→財物の交付・財産上の不法の利益の取得」という、因果的連鎖関係が必要である。

②　詐欺罪における人を欺く行為は、財産的処分行為に向けられたものでなくてはならず、人を欺く手段を用いて財物を取得した事実があっても、それが相手方の錯誤に基づく財産的処分行為としてされたものでなければ、その行為は詐欺罪にいう財物の交付とはいえない。

③　人を欺く手段を用いて財物の占有

者の注意をそらせ、その隙に財物を取得した場合、相手方を錯誤に陥れる行為はあったが、その錯誤に基づく被害者の財物の処分行為がないから、詐欺罪ではなく窃盗罪となる。

④　詐欺罪の成立要件として、処分行為が必要とされることについては、条文上特に明文の規定があるわけではなく、法の解釈上当然のこととして認められていることから、いわゆる記述されない（隠れた）構成要件要素と呼ばれている。

⑤　「財産的処分行為」は、相手方が「財物を処分する意思」と「処分した事実」が必要であるが、その処分行為は法律行為に限らず、事実上財産的損失を生じさせる行為であればよい。

> 判│例
> ○　詐欺罪が成立するためには、欺かれた者が錯誤によって何らかの財産的処分行為をすることを要する。　　　　　　　　　　　　　　　　　　　　（最判昭45.3.26）
> ○　詐欺罪において、財産上不法の利益が、債務の支払を免れたことであるとするには、相手方たる債権者を欺罔して債務免除の意思表示をさせることを要し、無銭飲食・宿泊の事案において、単に逃走して事実上支払をしなかっただけで足りるものではない。
> 　　　　　　　　　　　　　　　　　　　　　　　　　　　　　　　　　（最決昭30.7.7）

詐欺罪の着手時期

①　行為者が財物を交付（又は財産上不法の利益を取得）させる目的で人を欺く行為を開始した時点である。

②　相手方が錯誤に陥ったかどうかは問わない。

> 判│例
> ○　着手については、欺く行為が開始されれば足り、相手方がそれによって錯誤に陥ったかどうかを問わない。　　　　　　　　　　　　　　　　　　　（大判昭3.9.17）
> ○　金銭をだまし取るため、他人に対して虚偽の貸金債権により支払を請求したものの、その者が錯誤に陥らなかったときは、詐欺の未遂罪が成立し、請求を受けた者が、錯

誤に陥らずに請求金額を支払ったとしても未遂罪の成立に影響しない。

（大判大11.12.22）

詐欺罪の既遂時期

　行為者の欺く行為によって相手が錯誤に陥り、それに基づいて財産的処分行為がされ、その結果、財物の占有が行為者側に移り又は行為者が財産上の利益を得ることが必要である。だまされていることが分かりつつ、憐憫の情等から金品を交付した場合、未遂となる。

詐欺罪の故意

① 人を欺くこと及びそれに基づいて財物を交付させること（又は財産上不法の利益を取得）の認識・認容が必要である。

② 本罪も窃盗罪・強盗罪の場合と同様に、故意のほかに不法領得の意思を必要とする。

③ 一時利用の目的で、しかも使用後直ちに所有者に返還する意思の下に人を欺くことによって物の占有を一時取得する場合には、不法領得の意思があるとはいえないから詐欺罪は成立しない。

④ これとは逆に、使用後廃棄する意思があれば不法領得の意思が認められるから、詐欺罪が成立することとなる。

判 例

　○ 不法領得の意思があるとするためには、加害の意思は必要でなく、また、後日返還又は弁償する意思であっても、詐欺罪の成否には影響がない。 （大判大12.11.2）

○ 郵便配達員を欺いて交付を受けた支払督促正本等について、廃棄するだけで外に何らかの用途に利用、処分する意思がなかった場合には、支払督促正本等に対する不法領得の意思を認めることはできない。 (最決平16.11.30)

損害発生の必要性

① 詐欺罪は、一般的には財物を交付（又は財産上不法の利益の取得）させた結果として相手方に財産上の損害を与えるが、本罪の要件として損害の発生（いわゆる実害）を必要とするか否かについて、必要説・不要説がある。

② 学説の大勢は、必要としないと解しており、判例も「不要説」の立場をとっている。

判 例

○ 十分な対価を交付した場合であっても、真正の事実を告知すれば、相手方は財物を交付するはずがない場合において、真実に反した事実を告知し、相手方を錯誤に陥れ、よって財物を交付させた以上は、詐欺罪は直ちに成立し、被害者に財産上の損害が発生したことは必要でない。 (大判大2.11.25)

○ 人を欺くための手段として対価が提供されたとしても、その被害額は、交付された財物の価格から対価を差し引いた差額ではなく、交付させた財物の金額全額について詐欺罪が成立する。 (最判昭28.4.2)

不法原因給付について

① 人を欺く行為に基づく財物の交付が、いわゆる不法原因給付に当たる場合、すなわち、被害者にその物の返還請求権がない場合（民法708条）において詐欺罪が成立するかどうかという問題がある。

② この点について、一部には法の禁止する目的を実現する意図の下に行われたものに法の保護はないとしている説もあるが、判例は詐欺罪の成立を認めている。

③ 通説も、占有者の意思に反して不法な手段で財物の占有を侵害する行為については、民事上の効果とは別個の観点から刑事上の責任を認めるべきであるとしている。

　　○　紙幣を偽造する資金として金員をだまし取った場合は、詐欺罪を構成する。
　　　　　　　　　　　　　　　　　　　　　　　　　　　　　　　（大判昭12.2.27）
　　○　売春すると偽って前借金を交付させる行為は、詐欺行為になる。（最決昭33.9.1）

権利行使と詐欺罪の関係について

① 相手方に対し、財産上の利益を取得する法律上の権利を有する者が、その権利を履行するために詐欺をした場合、権利行使の方法が社会通念上、一般に許容される程度のものであるかどうかによって、犯罪の成否が決まると解されている。

② たとえ権利を有している場合であっても、真実権利の行使の意思がなく、単に権利の実行を口実として人を欺いて財物等を得た場合は、詐欺罪が成立する。

判　例
　　○　行為者が交付を受けた財物・利益がその権利の範囲を超えた場合、交付を受けた財物・利益の全体につき詐欺罪が成立する。　　　　　　　　　（東京高判昭38.9.6）

> **第246条（詐欺）**
> 2　前項の方法により、財産上不法の利益を得、又は他人にこれを得させた者も、同項と同様とする。

財産上不法の利益の取得とは

欺く行為に基づく錯誤により行われた財産的処分行為によって、不法に財産上の利益を得ることをいう。

財産上の利益自体が不法なものであるという意味ではない。

判 例

- ○　積極的利益であると消極的利益であるとを問わない。　　　　（大判明42.12.13）
- ○　債務を免除されることは消極的利益である。　　　　　　　　（大判明42.12.13）
- ○　債権を取得することは積極的利益である。　　　　　　　　　（大判大14.3.20）
- ○　条文上「財産上不法の利益」とあるが、「不法の」とは、利益獲得の方法・手段が不法であることを意味し、財産上の利益そのものが不法であることを意味するものではない。　　　　　　　　　　　　　　　　　　　　　　　　　　　（大判大15.10.5）
- ○　財産上の利益の取得も、財物の交付と同様に人を欺く行為によって錯誤に陥れた結果、欺かれた者をして財産的処分行為をさせ、それによって行為者又は第三者が財産上の利益を得たものでなければならない。　　　　　　　　　　　　（最判昭30.4.8）

2項詐欺罪における「財産的処分行為」とは

①　1項詐欺罪においては、その財産的処分行為が、原則として財物の任意の交付という形で行われることから、被害者の処分行為があったかどうかを外形上から認定することが容易である。

②　これに対し2項詐欺罪は、被害者が明瞭に債務の弁済の延期又は債務免除の意思を表示したときや、意識的に債権を行使しないときなどには処分行為を認めることは容易であるが、実際上、債務の履行を一時免れたような事案では、被害者の財産的処分行為があったかどうかを認定することが難しい。

③　2項詐欺においても、人を欺く行為と財産上の利益の取得との間に相当因果関係が存在しなければならないことは、1項詐欺罪の場合と同じである。

④　なお、人を欺く行為を行う者と財物の交付を受ける者とは通常一致するが、両者は必ずしも一致する必要はなく、人を欺く行為を行う者以外の第三者に財物を交付させた場合も、財物を交付させたといえる。

判例

　○　１泊の予定で旅館に宿泊・飲食した者が、翌朝、「外出して夕刻帰ってくる。」と旅館の主人を欺き、主人がもう１泊してくれるだろうと錯誤に陥った結果、その際当然請求すべき宿泊料などの支払請求をしなかった場合には、旅館の主人による処分行為があったとみてよい。　　　　　　　　　　（仙台高判昭30.7.19・東京高判昭33.7.7）

　○　旅館の主人のすきをみて逃走したために事実上支払の請求ができなかったというだけでは、処分行為があったとはいえないので、２項詐欺罪は成立しない。

（最決昭30.7.7）

２項詐欺罪における「他人にこれを得させた」とは

①　「人を欺く行為を行う者」と「現実に財物の交付を受ける者」（いわゆる第三者）が「特殊な関係」にあるときは、詐欺罪にいう「財物を交付させた」という要件を充足する。

②　「特殊な関係にある第三者の範囲」について、次の３つの要件のうちのいずれかに該当する者でなければならない。

　ア　欺く行為を行う者の道具として情を知らずに行動する第三者

　イ　欺く行為を行う者の代理人として、その利益を図って財物を受領する第三者

　ウ　欺く行為を行う者が第三者の利益を図って財物を交付させる目的を有するなど、特殊の事情が存する場合における当該第三者

判例

○ 欺く手段により犯人自ら財物を取得せずに、これを第三者に交付させた場合に、詐欺罪が成立するためには、その第三者が情を知らず犯人の機械であるにすぎないか、若しくは犯人の代理人としてその利益のために犯罪の目的物である財物を受領するか、犯人が財物の交付により第三者に利得させる目的に出たというような特殊な事情がなければならない。

(大判大 5.9.28)

―電子計算機使用詐欺罪―

第246条の2　（電子計算機使用詐欺）

　前条に規定するもののほか、**人の事務処理に使用する電子計算機に虚偽の情報若しくは不正な指令を与えて財産権の得喪若しくは変更に係る不実の電磁的記録を作り、又は財産権の得喪若しくは変更に係る虚偽の電磁的記録を人の事務処理の用に供して、財産上不法の利益を得、又は他人にこれを得させた者は、10年以下の懲役に処する。**

電子計算機使用詐欺罪とは

① 銀行のオンラインシステムのように、電子計算機が人に代わって債権・債務の管理・決済・資金移動等の事務処理を行っている場面において、これに虚偽の情報若しくは不正の指令を与えて、財産権の得喪・変更に係る不実の電磁的記録を作り（刑法246条の2前段）、又は財産権の得喪・変更に係る虚偽の電磁的記録を人の事務処理の用に供して（同条後段）、財産上不法の利益を得、又は他人にこれを得させることによって成立する。

② 罪を規定する刑法第246条の 2 は、その冒頭において、「前条に規定するものの
ほか」と規定していることから、本罪に外見上該当する行為であっても、事務処
理の過程において人が欺かれたことにより財産的処分行為が行われたと認められ
る場合には、前条の詐欺罪が成立し、本罪は成立しない。

電子計算機使用詐欺罪の行為

　人の事務処理に使用する電子計算機に虚偽の情報若しくは不正な指令を与えて財
産権の得喪若しくは変更に係る不実の電磁的記録を作ることである。

用 語）「人の事務処理に使用する電子計算機」とは

① 行為者以外の他人の事務処理に使用される電子計算機のことをいい、しかも、
本罪の行為の性質上、財産権の得喪・変更に係る電磁的記録を用いて自動的に事
務処理を行い得る規模・性質を有するものに限られる。
② 銀行に設置してあるオンラインシステムのコンピュータ端末機は、その銀行の
預金管理等の事務処理に使用されている電子計算機であり、しかも、預金元帳ファ
イルを作出することによって自動的に事務処理を行うものであるから、「人の事
務処理に使用する電子計算機」に当たる。

判例

○　窃取したクレジットカードの名義人氏名、番号等を冒用して、これらを、インターネットを介し、クレジットカード決済代行業者の使用する電子計算機に入力送信して名義人本人が電子マネーの購入を申し込んだとする虚偽の情報を与え、その購入に関する不実の電磁的記録を作成し、電子マネーの利用権を取得した行為は、電子計算機使用詐欺罪に当たる。　　　　　　　　　　　　　　　　　　　　（最決平18.2.14）

○　窃取したクレジットカードのカード番号などの情報をクレジットカード決済代行業者の使用する電子計算機に与えて電子マネーを購入する行為は、電子計算機使用詐欺罪に当たる。　　　　　　　　　　　　　　　　　　　　　　　　　　（最決平17.2.14）

○　自動改札機や自動精算機を利用した、いわゆるキセル乗車は、刑法246条の2後段の電子計算機使用詐欺罪に該当する。　　　　　　　　　　　　　　（最判平24.10.30）

用語 「虚偽の情報」とは

その内容が真実に反する情報をいう。

用語 「不正な指令」とは

当該事務処理の場面において、そもそも入力されるべきでない予定外の情報をいう。

用語 「与えて」とは

電子計算機に入力することである。

用語 「財産権の得喪若しくは変更に係る」電磁的記録とは

①　財産権の得喪・変更の事実又はその得喪・変更を生じさせるべき事実を記録した電磁的記録であって、一定の取引場面において、その作出（変更）により事実上当該財産の得喪・変更が生ずることとなるものをいう。

②　銀行のオンラインシステムにおける、預金元帳ファイルにされた預金残高の記

録は、その典型である。

用　語 「不実の電磁的記録」とは

① 　真実に反する内容の電磁的記録の意味であり、本条後段の「虚偽の」電磁的記録と同義である。

② 　「財産権の得喪若しくは変更に係る虚偽の電磁的記録を人の事務処理の用に供」すること（後段）とは、自己の手中にある真実に反する内容の電磁的記録を他人の事務処理において用い得る状態に置くことをいう。

電子計算機使用詐欺罪の既遂時期

① 　前条第2項のいわゆる2項詐欺の場合と同様に、「財産上不法の利益を得」たか、「他人にこれを得させた」場合に成立する。

② 　財産権の得喪・変更に係る不実の電磁的記録に基づいて、一定の預金があるものとしてその引出しや振替を行うことができる地位を得て、事実上財産を自由に処分できる利益を得た場合に既遂となる。

③ 　虚偽の入金データを入力するような場合、端末機等により当該虚偽データを入力しようとしたときに実行の着手が認められ、これにより不実の電磁的記録が作られ、当該記録に示されている財産権の処分が事実上なし得るような状況が生じたときに既遂に達する。

④ 　財産権の得喪・変更に係る電磁的記録を作出する人の事務処理に利用されている電子計算機に、虚偽の情報若しくは不正な指令を与える行為又は財産権の得喪・

変更に係る虚偽の電磁的記録を人の事務処理の用に供する行為を始めたときに着手があり、これにより財産上の利益を得たときに既遂に達する。

> ## 判例
>
> ○　「虚偽の情報」とは、電子計算機を使用する当該事務処理システムにおいて予定されている事務処理の目的に照らし、その内容が真実に反する情報をいい、金融実務における入金、振込入金においては、入金等の入力処理の原因となる経済的・資金的実体を伴わないかあるいはそれに符合しないものをいう。　　（東京高判平 5 . 6 .29）
>
> ○　信用金庫の支店長が、自己の個人的債務の支払のため、勝手に支店備付けの電信振込依頼書用紙等に受取人、金額等所要事項を記載し、あるいは部下に命じて記載させ、支店係員をして振込入金等の電子計算機処理をさせた場合において、電子計算機に入力させた振込入金等の情報は、本条にいう「虚偽の情報」に当たる。　　（東京高判平 5 . 6 .29）

27
恐　喝　罪

第249条（恐喝）

　1　人を恐喝して財物を交付させた者は、10年以下の懲役に処する。

　2　前項の方法により、財産上不法の利益を得、又は他人にこれを得させた者も、同項と同様とする。

恐喝罪とは

①　人を恐喝して財物を交付させ（1項）又は財産上不法の利益を得若しくは他人にこれを得させる（2項）ことによって成立する。

②　本罪が成立するためには、「恐喝→畏怖→財産的処分行為→財物・財産上の利益の取得」といった構成要件要素が、主観的には故意によって包括され、客観的には連鎖的因果関係によって連結されていることが必要である。

③　本罪は、財物の財産権を侵害する犯罪であるところ、相手方の瑕疵ある意思に基づく財産的処分行為（財物の交付又は財産上の利益の供与）により財物を取得し又は財産上の利益を得る点において、詐欺罪（刑法246条）と共通の性質を有している。

④　本罪は、暴行・脅迫が財物の取得又は財産上の利益を得るための手段とされている点において、強盗罪（刑法236条）と共通の性質を有している。

第1項の財物恐喝罪の客体

①　他人が占有する他人の財物である。

②　自己の財物であっても、他人の占有に属しているか又は公務所の命令によって他人が看守しているものは、他人の財物とみなされる（刑法251条・242条）。

判例

○ 盗品も、本罪の客体となり得る。 (最判昭24.2.8)

第2項の利益恐喝罪の客体

① 第2項の利益恐喝罪の客体は、財産上の利益である。

② 財物以外の財産的利益を意味し、2項強盗罪や2項詐欺罪にいう財産上の利益と同一である。

③ 積極的財産の増加であるか、消極的財産の減少であるかを問わない。

④ 利益の取得は、一時的であると永久的であるとを問わない。

恐喝罪の行為

人を恐喝して財物を交付させ（1項恐喝）又は財産上不法の利益を得、若しくは他人にこれを得させる（2項恐喝）ことである。

1項恐喝　　　　　　　　　　2項恐喝

用語 「恐喝」とは

財物の交付又は財産上の利益を供与させる手段として、人を畏怖させるに足りるような行為をすることである。

恐喝行為の手段

① 主に暴行・脅迫が用いられる。

② 本罪は、相手方の瑕疵ある意思表示に基づく財産的処分行為により財物又は財産上の利益を取得するものである。

③ その程度は、人に畏怖の念を生じさせるものでなければならず、かつ、それで

足りる。

④　困惑を生じただけでは、畏怖の念を欠いているので恐喝罪は成立しない。

⑤　恐喝罪の暴行・脅迫は、人に畏怖の念を生じさせる程度のものであればよいが、強盗罪は、相手方の反抗を抑圧する程度に至ることを必要とする。

判　例

　　○　所有又は所持が禁止されている禁制品や不動産も本罪にいう財物である。

　　　　　　　　　　　　　　　　　　　　　　　　　　　　　　　　　（最判昭25.4.11）

　　○　土地所有者を恐喝した場合は、登記の完了又は現実に引渡しが行われなければ財物の交付が行われたことにはならず、1項恐喝罪は成立しないので、その所有権者を恐喝して所有権移転の意思表示をさせただけの場合は、2項恐喝罪となる。

　　　　　　　　　　　　　　　　　　　　　　　　　　　　　　　　　（大判明44.12.4）

恐喝と強盗を区別する判断基準について

①　被害者に対して加えられた暴行・脅迫が、どちらの罪の暴行・脅迫に当たるかは、その暴行・脅迫が、社会通念上、被害者の反抗を抑圧するに足りる程度のものであるか否かという、客観的基準によって決まる。

②　その判断は、個々の事案ごとに行為時の客観状況（犯行の時刻・場所等）、被害者と加害者との関係（年齢・体力・性別等）、あるいは凶器使用の有無など、各種事情を総合的に考慮した上で、具体的状況に即して行うべきものである。

判 例

○ 他人に暴行又は脅迫を加えて財物を奪取した場合に、それが恐喝罪となるか強盗罪となるかは、その暴行又は脅迫が、社会通念上一般に被害者の反抗を抑圧するに足る程度のものであるかどうかという客観的基準によって決せられるのであって、具体的事案の被害者の主観を基準として、その被害者の反抗を抑圧する程度であったかどうかということによって決せられるものではない。　　　　　　　　　（最判昭24.2.8）

脅迫とは

① 一般に、人を畏怖させるに足りる「害悪の告知」である。

② 本罪の脅迫は、相手方自身又はその親族の法益に対する加害の告知行為だけに限られないから、友人その他の第三者の法益に対する加害の告知でも、それが相手方を畏怖させるものであれば、恐喝行為に当たる。

判 例

○ 恐喝罪における害悪の通知は、脅迫罪における害罪の告知と異なり、人の生命・身体・自由・名誉・財産に対する加害の通告を内容とするものに限られず、人をして畏怖又は嫌悪の念を生じさせて自由な意思の実行を制限するものであれば足りる。
　　　　　　　　　（大判大5.6.16）

○ 家人に内密で愛人を囲っている事実を摘発する旨の通告は、人を畏怖させるに足りる害悪の告知として、恐喝罪の手段としての脅迫に当たる。　　　（大判大5.6.16）

○ 人に不利益な記事を新聞紙上に掲載する旨の通告は、人を畏怖させるに足りる害悪

の告知として、恐喝罪の手段としての脅迫に当たる。　　　　　　　（大判昭 8 .11.30）

○　金品を交付させるための手段として用いられた要求行為が、それ自体だけでは相手方を畏怖させるに足りないものであっても、行為者の職業・地位等他の事情とあいまって、相手方を畏怖させることができる内容である場合には、当該要求行為は恐喝行為に当たる。　　　　　　　　　　　　　　　　　　　　　　　　　（大判昭12. 3 . 3 ）

○　被告人の被害者に対する金銭要求について、被告人の認識においては権利行使の面も有していた疑いが残り、権利行使とみる余地がない旨の原判決の判断には賛同できないが、暴力団としての威力を示すなどの行為態様をみると、権利行使として社会通念上忍容すべき程度を逸脱するものである。　　　　　　　（東京高判平24.10.30）

「害悪の告知」の違法性の必要性

　害悪の内容それ自体が違法なものである必要はなく、その告知が財物又は財産上の利益を得る目的で人を畏怖させるものであればよい。

判　例

○　他人の犯罪事実を知る者が、これを捜査官憲に申告すること自体は違法ではないが、これをたねにして犯罪事実を捜査官憲に申告すると申し向けて畏怖させ、口止め料として金品を提供させることは、恐喝罪に当たる。　　　　　　（最判昭29. 4 . 6 ）

「害悪の実現性」の必要性

①　一般に実現可能と思わせるものであればよく、その害悪の内容を実現する可能性が本当に存在するか否か、行為者がその害悪実現の意思をもっていたか否か、また、告知内容が真実であるか否かを問わない。

②　恐喝者が影響力を及ぼし得ない害悪の到来を通知することは、害悪の告知とはいえない。

③　単に「天罰が下る。」とか「神仏の怒りに触れるぞ。」とか称し、天災地変又は吉凶禍福を説いて財物を交付させても、恐喝罪は成立しないことになる。

判 例

○ 祈とう師が自己の願力によって神罰を左右し得るがごとく説き、これを信ずる者を畏怖させて祈とう料・供物を交付させた場合には、害悪の内容が虚偽であったとしても、詐欺罪ではなく恐喝罪が成立する。　　　　　　　　　（広島高判昭29.8.9）

害悪の告知方法について

① 　恐喝者自らが直接に害を加えるという趣旨の通知である必要はなく、第三者の行為によって害悪が加えられる旨の通知であってもよい。

② 　現実に恐喝者が第三者の行為の決意に対して影響を与える立場にあること、恐喝者と第三者との間に共謀関係があること及び害悪を加える第三者が誰であるかを相手方に知らせることなどは必要でない。

③ 　害悪を告知する手段・方法には制限がないから、言語や文書による明示の害悪告知はもとより、危害を加える気勢を示す無言の動作や暗黙の告知、自己の性行・経歴・職業等を暗示する行為も、恐喝行為に当たる。

判　例

○　第三者の行為による害悪を告知して行う恐喝は、恐喝者において、自己が第三者の行為の決意に対して影響を与え得る立場にあることを知らせるか又は相手方がこれを推測できなければならない。　　　　　　　　　　　　　　　　　　　（大判昭5.7.10）

○　害悪の告知が、犯人によって直接危害を加えるというものでなく、第三者の行為により害悪のくることを通告する場合にも恐喝罪は成立し、この場合、犯人とその第三者との間に共謀関係があることを要しない。　　　　　　　　　　　　　（大判昭7.3.18）

○　恐喝罪における害悪通知の方法には制限がなく、言語によると文書によると、動作によるとを問わない。　　　　　　　　　　　　　　　　　　　　　　　（最決昭33.3.6）

1項恐喝罪の「財物の取得」とは

①　暴行・脅迫を行い、畏怖に基づく財物の交付により財物を取得することをいう。

②　通常の場合、犯人が被害者自身から財物を差し出されて受け取るという態様の例が多いが、必ずしもその態様だけに限られない。

③　喝取があったとするためには、恐喝行為によって相手方に生じた畏怖に基づき、財物を交付したという因

果関係が必要であり、恐喝行為を原因としない畏怖に基づくときには、恐喝罪は成立しない。

④　「畏怖」は、恐喝行為のみを原因とするものであることを必要としないから、相手方が畏怖しているのに乗じて、財物を更に交付させるために新たに畏怖の念を確実にする行為をして財物の交付を受けた場合には、恐喝罪が成立する。

⑤　恐喝者と全く無関係な第三者に財物を交付させた場合には恐喝罪は成立しないが、財物の交付を受ける者が恐喝者自身であることは必ずしも要しない。

第三者に対する交付行為について

　1項恐喝の条文には、2項恐喝の条文と異なり、「他人にこれを得させた」との明文が存しないが、恐喝行為者以外の第三者に財物を交付させた場合であっても、恐喝行為者と現実に財物の交付を受ける者が特殊な関係にあるときは、恐喝罪にいう「財物を交付させた」と解される。

判例

- ○ 恐喝罪は、被恐喝者が財物を提供するのを待たず、その畏怖し黙認しているのに乗じ、恐喝者が自ら財物を奪取した場合にも成立する。 (最判昭24.1.11)
- ○ いきなりひったくった上、相手を脅して返還要求を断念させる態様も、財物交付を受ける態様に当たる。 (大阪地判昭42.11.7)
- ○ 財物を交付させる目的で脅迫したのではなく、相手方が他の事情で既に畏怖し、その害悪を免れるために財物を交付したのを、その情を知ってこれを受領したにすぎない場合には、恐喝罪とはならない。 (大判大11.11.7)
- ○ 恐喝者の同伴者が、被害者から財物の交付を受けた場合には、恐喝罪が成立する。 (大判昭10.9.23)

「恐喝罪における財物の交付」と「詐欺罪における財物の交付」について

① その原因が相手方の畏怖に基づく財産的処分行為にあるか、相手方の錯誤に基づく財産的処分行為にあるかという点だけが異なる。

② したがって、詐欺罪における「特殊な関係の第三者」の概念は、恐喝罪における第三者の範囲にそのまま当てはまる。

③ これらの第三者に対して財物が交付された場合には、恐喝者がたとえ直接に財物の交付を受けなくても、自分が交付を受けた場合と同様に評価される。

④ 特殊な関係にある第三者の範囲について、詐欺罪に関し、次の3つの要件のうちのいずれかに該当する者でなければならないとしている。

ア 情を知らずに道具として行動する第三者

イ 人を欺く行為を行う者の代理人として、その利益を図って財物を受領する第三者

ウ 人を欺く行為を行う者が、第三者の利益を図って財物を取得させるなど、特殊な事情がある場合における当該第三者

財物の交付の時期・方法・動機について

① 財物交付の時期等は問わない。

② したがって、被害者が畏怖した時期と財物を
交付した時期との間に時間的隔たりがあっても、
財物の交付が第三者を介して行われても、恐喝
行為と財物の交付との間に因果関係が認められ
れば、恐喝罪は成立する。

判 例

○ 欺く手段により犯人自ら財物を取得して、これを第三者に交付した場合に、詐欺罪
が成立するためには、その第三者が情を知らず犯人の機械であるにすぎないか、若し
くは犯人の代理者としてその利益のために犯罪の目的物である財物を受領するか、犯
人が財物の交付により第三者に利得させる目的に出たというような特殊な事情がなけ
ればならない。 (大判大 5 . 9 .28)

第249条 (恐喝)

2 前項の方法により、財産上不法の利益を得、又は他人にこれを得させた
者も、同項と同様とする。

---

2 項恐喝罪の「財産上の利益の取得」とは

畏怖に基づく相手方の財産的処分行為により、財産上の利益を不法に取得するこ
とをいう。

処分行為について

① 明示的なものだけに限られず、黙示の処分行為であってもよい。

② 財産的処分行為は、何らかの財産上の利益を供与することを内容とする任意の
意思表示であるから、畏怖に基づくとはいえ、真意の意思表示でなければならな
い。

③ 単に、その場逃れの口実として何らかの財産上の利益を供与することを約束し
たにすぎない場合は、真意がないので財産上の利益を不法に得たものとは解され
ない。

④ 恐喝行為と財産上の利益の取得との間に、因果関係が存在しなければならない
ことは、1 項恐喝罪の場合と同様である。

処分行為者について

① 被恐喝者と、財物等の交付者とは、一般的には同一である。

② 両者が同一であることは本罪の成立要件ではないから、被恐喝者と財物等の交付者が別人であっても、本罪は成立する。

③ 恐喝罪は、財物奪取等の手段として相手方に暴行・脅迫を加えることを成立要件とする犯罪であるので、「財物に対する占有又は財産上の利益に対する支配」だけが本罪の保護法益ではなく、「人の身体の安全又は意思決定の自由」も本罪の保護法益に含まれる。

④ 被恐喝者と財産上の被害者が異なる場合で本罪が成立するときは、財物等の交付者のほか、被恐喝者も被害者となる。

判例

○ 飲食代金を請求されたのに対して、相手を脅迫して支払請求を一時断念させた場合には、支払猶予の処分行為が存在するものと認められ、恐喝罪が成立する。

（最決昭43.12.11）

○ 恐喝罪は、財産に対する犯罪であり、原則として財産上の損害を被った者が被害者となることから、法人所有の財産を喝取する目的でその法人の取締役に対して恐喝行為を行って財物を交付させた場合には、法人（会社）を被害者とする恐喝罪が成立する。

（大判大 6 . 4 .12）

恐喝罪の着手時期

① 行為者が、財物又は財産上の利益を不法に取得する目的で恐喝行為を開始したときである。

② 恐喝行為が開始されれば足り、相手方が畏怖したことを要しない。

③ 恐喝罪の実行行為は、被害者又は被害者の財産を処分し得る権限を有する者に対して、直接に恐喝行為を行った場合にだけ認められるものではない。

④ 恐喝文書を郵送する方法によって名宛人を恐喝する場合、被利用者たる郵便局員が恐喝文書を受信人方に配達し、受信人においてその内容を認識できる状態に置いた時点が、実行の着手時期である（被利用者基準説）。

恐喝罪の成立要件

① 恐喝罪が既遂に達するためには、行為者の恐喝行為によって相手方が畏怖し、その畏怖に基づいて財産的処分行為がなされ、その結果、財物又は財産上の利益が犯人又は第三者に移転することを要する。

② 恐喝罪は、窃盗罪や詐欺罪などの財産犯と同じ領得罪であるから、本罪が成立するためには、人を恐喝すること及びそれに基づいて財物を交付させることについて認識・認容する「故意」のほかに、「不法領得の意思」が犯人になければな

らない。

③ 恐喝罪には、恐喝行為と財物の取得の間に因果関係が存在しなければならないから、恐喝手段が加えられ財物の交付がされたとしても、相手方がその恐喝行為によって畏怖心を生じたのではなく、他の理由から財物を交付したときには、恐喝の未遂である。恐喝罪は、この点において、強盗罪と異なる。

判 例

○ 恐喝行為により相手方が畏怖しなかったときは、恐喝罪の未遂となる。

(大判大 2 .12.10)

○ 恐喝罪は、会社の庶務係に対して恐喝を行い、その者に重役に通達させ、間接的に恐喝する場合においても成立し、この場合の実行の着手は、庶務係を恐喝したときである。

(大判昭11. 2 .24)

○ 甲が乙に恐喝され、金員を差し出すことを約束したが、その後、丙の意見を聴き畏怖の念を脱却し、反対に乙の罪跡を確かめるため、内金と称して金員を差し出した場合、乙がこれを収受したとしても恐喝の未遂である。

(大判明33. 2 . 1)

○ 被害者の反抗を抑圧するに足る暴行・脅迫を加えたが、被害者が気丈な者であるため反抗を抑圧されず、無用の争いを避けるためとか犯人を哀れむなどの理由により財物を交付した場合でも、犯人の暴行・脅迫と財物領得との間には因果関係があるとして強盗罪の既遂が認められるのに対し、恐喝の被害者が同様の理由で財物を交付した場合には、因果関係がなく、恐喝未遂となる。

(最判昭24. 2 . 8)

恐喝罪の主観的要件である「不法領得の意思」について

① 恐喝罪における「不法領得の意思」とは、窃盗罪と同様に、権利者を排除して他人の物を自己の所有物と同様にその経済的用法に従い利用又は処分する意思である。

② いわゆる使用窃盗について、通説・判例は、不法領得の意思の一部をなす「権利者排除の意思」が欠けるので、窃盗罪の成立を否定している。

③ しかし、恐喝罪においては、一時使用の後に目的物を返還するとの意思に基づく場合であっても、相手の意思を暴行・脅迫によって制限し、財物を奪取しているのであるから、「権利者排除の意思」が客観的かつ明白に認められる。

④ したがって、暴行・脅迫を用いて財物の交付を受けた以上、目的物を一時的に使用した後に返還する意思があったとしても、恐喝罪が成立する。

> 判 例
>
> ○ 交付を受けた財物を後日返還する意思があるか否かは、恐喝罪の成否に関係がない。
>
> （福岡高判昭27.2.28）

「財産の損害」の必要性

① 恐喝罪も財産罪であるから、財産上の損害の発生が本罪の成立要件となる。

② 恐喝罪は、個々の財物又は財産上の利益を客体として、その財物・財産上の利益に対する占有又は支配を侵害する罪である。

③ したがって、個別財産の占有又は支配を喪失したことが財産上の損害となるのであり、被害者の財産自体の減少（すなわち実害）が要件となるのではない。

> 判 例
>
> ○ 恐喝者が相当の対価を相手方に支払ったため、相手方が実質的損害（実害）を被らず、その全体財産は何ら減少しなかったとしても、いやしくも被害者が当該財物に対する占有を喪失した以上、財産上の損害を被ったのであるから、恐喝罪が成立する。
>
> （大判明44.12.4ほか）

不法原因給付と恐喝罪の関係

　公序良俗に反する行為を保護することになり不当であるとして、恐喝罪の成立を否定する説もあるが、判例は、恐喝罪の成立を認めている。

> 判｜例
>
> ○　恐喝手段を用いて売春婦から請求された売淫の支払を免れた場合は、恐喝罪が成立する。
> (名古屋高判昭25.7.17)

権利者の請求行為と恐喝罪の関係

① 　法律上、他人から財物又は財産上の利益を取得する権利を有する者が取得の手段として恐喝を行い、財物又は財産上の利益を取得した場合に恐喝罪が成立するかという点が問題となる。

② 　最高裁は、権利行使の方法が社会通念上、認容される程度を超えた恐喝行為により債権回収行為を行った場合には、その金額にかかわらず、債務者から交付を受けた金額の全てに対し、恐喝罪が成立するとしている（最判昭30.10.14）。

③ 　この判例は、恐喝の成否に関する指導的判例として現在に至っている。

④ 　なお、無権利者が権利行使を仮装したに過ぎない場合や、正当な権利者が権利を行使する意思ではなく、単に権利行使を口実にして恐喝行為を行った場合には、当然に恐喝罪が成立する。

> 判｜例
>
> ○　権利行使の方法として一般に認容される程度を逸脱した恐喝手段を用いた場合には、債権額のいかんにかかわらず、債務者から交付を受けた金員の全額につき恐喝罪が成立する。
> (最判昭30.10.14)

28

横領に関する罪

―横　領　罪―

> 第252条（横領）
> 1　自己の**占有**する**他人の物**を横領した者は、5年以下の懲役に処する。
> 2　自己の物であっても、公務所から保管を命ぜられた場合において、これを横領した者も、前項と同様とする。

横領罪とは

① 自己の占有する他人の財物を、不法に取得する犯罪である。

② 財物罪である点においては、窃盗罪（刑法235条）、強盗罪（刑法236条）、詐欺罪（刑法246条）、恐喝罪（刑法249条）と同じであるが、他人の占有する財物を不法に領得する犯罪（奪取罪）ではない点において、窃盗罪等と区別される。

横領罪の区別

① 単純横領罪（刑法252条）、業務上横領罪（刑法253条）、占有離脱物横領罪（刑法254条）がある。

② 単純横領罪と業務上横領罪は、他人から委託されて占有する他人の財物を不正に取得する犯罪であり、両者を総称して委託物横領罪と呼んでいる。

横領罪の性格

① 横領罪は、財物を委託した相手方と委託された者（犯人）との間の信頼関係を破って行われるところに本質があり、その点では背任罪と共通した性格をもっている。

② 同じ横領の罪の一種である占有離脱物横領罪は、信頼関係を前提としない点において委託物横領罪や背任罪とは異なる性質のものであり、本質的には、窃盗罪に類似する領得罪で

ある。

横領罪の主体

① 他人の物を占有する者又は他人の物を業務上占有する者である。

② 本罪は、身分犯の一種である。

横領罪の客体

① 自己の占有する他人の物（公務所から保管を命ぜられた自己の物を含む（刑法252条2項））又は業務上自己の占有する他人の物である。

② 委託によって自己が占有するに至った物又は業務の性質上、他人のために占有する物である。

判 例

○ 物とは、財物を意味するが、窃盗罪における財物の意義とは異なり、必ずしも、動産である必要はなく、不動産もここにいう物に含まれる。 （大判明35.7.3）

用 語 「占有」とは

① 窃盗罪などにおける占有と基本的には同じである。

② しかし、窃盗罪における占有が事実上の支配内に限られるのに対し、横領罪における占有は窃盗罪における占有よりも広く、事実上の支配内だけでなく法律上の支配内にあるものも含む。

判 例

○ 横領罪にいう「占有」とは、必ずしも物の握持のみを指すものではなく、事実上及び法律上、ひろく物に対する支配力を有する状態をいう。 （大判大4.4.9）

○ 他人の金員を委託されて保管する者が、保管の方法として銀行などの金融機関に預け入れているときであっても、支配関係に影響しない。 （大判大元.10.8）

○ 不動産の所有権が売買によって買主に移転したとしても、登記簿上の所有名義がなお売主にあるときは、いまだ売主が法律上の占有権を有する。 （最判昭34.3.13）

○ 仮装の売買により、登記簿上、土地・建物の所有名義を有する者は、他人の物の占有者である。 （大判明45.5.2）

横領罪における「委託信任関係」について

① 本罪における占有の基礎には、所有者と行為者との間に委託信任関係がなけれ

ばならない。

② 　委託によらないで偶然に自己の支配内に入ってきた物は、占有離脱物横領罪の客体となることはあっても、本罪の客体となることはない。

③ 　委託信任関係が生ずる原因としては、法令の規定、契約（使用貸借、賃貸借、委任、寄託）、事務管理などによる場合に限らず、取引上一般に容認されている慣習、条理、信義則等の信任関係による場合であってもよい。

用語　「他人の物」とは

① 　行為者以外の者の所有物をいい、その所有者が自然人であると法人であるとを問わない。

② 　行為者自身の所有物であっても、公務所からその保管を命ぜられた場合には、刑法第252条第2項の規定によって横領罪の客体となる。

③ 　「公務所から保管を命ぜられた自己の物」には、執行官から差押えを受け保管を命ぜられた物や、刑事訴訟法の規定（刑訴法121条1項・222条）により所有者に保管させられた押収物などがある。

判例

○ 　横領罪が成立するためには、物の占有の原因が委託関係に基づくことを要するけれども、その委託関係は、必ずしも当事者間の委託行為による場合に限らず、信義誠実の原則上、委託関係があるとみられる場合をも包含する。　（仙台高判昭28.10.19）

○ 　他人所有の建物を同人のために預かり保管していた者が、金銭的利益を得ようとして、同建物の電磁的記録である登記記録に不実の抵当権設定仮登記を了したことにつき、電磁的公正証書原本不実記録罪及び同供用罪とともに、横領罪が成立するとされた。　（最決平21.3.26）

―業務上横領罪―

第253条（業務上横領）

業務上自己の占有する他人の物を横領した者は、10年以下の懲役に処する。

業務上横領罪とは

① 物の占有が、占有者の業務遂行に伴うものであるときには、その占有は、業務上の占有である。

② 当該客体に対する横領行為は、単純横領罪の特別罪である業務上横領罪として刑が加重される。

③ 業務関係に基づく占有物についての横領行為は、通常、犯人と多数人との間の信頼関係を破るものである点においてその法益侵害の範囲が広く、また、頻発のおそれが多いことなどから、加重処罰の必要が認められるのである。

用 語 「業務」とは

① 人の社会生活上の地位に基づいて反復・継続して行われる事務をいう。

② ここにいう業務も、基本的には、業務上過失致死傷罪（刑法211条）における業務の意義と共通の観念であるが、人の生命・身体に対する危険性を伴う必要のない点において異なる。

③ したがって、本罪における業務は、反復・継続性を有するものであればよく、刑法上の業務中、最も広い内容になる。

判 例

○ 本条の「業務」とは、職業若しくは職務を汎称し、法令によると慣例によると、また、契約によるとを問わない。　　　　　　　　　　　　　　　（大判明44.10.26）

○ 本条にいう「業務」とは、職務若しくは職業として継続的に行う一定の事務の汎称

で、その事務の性質が継続的であること、若しくはその事務をもって収入の目的とすることを必要としない。　　　　　　　　　　　　　　　　　　　　　（大判明45.3.4）

○　本条にいう「業務」とは、一定の事務を常業として行うことをいい、その事務は、法令によると慣例によると契約によるとを問わず、本務、兼務、委託事務等のすべてを含む。　　　　　　　　　　　　　　　　　　　　　　　　（東京高判昭39.1.21）

業務上横領罪の主体

　他人の物を占有する身分と、業務上占有する身分を必要とする、いわゆる「二重の身分犯」である。

業務上横領罪の行為

①　横領することである。

②　本罪にいう横領とは、自己の占有する他人の物（公務所から保管を命ぜられた自己の物を含む。）又は自己が業務上占有する他人の物を不法に領得することである。

判　例

○　雇用関係が既に終了した後でも、後任者に事務を引き継ぐまでは物に対する業務上の保管責任は依然として存続すべきであるから、その事務引継前に保管した物件を横領するときは、業務上横領罪が成立する。　　　　　　　　　　（大判大11.8.3）

○　業務者が単独に占有する物を横領するとき、その物の占有に関係のない非業務者が加功した場合については、真正身分犯として刑法65条1項により業務上横領罪の共同正犯となるが、業務上の身分がないことから同条2項によって単純横領罪の刑が科せられるべきである。　　　　　　　　　　　　　　　　　　（最判昭32.11.19）

不法原因に基づく委託物の場合

　不法な委託物であっても、自己の占有する他人の物であるから、これを横領した場合には、横領罪（若しくは業務上横領罪）が成立する。

判 例

○ 不法原因給付により委託者が返還請求権を有しない物件であってもその物件の所有権を失うものでないから、給付された財物は受給者にとっては「自己の占有する他人の物」である。したがって、受給者がこれをほしいままに領得する行為は、横領罪を構成する。　　　　　　　　　　　　　　　　　　　　　　　（大判大 2 .12. 9 ）

○ 公務員に贈賄するように依頼されて預かった金員を、贈賄しないで費消すれば、横領罪が成立する。　　　　　　　　　　　　　　　　　　　　　　　（最判昭23. 6 . 5 ）

横領罪の既遂時期

① 不法領得の意思が行為者の内心的なものから一歩進んで、それが客観化されたときに既遂に達する。

② したがって、横領罪では未遂があり得ないし、中止犯が成立する余地もない。

判 例

○ 不法領得の意思が確定的に外部に表現されたときに横領の実行行為の着手があり、しかも、それと同時に既遂に達する。　　　　　　　　　　　　　（大判大 4 . 2 .19）

○ 自己の占有する他人の物を売り渡そうとする行為があれば、相手方がこれを買い受ける意思表示をすることを待たずして、横領罪は既遂に達する。　（大判大 2 . 6 .12）

横領罪の故意

　行為者が自己の占有する他人の物（又は公務所から保管を命ぜられた自己の物）を不法に処分することを認識・認容することである。

判 例

○ 横領罪の成立に必要な不法領得の意思とは、他人の物の占有者が委託の任務に背いて、その物につき権限がないのに所有者でなければできないような処分をする意思をいう。　　　　　　　　　　　　　　　　　　　　　　　（最判昭24. 3 . 8 ）

本罪の主観的要件

① 故意のほかに不法領得の意思を必要
とするというのが通説・判例の立場で
あるから、不法領得の意思のない場合
には、横領罪は成立しない。

② したがって、単に目的物を毀棄・隠
匿するだけの意思に出た場合、あるい
は、単に一時使用する目的で保管物を
使用した場合は、横領罪を構成しない。

③ 不法領得の意思は、目的物を自己の
ために領得する意思に限らず、第三者
のために領得する意思も含まれる。

判例

○ 村長が行った、保管中の公金を指定外の経費に流用した行為の真意が村のために行っ
たと認められるときは、横領罪は成立しない。 （大判大 3 . 6 .27）

○ 横領罪は、他人の物を保管する者が、他人の権利を排除してほしいままにこれを処
分すれば、それによって成立するものであることは明らかであり、必ずしも自分の所
有となし、若しくは自分が利益を得ることを要しない。 （最判昭24. 6 .29）

○ 株式会社の取締役経理部長が、会社の株式の買占めに対抗するための工作費用とし
て会社の資金を第三者に交付した事案につき、自己の弱みを隠す意図等をも有してい
たなど交付の意図は専ら会社のためにするところにはなく、業務上横領罪における不
法領得の意思があったと認められた。 （最決平13.11. 5 ）

○ 代替物であっても、受託者がほしいままにこれを他の代替物と取り替えたときは、
その受託物全部について横領罪が成立する。 （大判明43. 9 .27）

○ 共有金を占有する共有者が、自己のため共有金の一部を費消したときは、占有する
共有金の全額について横領罪が成立する。 （大判昭 9 . 4 .23）

○ 横領罪が既遂後に損害を補てんする行為は、犯罪の成否に影響を及ぼすものではな
いから、行為者が事後に横領物を返還や弁償をしても、本罪の成立に影響を与えない。
（大判大 2 .11.25）

○ 債権者との間に示談が成立し、債権者に損害がなかったとしても横領罪の成否に影
響がない。 （大判昭 6 .10.16）

―占有離脱物横領罪―

第254条（遺失物等横領）

遺失物、漂流物その他占有を離れた他人の物を横領した者は、1年以下の
懲役又は10万円以下の罰金若しくは科料に処する。

占有離脱物横領罪の意義

①　遺失物、漂流物その他占有を離れた他人の物を横領することによって成立する。

②　本罪は、占有の侵害も他人の信頼に対する侵害をも伴わない最も単純な形態の領得罪である。

③　すなわち、占有の侵害を伴わない点では委託物横領罪と共通するが、他人との信頼関係を前提としない点で異なっている。

占有離脱物横領罪の客体

　「占有を離れた他人の物」である。

用|語）「占有を離れた他人の物」とは

①　占有者の意思によらないでその占有を離れ、誰の占有にも属さない物を意味し、条文中にある遺失物・漂流物は、例示である。

②　他人の実力的支配が及ぶ場所に置き忘れられた物は、その場所の支配者の占有に移り、占有離脱物にはならない。

③　その他の占有離脱物の例としては、犯人が誤って占有した物（例えば、古紙回収業者が買い入れた紙くず中に混入していた現金、誤って配達された郵便物）、偶然に自己の占有に帰した物（例えば、風で飛んできた隣家の洗濯物）などがある。

④　無主物は、本罪の客体にならない。

判|例

　○　電車や汽車内に乗客が置き忘れた携帯品は、遺失物である。　　（大判大15.11. 2）
　○　管理者が存在する場所であっても、その管理・支配の程度が弱い場所に遺失された物は、ここにいう遺失物である。　　　　　　　　　　　　　　（大判大 2. 8.19）
　○　旅館内に客が置き忘れた品物などは、旅館主の占有に帰属し、遺失物ではないから、これを第三者が不法に領得するのは占有離脱物横領ではなく窃盗である。
　　　　　　　　　　　　　　　　　　　　　　　　　　　　　　　（大判大 8. 4. 4）
　○　本罪の客体たる占有離脱物は、他人の所有に属するものであれば足り、その所有権の帰属が明らかである必要はない。　　　　　　　　　　　　　（最判昭25. 6 .27）

占有離脱物横領罪の行為

　横領することである。本罪にいう横領とは、不法領得の意思をもって占有離脱物を自己の事実上の支配内に置くことであって、委託信頼関係を破るという要素を含まない。

占有離脱物横領罪の既遂時期

① 　占有離脱物であることを知りながら、不法領得の意思をもってこれを拾得すれば、理論上はそのときに本罪が成立することになる。

② 　しかし、本罪の場合にも、委託物横領罪の場合と同様に、不法領得の意思が外部的に発現したときが犯行の着手であり、かつ、既遂時期となる。

③ 　当初は不法領得の意思がなく、例えば、遺失者に返還し又は警察署長に差し出すつもりで拾得した者（遺失物法 4 条 1 項）が、後に不法領得の意思を生じ、その客観化とみられる行為（隠匿・費消・売却等）をしたときは、その時点で本罪が成立する。

判 例

　　○ 横領の行為は、犯人が他人の物を自己の物として不正に領得する意思を有し、この意思があると認め得る外部行為を実行したことのみをもって足り、必ずしもその目的物に対し、消費、交換、贈与等の処分行為をなすことを要しない。（大判明43.12. 2 ）

■横領罪■

設問1

甲は、乙から「暗証番号を教えるからキャッシュカードで3万円を下ろしてきて」と頼まれたため、銀行に行って現金を下ろす際、5万円を下ろして3万円を乙に渡し、2万円を着服した。甲の刑責は何か。

【結　論】横領罪と窃盗罪の刑責を負う。

【争　点】窃盗罪か横領罪かあるいはその両方が成立するか。

【関係判例】

○　最判昭和24.3.8

○　東京高判昭和55.3.3

【理　由】

○　乙は甲に対し「3万円を引き出すためにカードを使ってよい」と委託したにもかかわらず、甲は委託に反してカードを使用したのであるから、カードに対する横領罪が成立する。

○　3万円を引き下ろす行為は、横領罪の不可罰的事後行為ではなく、現金の取得について窃盗罪が成立し、両罪は併合罪となる。

設問 2

マンションの自治会の会計担当をしていた甲は、買い物をするために自治会費を勝手に使い込んだ。甲の刑責は何か。

【結　論】業務上横領罪の刑責を負う。

【争　点】単純横領か業務上横領か。

【理　由】業務上横領罪における「業務」とは、社会生活上の地位に基づいて反復、継続して行われる事務であればよく、本来の職業に限られず、報酬を得るための事務である必要はなく、法令等の業務の根拠の有無も問わず、他人に代わって行う事務であってもよいことから、甲は業務上横領罪の刑責を負う。

設問 3

甲は、自宅に間違って配送された乙の郵便物を勝手に自分のものとした。甲の刑責は何か。

【結　論】遺失物横領罪の刑責を負う。

【争　点】窃盗罪か単純横領罪か遺失物横領罪か。

【関係判例】大判明治45. 4 .26

【理　由】郵便物が間違って配達された場合、郵便配達員の郵便物自体に対する占有と、差出人の内容物に対する占有が失われることから窃盗罪は成立せず、委託関係もないことから単純横領罪も成立しない。よって遺失物横領罪が成立する。

29 盗品等に関する罪

第256条（盗品譲受け等）
1 　盗品その他財産に対する罪に当たる行為によって領得された物を無償で譲り受けた者は、3年以下の懲役に処する。
2 　前項に規定する物を運搬し、保管し、若しくは有償で譲り受け、又はその有償の処分のあっせんをした者は、10年以下の懲役及び50万円以下の罰金に処する。

盗品等領得物罪とは

① 　本罪は、強・窃盗罪などの財産犯罪が先行して存在することを前提とし、その不法領得物に対する関与行為を処罰しようとするものであるから、その意味においては、本犯の幇助的な性格を有する。

② 　また、犯人蔵匿等罪（刑法103条）及び証拠隠滅等罪（刑法104条）と同様、犯人庇護的な性格を持っている。

③ 　本罪は、現行法上、窃盗、強盗、詐欺、恐喝、横領等の罪の次に、また、毀棄、隠匿の罪の前に規定されていること、さらに、その構成要件として本犯を幇助することなどを必要としていないことから、独立した財産罪である。

盗品等領得物罪の性格

　本罪の性格は、追求権説、違法状態維持説、利益関与説、事後従犯説など見解が分かれているが、通説・判例は、本罪は盗品等に対する被害者の追求・回復を困難にする犯罪であるとして、追求権説の立場を採っている。

判｜例

　○ 　本犯の行為は、財産罪である犯罪行為に限定され、ぞう物罪の成否は、私法上の返還請求権の有無によって決せられる。 　　　　　　　　　（最判昭23.11.9）

盗品等領得物罪の主体

① 法は、何らの制限も加えてはいないが、盗品等領得物罪は、他人（本犯）が不法に領得した財物について成立する犯罪であるから、自己の犯罪によって領得した財物を処分する行為は、通常、不可罰的事後行為となり、重ねて盗品等領得物罪が成立するものではない。

② したがって、本犯の正犯者は、共同正犯の場合も含めて、本罪の主体とはなり得ない。

盗品等領得物罪の客体

盗品等である。

> 判　例
>
> ○　本犯の教唆者・幇助者は、本犯の実行行為を分担するのではないので、本罪の主体となり得る。
> （最判昭24.10.1）

用語　「盗品」等とは

① 盗品その他財産に対する罪に当たる行為によって領得された物のことをいう。

② 例えば、

　ア　収賄罪によって収受された賄賂

　イ　賭博罪によって取得された財物

　ウ　通貨偽造罪・文書偽造罪によって作成された偽造通貨・偽造文書

　エ　墳墓発掘罪によって取得された死体

　オ　漁業法違反の行為によって取得された魚貝類

　等はこれに当たらない。

③ 盗品等は、あくまでも財物でなければならないので、いわゆる財産上の利益はこれに当たらない。

④　不動産は、不動産侵奪罪（刑法235条の２）、詐欺罪（刑法246条）、恐喝罪（刑法249条）、横領罪（刑法252条）等の客体となる財物とされているから、当然盗品等となり得るが、不動産の性質上、盗品等運搬罪は成立し得ない。

⑤　財産罪によって領得された財物が盗品等となるが、ここにいう犯罪行為は、構成要件に該当する違法な行為であれば足り、有責であることを必要としない。

⑥　例えば、

　ア　本犯が14歳未満の刑事未成年者である場合

　イ　本犯が親族間の犯罪に関する特例の適用によって刑の免除を受ける場合

　ウ　本犯の公訴時効が完成した場合

でもよいし、

　エ　本犯が起訴若しくは処罰されたことも必要としない。

判 例

　○　ぞう物は、不法に領得された物件で、被害者が法律上それを追求することができるものを汎称する。　　　　　　　　　　　　　　　　　　　　　　（大判大12.4.14）

盗品等領得物罪の成立要件

①　盗品等領得物罪が成立するためには、本犯の犯罪行為が既遂に達していることが、前提要件となる。

②　本犯の行為が未遂やそれ以前の状態にあるときに、盗品等領得物罪所定の各行為を行った者は、本犯の共犯となることがあっても、盗品等領得物罪の刑責を負うことはない。

③　盗品等は、被害者が法律上追求できるものでなければならないから、被害者がこの追求権を持たない場合、又はその権利を失った場合には、盗品等領得物ではなくなる（ぞう物性が失われる）ことになる。

④　不法原因給付であって、当初から被害者（給付者）にその物の返還請求権がない場合、その物がぞう物性を有するかという問題があるが、追求権説の立場に立つ学説は、法律上追求権が存在しないとして、ぞう物性を否定している。

判 例

○ 窃盗の実行を決意した者の依頼に応じて、同人が将来窃取すべき物の売却先を周旋した場合には、窃盗幇助罪が成立することはあっても、ぞう物牙保罪（盗品等処分あっせん罪）は成立しない。 (最決昭35.12.13)

○ 民法第192条（即時取得）によって第三者が所有権を取得した場合は、その物のぞう物性は失われるので、横領行為によって領得された財物が善意の第三者に転売された場合、その後に横領品である旨を知っていた者がこれを買い受けても、ぞう物故買罪（盗品等有償譲受け罪）は成立しない。 (大判大6.5.23)

○ その物が盗品又は遺失物の場合は、一般的な即時取得の要件を具備していても、民法第193条の特則により、盗難又は遺失の時から2年間は被害者又は遺失主が占有者に対してその物の回復を請求することができるので、その間は、ぞう物性を失わない。 (最決昭34.2.9)

○ 本犯の財物取得行為が詐欺又は恐喝であり、財物の交付行為が法律上、無効ではなく取り消しうる法律行為にとどまる場合（民法96条）であっても、領得された財物は、ぞう物である。 (大判大12.4.14)

○ 盗等の被害者を相手方として盗品等の有償の処分のあっせんをする行為は、刑法256条2項にいう盗品等の「有償の処分のあっせん」に当たる。 (最決平14.7.1)

加工によるぞう物性の得喪について

① 盗品等に多少の工作を加えても、工作者が所有権を取得するに至らない限り、ぞう物性を失わない。

② 原形の変更等によって、ある程度盗品等の形状を変えても、同一性を失わない限り、依然として盗品等である。

判 例

○ 民法第246条によって加工者が所有権を取得したときは、被害者の法律上の追求権が失われることとなるので、当然、ぞう物性を失う。　　　　　　　　（大判大4.6.2）

○ 窃取した貴金属類の原形を変えて金塊とした場合、ぞう物性は失われない。
　　　　　　　　　　　　　　　　　　　　　　　　　　　　　　（大判大4.6.2）

○ アマルガムに火力を加えて金銀塊とした場合、ぞう物性に異同はない。
　　　　　　　　　　　　　　　　　　　　　　　　　　　　　　（大判大11.4.28）

○ アルミニューム製弁当箱及び鉛管などをつぶしたり、溶解して塊としたとしても、本来のぞう物性に影響を与えない。　　　　　　　　　　　　　（大判大5.11.6）

○ 盗伐した木材を製材しても、ぞう物であることには変わりはない。
　　　　　　　　　　　　　　　　　　　　　　　　　　　　　　（大判大13.1.30）

○ 窃取した自転車の車輪2個とサドルを取り外して他の自転車に取り付けた場合であっても、その車輪及びサドルは依然としてぞう物である。　　（最判昭24.10.20）

盗品等を売却した場合

① 盗品等は、財産犯罪によって取得された財物そのものを指し、盗品等を売却して得た金員とか、盗品等である金員で買った物は、もはや盗品等ではない。

② 盗品等に対する追求権は盗品等自体に限られ、盗品等の代替物にまで及ばない。

③ 通貨には極めて代替性があり、その表示する金額が取引上意味をもつという特殊な性質があるから、両替等してもぞう物性を失わない。

④ また、小切手を提示して現金の支払を受けた場合は、実質上振出人から直接その現金の支払を受けたと同様の意味をもつから、やはり盗品等である。

盗品等領得物罪の行為

① 　刑法第256条第1項では、無償譲受け（収受）、第2項では、運搬、保管（寄蔵）、
　有償での譲受け（故買）、有償処分のあっせん（牙保）が規定されている。

② 　そして、第2項の行為については、国民の国外犯として処罰の対象となってい
　る（刑法3条17号）。

盗品等領得物罪の罰則

① 　第1項の罪については、3年以下の懲役、第2項の罪については、10年以下の
　懲役及び50万円以下の罰金と、その罪に軽重がある。

② 　これは、第1項の無償譲受けは、単に本犯が得た利益をもらうだけの行為であ
　るから、刑が比較的軽く規定されている。

③ 　第2項の有償譲受け等の行為は、本犯の盗品等利用の幇助行為として常習的・
　営業的になる傾向があり、財産犯の活動を助長することから、刑が重く規定され
　たものである。

判 例

　○ 　そう物である通貨を両替して取得した通貨は、そう物である。　（大判大11.2.7）

　○ 　欺いて交付させた小切手を換金して得た現金は、そう物性を失わない。

（大判大11.2.28）

盗品等領得物罪の故意

① 　盗品等領得物罪は、いうまでもなく故意犯であるから、同罪が成立するために
　は、盗品等であることの認識（知情）が行為者になければならない。

② 　盗品等であることの認識は、その財物が何らかの財産犯によって領得された物
　であることの認識があれば足りる。

③ 　その物が、

ア　いかなる財産犯によって取得されたものか。

イ　本犯者が誰であるか。

ウ　被害者が誰であるのか。

を知ることは必要でない。

④　本犯の犯行年月日・品目等を詳細に知ることも必要でない。

⑤　盗品等であることの認識は、無償譲受け（収受）、運搬、保管（寄蔵）、有償譲受け（故買）、有償処分のあっ

せん（牙保）の各行為を行う際に、存在していなければならない。

無償・有償譲受け（収受・故買）の主観的要件

①　盗品等無償譲受け罪・盗品等有償譲受け罪は、現実に盗品等の引渡し、受取りがあったときに成立するので、少なくともその行為時に盗品等であることの認識がなければならない。

②　盗品等の引渡し・受取りがあった後に、はじめて盗品等であることを知ったときは、盗品等無償譲受け罪・盗品等有償譲受け罪は成立しない。

③　その場合、盗品等を保管し続けても、その保管は本犯からの委託によるものではなく自分のためにするものであるから、盗品等保管罪も成立しない。

運搬・保管（寄蔵）の主観的要件

①　盗品等運搬罪・盗品等保管罪は、継続犯的性格をもつので、必ずしもその行為の開始時に盗品等であることを認識している必要はない。

②　したがって、運搬・保管の場合は、現に運搬・保管行為中に盗品等であるとの認識が存在すればよい。

③　有償処分のあっせん（牙保）の場合は、盗品等の売買等の処分行為を媒介・周旋することによって成立するから、盗品等であるとの認識は、現実に媒介・周旋をする際に存在することを必要とし、かつ、それで足りる。

> 判｜例
>
> ○　確定的な認識であることを要せず、ぞう物かもしれないという未必的な認識で足りる。
> 　　　　　　　　　　　　　　　　　　　　　　　　　　　　　　（最判昭23.3.16）
> ○　ぞう物であることを知らずに物品の保管を開始した後、ぞう物であることを知るに至ったのに、なおも本犯のためにその保管を継続するときは、ぞう物の寄蔵（保管）に当たる。
> 　　　　　　　　　　　　　　　　　　　　　　　　　　　　　　（最決昭50.6.12）

無償譲受け（収受）とは

①　贈与を受ける場合がその典型的なものである。

②　契約が成立すれば、被害者の返還請求権の行使を困難にするという危険を生じさせたといえるが、本罪は他の財産犯と同様に危険犯ではなく侵害犯であるから、被害者の返還請求権を困難にするという侵害行為、すなわち、引渡しがあったことが必要となる。

③　したがって、盗品等無償譲受け罪が成立するためには、単なる契約の成立だけでは足りず、盗品等の現実の引渡しがあったことを必要とする。

④　この引渡しは、本犯から直接盗品等を受け取る場合に限らず、第三者を介して受け取る場合であってもよい。

> 判｜例
>
> ○　無利息消費貸借により交付を受ける場合も収受（盗品等無償譲受け）である。
> 　　　　　　　　　　　　　　　　　　　　　　　　　　　　　　（大判大6.4.27）
> ○　単に一時使用の目的で借り受けるような場合は、収受罪（盗品等無償譲受け罪）は成立しない。
> 　　　　　　　　　　　　　　　　　　　　　　　　　　　　　（福岡高判昭28.9.8）

「運搬」とは、盗品等の所在を移転すること

①　運搬は、有償であると無償であるとを問わないが、盗品等運搬罪が成立するためには無償譲受けの場合と同様、運搬を引き受ける旨の契約をしただけでは足りず、事実上、運搬行為が行われたことを必要とする。

②　場所的移転は、被害者の盗品等に対する追求・回復に影響を及ぼすものである

ことを要する。

③　本犯から直接に依頼され又は受け取った物の運搬であることを要しない。

④　運搬の途中ではじめて盗品等であることを知ったときは、その後の運搬行為が本罪を構成する。

判例

○　ぞう物を場所的に移転して、被害者の同品に対する権利の実行を困難にした以上、これを運んだ距離は、さほど遠くなくてもぞう物運搬罪（盗品等運搬罪）が成立する。
（最判昭33.10.24）

保管（寄蔵）とは

①　委託を受けた盗品等を保管することをいう。

②　賃貸借・使用貸借のために保管する場合などが、これに当たる。

③　盗品等保管罪も、盗品等の保管を引き受ける契約をしただけでは成立せず、現実に盗品等の受取りがあったことを必要とする。

判例

○　「寄蔵（保管）」とは、委託を受けて本犯のためにぞう品を保管することをいう。
（最判昭34.7.3）
○　保管が有償であると無償であるとを問わない。
（大判大3.3.23）
○　ぞう物であることを知りながら、質に取り、これを取得する行為は、ぞう物寄蔵罪（盗品等保管罪）に当たる。
（大判明45.4.8）
○　ぞう物を貸金の担保として受け取り保管する場合も、本罪の寄蔵（保管）になる。
（大判大2.12.19）

有償譲受け（故買）とは

①　盗品等の所有権を有償で取得することをいう。

②　現実に盗品等の引渡しのあることを必要とする。

③　盗品等の引渡しがあれば、代金額の決定が後日に延期されていても、盗品等有償譲け罪が成立する。

判　例

○　一般的な売買のほか、ぞう物の相互交換も故買罪（盗品等有償譲受け罪）を構成する。
　　　　　　　　　　　　　　　　　　　　　　　　　　　　　　（大判昭16.4.16）
○　債務弁済としてのぞう物の取得であっても、故買罪（盗品等有償譲受け罪）の成立を妨げない。
　　　　　　　　　　　　　　　　　　　　　　　　　　　　　　（大判大10.1.18）
○　利息付消費貸借も故買罪（盗品等有償譲受け罪）の行為となる。
　　　　　　　　　　　　　　　　　　　　　　　　　　　　　（福岡高判昭26.8.25）
○　犯人が、ぞう物であることの情を知って買い受けることを承諾し、その引渡しを受けた以上、その目的物の数量や代金額についていまだ具体的な取決めがなくても、ぞう物故買罪（盗品等有償譲受け罪）は成立する。　　　　　　　（最判昭24.7.9）
○　現実にぞう物の引渡しがあった以上、代金の支払がなされていなくても成立する。
　　　　　　　　　　　　　　　　　　　　　　　　　　　　　（大判大12.5.31）
○　本犯者から直接にぞう物を取得せず、転売によって取得した場合にも、故買（有償譲受け）となる。　　　　　　　　　　　　　　　　　　　（大判昭8.12.11）

有償処分のあっせん（牙保）とは

盗品等の売買・交換・質入等を媒介・周旋することをいう。

判│例

○　ぞう物牙保罪（盗品等処分あっせん罪）が成立するためには、ぞう物の処分行為の媒介周旋を行うについて、利益を伴うことを必要としない。　　　（最判昭25.8.9）
○　周旋は、直接買主等らに対して行う場合でも、間接的に他人を介して行う場合でもよい。　　　　　　　　　　　　　　　　　　　　　　　　　　（大判大3.1.21）
○　ぞう物の法律上の有償処分行為は、周旋者の名義をもってすると本犯その者の名義をもってするとを問わない。　　　　　　　　　　　　　　　　　（最判昭24.1.11）
○　売買の周旋をした事実がある以上、その周旋に係る売買が成立しなくても、ぞう物牙保罪（盗品等処分あっせん罪）が成立する。　　　　　　　（最判昭23.11.9）
○　本罪が成立するためには、周旋のためにぞう物の交付を受けることは必要でない。
　　　　　　　　　　　　　　　　　　　　　　　　　　　　（名古屋高判昭29.3.29）

盗品等譲受け罪（旧収受罪）

Point　「ぞう物」についてのあれこれ

○　盗品等罪は、ぞう物に対する被害者の回復追求権を困難にする行為を処罰する法律である。したがって、客体がぞう物でなければ本罪は成立しない。
○　ぞう物とは、財産罪（窃盗、強盗等）によって取得されたものである。
○　ぞう物の同一性が失われた場合にはぞう物ではなくなる。
○　ぞう物（現金等）で購入した物もぞう物ではない。
○　ぞう物と言えるためには民法による被害者の回復追求権がなければならない。この回復追求権がなくなった場合にはぞう物ではなくなり、本罪の客体にならない。
○　態様は、

もう一度整理を

譲受け（無償）	3年以下の懲役
運搬（有償、無償を問わない）	10年以下の懲役及び50万円以下の罰金
保管（有償、無償を問わない）	同上
有償譲受け（有償）	同上
有償の処分あっせん（有償）	同上

に分かれている。譲受け（無償）の刑は軽く、他は重い。

> **Q**　Aが、窃取したアメリカドルを日本円に交換して甲にあげた。甲は盗品等譲受け罪の刑責を負うか。

A　刑責を負わない。
　　　ぞう物の同一性なし。

> **Q**　窃盗犯人のAが、窃取したお金で、甲女に洋服等を買ってあげた。甲女は盗品等譲受け罪の刑責を負うか。

A　刑責を負わない。
　　　譲受けに当たらない。

> **Q**　甲は、盗品であると分かっていながらもらったバイクを空き地で乗り回した。甲は盗品等譲受け罪の刑責を負うか。

A　盗品等譲受け罪の刑責を負う。

> **Q**　Aが、盗んだ金を持っていたところ、窃取した金であることを知りながら甲がそのお金を借りた。甲は盗品等譲受け罪の刑責を負うか。

A　利息付きであれば盗品有償譲受け、無利息であれば盗品譲受け罪の刑責を負う。

盗品等運搬罪

> **Q**　Aが窃取してきた盗品を、甲女が協力して50メートルほど先の自宅まで無償で運搬した。甲女は盗品等運搬罪の刑責を負うか。

A　刑責を負う。
　　運搬行為は有償、無償を問わない。

盗品等保管罪（旧寄贈罪）

> **Q**　甲は、最初は盗品とは知らずに無償で保管したが、その後に預かっている物が盗品と知ったにもかかわらず保管を続けた。甲は盗品等保管財の刑責を負うか。

A　刑責を負う。
　　保管行為は、有償、無償を問わず、盗品等の認識は保管後に生じた場合でも成立する。

盗品等有償譲受け罪（旧故買罪）

> **Q**　窃盗犯人Aが高価な貴金属を窃取して自分で保管していたが、犯行日から
> 7年が経過して窃盗罪の時効が成立したため、この貴金属を売ろうと思って
> 甲にもちかけたところ、甲は盗品であることを知りながら購入した。甲は盗
> 品等有償譲受け罪が成立するか。

A　成立する。

　被害者回復請求権があるため、当該貴金属はぞう物になる。

Point → 被害者請求権のおさらい

動産の即時取得 民法第192条	平穏、公然に動産の占有を始めたが、善意、無過失の場合には、占有を開始した時点からその動産に対する権利を取得する。

　　簡単に言うと

それをぞう物だと分からない状況で、通常の取引によって商品の購入等をした（これを善意取得という。）場合、占有したときから直ちにそのぞう物の所有権を取得する。

　　例を挙げると

横領罪の被害品を何も知らずに犯人から購入した場合、購入者は直ちにその物の所有者となり、被害者は返還請求できない。

　　ただし、これには例外がある。

即時取得の例外 民法第193条	そのぞう物が、盗品か遺失物の場合には、盗難又は遺失の時から2年以内であれば、被害者は返還請求できる。

　　つまりこういうこと。

善意取得（何も知らずに購入した等）された被害品が、横領罪や詐欺等の被害品ではなく、窃盗罪か遺失物横領罪の被害品の場合、盗難、遺失の日から2年以内であれば、被害者は被害品の請求ができる。

　　が、しかし……

窃盗犯人Aが高価な貴金属を窃取して自分で保管していたが、犯行日から7年が経過して窃盗罪の時効が成立したた

> めこの貴金属を売ろうと思って甲にもちかけたところ、甲
> は盗品であることを知りながら購入した。

この場合、甲は、そもそもぞう物であることを知って貴金属を購入しているので、善意取得者にならず民法第192条は適用とならない。そうなると甲は即時取得者にはならないので被害者に返還請求権があり、貴金属はぞう物になるので本罪が成立することになる。

 　　　　ところがどっこい、こうなると話は別になる。

取得時効
民法第162条

もし仮に、20年間平穏かつ公然に所持を継続（つまり暴行とか脅迫などの違法行為をせずに所持し続けること。）すると、たとえそれが本来は他人の所有物であっても、被害者は返還請求権を失い、そのぞう物は甲のものとなる。

 　　　　もう少し分かりやすく言うと……

この20年取得時効の規定は、善意取得であると悪意取得であるとを問わない（ぞう物であることを知っていようが知るまいが関係ない。）ので、窃盗犯人が盗品を20年間平穏に保管し続ければ、その盗品は窃盗犯人のものとなるのである。

 　　　　こんがらがってきました。

NWS解説

上記事例を参考に、いろいろなケースで考えてみましょう。

○　窃盗犯人Aが甲に売らないで貴金属を保管し続けた場合、20年以内であれば被害者は返還請求ができるが、20年を過ぎると貴金属がAのものになる。この場合、窃盗罪の時効が成立しても、民法上は20年以内はぞう物であり続けるので、それを譲渡等すれば、もらった方は盗品等罪が成立する。

○　甲が、Aから貴金属をぞう物だとは知らないで購入したら、原則として甲のものとなる。ただし、そのぞう物（事例の貴金属）が盗品か遺失物である場合には、盗難の日又は遺失の日から2年以内であれば、被害者は返還請求できる。ただし、甲はぞう物であると知らずに購入（これを善意取得者という。）している場合には、盗品等有償譲受け罪は成立しない。

○　甲が、Aから貴金属がぞう物であることを知って購入した場合には盗品等有償譲受け罪が成立し、善意取得者にはならないので、5年経とうが10年経とうが盗品や遺失物であろうがなかろうが、それがぞう物であれば（窃盗罪や強盗罪あるいは遺失物横領罪に限らず、横領罪、詐欺罪、恐喝罪等の被害者品であってもという意味）、被害者は返還請求できる。ただし、20年が経つと民法上の請求権が時効となるので、被

害者は返還請求できなくなる。この場合、甲が取得して20年
以内であれば、被害者に返還請求権があるので、貴金属のぞ
う物性が失われないので、甲が更にぞう物であることを教え
た上で乙に売ったりあげたりした場合、乙に盗品等罪が成立
することになる。

盗品等有償処分あっせん罪（旧牙保罪）

> **Q**　甲は、窃盗犯人のAから、「手数料をやるから、盗んできたこの小切手を
> 銀行で現金にしてきてくれ」と頼まれて銀行に行ったが、盗品手配されてい
> たため、現金に変えることができなかった。甲は盗品等有償処分あっせん罪
> が成立するか。

A　成立する。
　有償であっせん行為をした以上、あっせんの目的に達し
なくても本罪は既遂となる。

30
毀棄及び隠匿に関する罪

―建造物・艦船損壊罪―

> **第260条（建造物等損壊及び同致死傷）**
>
> 他人の建造物又は艦船を損壊した者は、5年以下の懲役に処する。よって人を死傷させた者は、傷害の罪と比較して、重い刑により処断する。

建造物・艦船損壊罪の客体

① 「他人の建造物又は艦船」である。

② 建造物としての要件を充足している限り、完成か未完成かを問わない。

③ 建造物・艦船は、「他人の」もの、すなわち、他人の所有に属するものでなければならない。

④ 自己の所有する建造物・艦船でも、差押えを受け、物権を負担し、賃貸し、又は配偶者居住権が設定されたものについては、本罪の客体となる（刑法262条）。

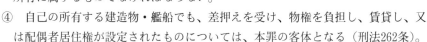

判　例

○ 本罪の「建造物」とは、家屋その他これに類似する工作物をいい、壁、屋根、囲い、柱により支持されて土地に定着し、少なくともその内部に人が出入りし得るものをいう。 　　　　　　　　　　　　　　　　　　　　　　　　　　　（大判大 3 . 6 .20）

○ 戸・障子のように取外しが可能な建具類については、建造物の一部ではない。それが建造物の一部を構成するものと認められるためには、単に建造物の一部に建て付けてあるだけでは足りず、損壊しなければ取り外し得ない状態にあることを要する。 　　　　　　　　　　　　　　　　　　　　　　　　　　　（大判明43.12.16）

建造物の一部とされたもの
○ 家屋の天井板 　　　　　　　　　　　　　　　　　　　（大判大 3 . 4 .14）
○ 敷居・鴨居 　　　　　　　　　　　　　　　　　　　　（大判大 6 . 3 . 3 ）
○ 屋根かわら 　　　　　　　　　　　　　　　　　　　　（大判昭 7 . 9 .21）
○ 損壊することなく自由に取り外すことができる雨戸又は板戸などは、建造物の一部には当たらない。 　　　　　　　　　　　　　　　　　　　　　　（大判大 8 . 5 .13）

本罪の客体に当たるとされたもの
○ 専門職の技術によりそれを取り外すことができるドア 　　（仙台地判昭45. 3 .30）
○ 「はめ殺し」（開閉できない構造のもの）にされた壁面ガラス
　　　　　　　　　　　　　　　　　　　　　　　　　　　（東京高判昭55. 6 .19）
○ 壁・柱に 2 個のちょうつがいで取り付けられ、その取外しが自在でないドア

> （東京高判昭53.7.19）
> ○　専門職でなくても取外しが可能であるが、その構造が分からなければ容易に取外しができないドア　　　　　　　　　　　　　　　　　　（仙台高判昭55.1.24）
> ○　損壊行為の客体が、建造物の一部であるか否かは、建造物損壊罪の本質に照らし、その客体の構造、形態、機能、経済的価値及び毀損しないで取りはずすことの難易度、取りはずしに要する技術等を総合検討し決せられるべきである。
> 　　　　　　　　　　　　　　　　　　　　　　　　（仙台地判昭45.3.30）
> ○　本罪にいう「艦船」とは、現に自力又は他力による航行能力を有するものをいう。
> 　　　　　　　　　　　　　　　　　　　　　　　　（広島高判昭28.9.9）

用語 「損壊」とは

①　建造物又は艦船の効用を害する一切の行為をいい、毀棄の概念と本質的な差異はない。

②　本罪の場合、その損壊によって建造物等の全部又は一部が毀損されることが必要であるが、必ずしも建造物等の使用を全然不能ならしめることを要しないし、その損壊部分が建造物等の主要な構成部分である必要もない。

判例

> ○　いわゆる闘争手段としてのビラ貼り行為において、その貼付方法が同一場所一面に数枚、数十枚又は数百枚を密接集中させて貼付したことは、建造物の効用を減損するものであり、建造物の損壊に当たる。　　　　　　　　（最決昭41.6.10）
> ○　公園内の公衆便所の外壁にラッカースプレーでペンキを吹き付け「反戦」等と大書した行為は刑法260条前段にいう建造物の「損壊」に当たる。　（最決平18.1.17）

―器物損壊罪―

> **第261条（器物損壊等）**
> 　前３条に規定するもののほか、他人の**物**を**損壊**し、又は**傷害**した者は、３年以下の懲役又は30万円以下の罰金若しくは科料に処する。

器物損壊罪の客体

　公用文書等毀棄罪及び私用文書等毀棄罪並びに建造物・艦船損壊罪の客体以外の全ての物である。

用 語 「物」とは

① 　財産と同義であり、その種類・性格あるいは経済上の交換価値の有無を問わず、広く財産権の目的となり得る一切の物をいい、動産でも不動産でも、また、動物や植物であってもよい。

② 　「物」については、原則として、他人の所有に属するものであることを要するが、自己の所有する物でも、差押えを受け、物権を負担し、賃貸したものについては、他人の物と同様に扱われる（刑法262条）。

器物損壊罪の行為

　「損壊又は傷害」である。

用 語 「損壊」とは

① 　「毀棄」と同義であり、物質的に物そのものの形を変更又は滅失させる場合だけでなく、その物の効用を害する一切の行為が損壊に当たる。

② 　したがって、湯のみに小便

をする等、その物を本来の目的に供することができない状態に至らしめる場合も含む。

> **判｜例**
>
> **損壊に当たるとされた事例**
> ○　地ならしした土地を掘り起こして畑地とする行為　　　　　（大判昭4 .10.14）
> ○　営業上来客の飲食用の食器類に放尿する行為　　　　　　　（大判明42.4 .16）
> ○　他人が植えた稲苗を引き抜く行為　　　　　　　　　　　　（大判昭3 .5 .8 ）
> ○　貸座敷の床の間の幅物に「不吉」と墨で大書する行為　　　（大判大10.3 .7 ）

用｜語　「傷害」とは

　動物を毀棄することで単に死傷の結果を生ぜしめるだけでなく、それを失わせたり隠匿する行為をも含む。

> **判｜例**
>
> ○　他人が飼養する鯉を養魚池外へ流失させた場合は、傷害に当たる。
> 　　　　　　　　　　　　　　　　　　　　　　　　　　　　　（大判明44. 2 .27）

親告罪について

　本罪は、親告罪である（刑法264条）。

> **判例**
>
> **告訴権者とされた者**
> ○　地方裁判所支部庁舎の玄関扉のガラス等を破壊した器物毀棄の罪については、当該地方裁判所長が適法な告訴権を有する。　　　　　　　　　　　　（最決昭33.7.10）
> ○　ブロック塀、その築造されている土地及びその土地上の家屋の共有者の一人の妻で、右家屋に米国に出稼ぎに行っている夫の留守を守って子どもらと居住し、右塀によって居住の平穏等を維持していた者は、右塀の損壊により害を被った者として、告訴権を有する。　　　　　　　　　　　　　　　　　　　　　　　　　（最判昭45.12.22）
> ○　物件の賃借人は、その物件が毀棄された場合においては、被害者として告訴権を有する。　　　　　　　　　　　　　　　　　　　　　　　　　　（仙台高判昭39.3.19）

罪数について

①　窃盗罪により財物を不法領得した後、これを損壊しても、新たな法益の侵害は認められないから、不可罰的事後行為として器物損壊罪は成立しない。

②　郵便ポスト内の郵便物及び郵便袋を焼損したような場合は、本罪の特別罪と解されている郵便法第77条（郵便物を開く等の罪）、第78条（郵便用物件を損傷する等の罪）違反の罪が成立する。

③　電話機の損壊・電話線の切断等により通話不能にした場合とか、有線音楽放送用の線路を切断等したような場合は、本罪の特別法である有線電気通信法第13条（有線電気通信設備の損壊）違反の罪が成立する。

④　常習として本罪を犯せば、暴力行為等処罰ニ関スル法律第1条ノ3第1項違反の罪が成立する。

罪数？
中国語で何て言うか知ってる？
答えはザイスウ
なんちって

> **判例**
>
> **放火罪との関係**
> ○　刑法第110条第1項に当たる物を焼損したが、公共の危険を生じなかった場合においては、同法第261条所定の器物損壊罪が成立するものと解すべきである。
> 　　　　　　　　　　　　　　　　　　　　　　　　　　　（東京高判昭58.10.19）
>
> **暴力行為処罰ニ関スル法律との関係**
> ○　数人共同して本罪を犯したときは、暴力行為等処罰ニ関スル法律第1条違反の罪が

成立する。　　　　　　　　　　　　　　　　　　　　　　　（大判昭 7 . 6 .15）

○　団体若しくは多衆の威力を示したり、団体若しくは多衆を仮装して威力を示して本
　罪を犯した場合は、暴力行為等処罰ニ関スル法律違反になる。

（名古屋高判昭31. 7 .17）

1 性的姿態撮影等処罰法（令和5年新設）

> 新しくできた法律です。刑法ではない。

ポイント1 正式名称

性的な姿態を撮影する行為等の処罰及び押収物に記録された性的な姿態の
影像に係る電磁的記録の消去等に関する法律

※ 一部の規定を除き、令和5年7月13日施行

ポイント2 保護法益

意思に反して自己の性的な姿態を他の機会に他人に見られないという性的
自由権（性的自己決定権）の保護

ポイント3 法の概要

○ 性的姿態に関する撮影、提供、公然陳列、保管、送信、記録等に対す
る罰則が本法により新設された。

○ 迷惑防止条例とは異なり、犯行場所の制限はない。

○ ひそかに撮影する行為（法2条）の罰則は、3年以下の拘禁刑又は300
万円以下の罰金である。

迷惑防止条例第5条第1項第2号（盗撮）の罰則は、1年以下の懲役
又は100万円以下の罰金であり、本法による罰則の方が重い。

ポイント4 複写物の没収

撮影罪、影像送信罪により生じた画像等の複写物を没収できる。

※ 原本は刑法第19条第1項により没収可能

また、検察官の権限により、撮影データの消去ができるようになった。

> **ポイント5　本法に該当する行為**

---

① 性的な姿態等を撮影する行為

② 上記①により生成された記録（性的影像記録）を提供する行為

③ 性的影像記録を不特定又は多数の者に提供、公然と陳列する行為

④ 性的影像記録を提供等する目的で保管する行為

⑤ 性的姿態等の影像を不特定又は多数の者に送信する行為

⑥ 上記送信された影像を記録する行為

SNS 利用の性犯罪に対応するため新しくできた法律です。
被害者が20歳未満の場合は福祉犯になります（2〜6条）。

この新しい法律により、被害者が写ったわいせつな画像のコピーを没収することができるようになり、さらに、検察官の権限で、撮影データの消去ができるようになりました。

2 刑事訴訟法の一部改正（令和5年6月23日施行）

ポイント1 性犯罪の公訴時効期間の延長等

旧		新	
強制わいせつ罪、準強制わいせつ罪	7年	⇒ 不同意わいせつ罪	12年
強制性交等罪、準強制性交等罪	10年	⇒ 不同意性交等罪	15年
強制わいせつ等致傷罪、強盗・強制性交等罪	15年	⇒ 不同意わいせつ等致傷罪、強盗・不同意性交等罪	20年

※ 被害者が18歳未満の場合は、その者が18歳に達する日までの期間を公訴時効期間に加算する。

例 14歳の者が不同意性交等罪の被害にあった場合、
　　15年＋4年＝19年
　　となるため、19年後（当該被害者が33歳になった時）に公訴の時効が完成する。

公訴時効の延長が一律5年としたのは、被害者の心の整理がつき、警察に訴え出るまでに、最低でも5年はかかるという被害者の心理に配慮して定められたものです。

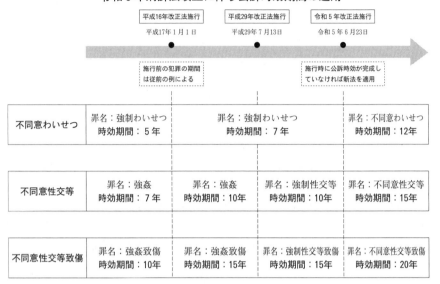

令和5年刑訴法改正に伴う公訴時効期間の適用

ポイント2　録音・録画記録媒体の証拠能力の特則

被害者等の聴取結果を記録した録音・録画媒体について、被害者等の心身の状態、その他の特性に応じた措置をとるために必要な場合、主尋問に代えて当該録音・録画媒体を証拠とすることができる（刑訴法321条の3）。

「ニューウェーブ昇任試験対策シリーズ」は、これまでの昇任試験対策の常識を破る、全く新しい手法で作成された教材です。

本書の内容等について、ご意見・ご要望がございましたら、編集室までお寄せください。FAX・メールでも受け付けております。

〒112—0002　東京都文京区小石川 5 —17— 3

TEL　03(5803)3304

FAX　03(5803)2560

e-mail　police-law@tokyo-horei.co.jp

ニューウェーブ昇任試験対策シリーズ

実務 SAに強くなる!! イラスト解説 刑法〔第2版〕

平成30年9月10日　初 版 発 行

令和6年5月10日　第 2 版 発 行

著　　者　ニューウェーブ昇任試験対策委員会

イラスト　村 上 太 郎

発 行 者　星 沢 卓 也

発 行 所　東京法令出版株式会社

112-0002	東京都文京区小石川 5 丁目17番 3 号	03(5803)3304
534-0024	大阪市都島区東野田町 1 丁目17番12号	06(6355)5226
062-0902	札幌市豊平区豊平 2 条 5 丁目 1 番27号	011(822)8811
980-0012	仙台市青葉区錦町 1 丁目 1 番10号	022(216)5871
460-0003	名古屋市中区錦 1 丁目 6 番34号	052(218)5552
730-0005	広 島 市 中 区 西 白 島 町 11 番 9 号	082(212)0888
810-0011	福岡市中央区高砂 2 丁目13番22号	092(533)1588
380-8688	長 野 市 南 千 歳 町 1005 番 地	

〔営業〕TEL 026(224)5411　FAX 026(224)5419

〔編集〕TEL 026(224)5412　FAX 026(224)5439

https://www.tokyo-horei.co.jp/

ISBN978-4-8090-1478-9